21世纪高等教育金融学精讲教程

The Essence of Alternative Investment

另类投资精讲 以案例解析

曹 华 编著

东北财经大学出版社
Dongbei University of Finance & Economics Press
·大连·

图书在版编目（CIP）数据

另类投资精讲：以案例解析 / 曹华编著. —大连：东北财经大学
出版社，2020.11

（21世纪高等院校金融学精讲教程）

ISBN 978-7-5654-3985-8

Ⅰ.另…　Ⅱ.曹…　Ⅲ.投资-高等学校-教材　Ⅳ.F830.59

中国版本图书馆CIP数据核字（2020）第179594号

东北财经大学出版社出版

（大连市黑石礁尖山街217号　邮政编码　116025）

网　　址：http：//www.dufep.cn

读者信箱：dufep@dufe.edu.cn

大连永盛印业有限公司印刷　　东北财经大学出版社发行

幅面尺寸：170mm×240mm　字数：260千字　印张：14.5　插页：1

2020年11月第1版　　　　　　　　2020年11月第1次印刷

责任编辑：郭　洁　章北蓓　　　　责任校对：国　宝

封面设计：沈　冰　　　　　　　　版式设计：钟福建

定价：36.00元

前言

　　2008年由美国次贷危机引发的全球金融危机，使得投资者逐渐认识到全球股市和债市的动荡以及系统性风险的传递性，迫切希望在其投资组合中加入一些与这些资产相关性比较低的其他投资方式，以分散风险、增加投资收益，甚至全球主权基金的风险偏好也都发生了明显变化，正逐步将投资标的从传统投资向另类投资转移。简而言之，另类投资（Alternative Investment）涵盖股票、债券等传统公开市场之外的几乎所有投资品种，可投资标的房地产、基础设施、非上市公司股权、证券化资产和自然资源等，石油、黄金、大宗商品、艺术品、私募股权等，都属于另类投资的范畴。

　　南开大学的金融学科作为国家重点学科，从2008年起在全国率先推出了系列创新课，"另类投资"教学逐渐成为金融学、金融工程方向教学体系的重要组成部分。早在2014年，笔者就出版了国内第一本系统介绍另类投资的专门教材，在当时的教材编写过程中，尽量及时地把国外该领域的最新研究成果融入到了各章节，便于读者熟悉近年来非常盛行的不动产投资、私募股权投资、风险投资、对冲基金等重要的另类投资的特征、独有风险、估值方法等。在之后长达5年的教学实践中，笔者以培养学生的专业素养和实践技能作为目标，通过课堂展示、课下组建学习小组的形式，不断提升学生自主学习的能力。实践证明，案例教学无疑在激发学生的好奇心和求知欲、达成教学目标等方面发挥着重要作用，这也促使我萌生了以案例解析的形式对另类投资领域的几种重要方式加以讲解的想法，而这既是对原有教材的补充，也可以"自成体系"，用于教学、培训与实践参考。

本书在案例选取、内容设计方面的特点在于：

（1）充分融合了另类投资的重点及难点知识，另类投资的实务和投资动态。案例背景知识的介绍可以使学生巩固另类投资的基本知识点，精选案例的介绍促使学生运用金融学基础理论系统性地分析问题，培养提出解决方案的能力，夯实专业技能。

（2）全方位展现和追踪本土另类投资领域的变化，书中精选的案例多数都是新近发生的事件，以加强案例分析的针对性。

（3）尽可能全面地反映另类投资课程的整体架构，同时又突出重点。本书的案例分析集中在不动产投资、私募股权投资、风险投资、对冲基金等大家广泛关注的领域，也涵盖艺术品投资、其他另类投资等形式。

（4）案例新颖，具有代表性。本书选取的10个案例都从某个角度反映出了另类投资的核心知识点。

本书透过案例对另类投资所做的解析是从背景知识、案例资料、案例分析、案例拓展以及案例思考等几个方面展开的。背景知识，扼要介绍案例涉及的相关知识点；案例资料，引用公开资料（公司公开披露的信息或通过公开渠道可查阅的信息）客观描述事件经过；案例分析，提供作者的观点供学生分析讨论；案例拓展，旨在引导学生进行开放性思考；案例思考，目的是培养学生分析问题和归纳总结的意识与能力。当然，需要注意的是，案例教学中最重要的是培养开放性的思维，案例思考不存在唯一的正确答案，贵在思考！

本书的写作得到了南开大学本科教改创新项目资金的支持。参与写作的人员及其分工如下：第一、四、十章，曹华、邹寒露；第二、六章，曹华、王子健；第三、五、七、八、九章，高菲爽、张贵婷、曹华。全书由曹华审阅定稿。硕士生宋天宇参与了本书的文字排版及校正。

本书选题的策划、书稿的写作以及出版均得到了东北财经大学出版社的大力支持，编辑出版过程中各环节工作人员的专业、严谨，促使本书得以顺利面世，作者在此深表谢意。对于书中可能存在的问题，作者文责自负。

曹　华

2020年10月

目录

第
一
章
另类投资为什么这么火
从耶鲁大学校产基金谈起[①]

一、背景知识

（一）另类投资定义

另类投资（Alternative Investment），也称非主流投资或直译为替代投资。另类投资一般被定义为投资于包括基金、不动产、私募股权、对冲基金、大宗商品、衍生品等在内的，有别于传统上以公开方式进行交易的股票、债券及期货等的资本或实物资产的投资活动。上述基金、不动产、私募股权、对冲基金、大宗商品、衍生品等资产投资，是另类投资中主要的投资形式。

（二）另类投资的运作与回报

另类投资的投资重点集中在没有上市但具有包装潜力的企业和项目上，以通过购买、重组、包装、套现等手段实现企业或项目的价值或增值。

另类投资的资本运作主要具有高杠杆度、低透明度的特点。另类投资包含的衍生品交易中，对保证金或权利金的要求较少，没有传统投资中的头寸限制，故大多采用杠杆交易操作。这一操作虽然增大了获得高回报的可能性，也令投资风险被放大，哪怕细微的标的价格变动都可以带来盈亏额的剧烈变动，连同其低透明度的特点一道，使得另类投资成为一种高风险、高收益的投资方式。

[①] 本书以案例解析另类投资，涉及相关数量分析时有可能出现数字或计算上的细微误差，不影响分析结论，可忽略不计。

（三）另类投资与传统投资的区别

1.投资工具不同

另类投资的投资工具不是传统的股票或债券，而是各类商品和非传统投资品与衍生品。

2.投资理念不同

传统投资市场主张有效市场假设，而另类投资则认为市场并不是有效市场，可以争取超过市场平均收益的超额收益。

3.收益率和风险不同

另类投资的投资风险要显著高于传统投资，但其投资收益相应的也更高，对投资者的专业化水平和风险评估与控制能力都有更高的要求。

4.流动性不同

另类投资一般有5～10年的锁定期，中途赎回更加困难。

5.定价方式不同

另类投资较传统投资定价方式更为复杂。

（四）进行另类投资的近年收益情况和对投资组合的贡献

1.另类投资的收益相对较高

另类投资的收益相对传统投资而言较高，特别是在市场处于不景气时期时，另类投资与传统投资的收益差更为显著。

由于另类投资的投资面广、品种多，所以其收益来源渠道更多、收益更有保障。我们仅以房地产业的MSCI①美国房地产信托投资基金指数为例，在2010—2018年美国经济处于复苏和景气的状态下，MSCI美国房地产信托投资基金指数的年化增长率为14.86%，而标准普尔500指数的年化增长率为13.24%。一般认为，在经济增长期中，传统投资市场的业绩要好于另类投资产品，但事实证明，即使是在经济增长期中，另类投资的表现也同样出色。

2.另类投资有助于投资多元化以降低风险

由于投资面广、投资品种多，另类投资的投资标的很分散，这就使得投资组合的风险有效地通过多元化的投资被分散了。以基金为例，相对于共同基金（Mutual Funds）而言，另类投资基金大多数持有领域更广阔的潜力投资产品，从而实现了风险的分散。

---

① 美国著名指数编制公司——美国明晟公司的简称。

3.另类投资与传统投资只有极弱的相关性，甚至存在负相关关系

这样的关系有利于减少投资组合面临的市场上的系统性风险，实现投资组合的最优配置。

二、案例资料

（一）背景综述

耶鲁大学校产基金（Yale University Endowment）也即耶鲁大学捐赠基金，由耶鲁大学创始人Elihu Yale创立于1718年，这一年，那个在1701年成立的新的教会学校被正式命名为耶鲁学院，就是后来的耶鲁大学，以纪念她的捐助者。耶鲁大学校产基金由耶鲁大学投资办公室管理，成立300余年来，耶鲁大学校产基金由最初的562英镑的资产成长为现今世界第二大大学校产基金，拥有资产270亿美元，被誉为美国高等学校校产基金经营的翘楚。耶鲁大学校产基金运作的成功传奇，固然离不开历代杰出校友们的慷慨解囊，但更离不开的是耶鲁大学校产基金会的成功经营管理。特别是上个世纪80年代中期以来，通过校友捐赠和再投资，耶鲁大学校产基金实现了高达12.6%的年增长率，仅仅在2017年，来自该基金的报酬就给耶鲁大学提供了12亿美元的预算支持。在全美高校的校产基金会中，耶鲁大学校产基金会的业绩傲视群雄，即使是与高盛这样的华尔街巨头对比而言，耶鲁大学校产基金会在收益率方面也毫不逊色，成为全世界高校校产基金会学习的榜样和行业标杆。

谈到耶鲁大学校产基金运作的成功传奇，其首席投资人David Swensen和他开创的"耶鲁模式"厥功甚伟，他的投资思想也被以他的名字命名为"Swensen道路"。从1985年到2005年，David Swensen使耶鲁大学校产基金的净值增加了足足80亿美元，被誉为"耶鲁八十亿美元创造者"。在这段时间中被David Swensen投资过的企业，现在许多已经成为如雷贯耳的行业巨头，如上个世纪90年代的谷歌、亚马逊和其后的脸书（Facebook）。从中David Swensen和耶鲁大学校产基金会也获取了不菲的收益。哈佛大学、麻省理工学院等其他美国名校都纷纷借鉴"耶鲁模式"，作为自己进行投资的指南。而另类投资在"耶鲁模式"中发挥的巨大作用是绝对无法忽视的，它也几乎成为耶鲁大学校产基金会成功传奇中的那个"制胜法宝"。

（二）注重另类投资的耶鲁大学校产基金运作模式

耶鲁模式（The Yale Model），有时也被称为校产基金模型，属于现代资产组

合理论的一个分支理论。该理论主张，将一个投资组合分成五六个投资部分，并根据投资目的给予不同的投资部分以相应的资产配额。该理论的核心内容包括两点：一是通过投资多样化分散风险；二是避免将过多的投资投入只提供低期望回报（如固定收入）的资产。

耶鲁模式最别具匠心但也最为人诟病的一点是，其对于资产流动性问题的颠覆性认知。耶鲁模式认为，传统观点中对于流动性的追求不仅仅是毫无必要的，而且，由于提供流动性降低了资产要求的必要回报率，流动性高的资产反而是应当避免选择的。耶鲁模式的理论主张与其理论核心，决定了耶鲁模式在资产配置中将更多比例的资金用于形形色色的另类投资项目，特别是，诸如私募股权基金等类的流动性低但回报率高的另类投资产品，自然就在其投资资产组合中占据特别显著的地位，而传统投资形式如股票和债券等的比例相对于另类投资而言就要少得多。

耶鲁大学之所以创立并选择这一投资模式，是其自身的投资目标、投资策略自然形成的，也是自然选择的结果。

耶鲁大学校产基金的投资策略强调以股权为重心，通过持有股权来参与企业经营，以实现参股企业的增值来获利。这一投资策略与为世人所熟知的传统投资市场中的短期投机操作和长期持有理念有很大区别。这样的投资策略虽然在企业经营成功时能够带来极高的收益，然而企业经营有自身的周期因素，从投资初始企业到企业孵化成功需要一定的时间，在这一段时间内，校产基金只能得到极少甚至没有现金流回报，也很难从投资中撤回资本，因此这样做基本就意味着没有回报甚至是亏损，也就代表着投资流动性在短期内极差。

既然这种投资策略的流动性极差，为什么耶鲁大学校产基金会偏好这种看似不讨巧的模式呢？耶鲁大学投资办公室在其年度报告中是如此解释的：

第一，相对于传统投资市场，以另类投资为重心的耶鲁模式意味着更多的投资获利机会，意味着更可能获得优异的投资业绩。流动性较好的传统投资市场，如美国的固定收益市场和美国股票市场，由于良好的市场监管和信息披露机制，市场相对有效，有充分的价格竞争机制，然而，这些传统投资市场虽然流动性较好，却也限制了获利的机会与可能性，一些利用价格估计偏差形成的套利机会几乎不会出现，即使出现也会因在短时间内被利用而消失，由此，取得竞争优势的机会自然也是有限的。

但是，在流动性较差的资产市场和另类投资领域，由于流动性的缺乏几乎必然意味着市场信息难以获得，资产定价的效率相对较低，且相对于传统投资市场而言，这一类市场的信息披露情况和监管情况一般较差。这种明显的信息不对称和市场非有效情况虽然带来了高波动性，但也提供了更为良好的投资机遇和更多的因定价偏差形成的套利机会，为创造更为优异的投资业绩提供了可能。

第二，相对于传统投资市场，另类投资基金回报呈现出显著的离散型，即在另类投资基金中如果基金管理人管理水平出众，耶鲁大学校产基金就能够获得相较于以同等管理水平经营的二级市场基金更高的回报率。

以2002—2012年美国各大类资产的回报情况为例，传统投资市场，即美国固定收益产品市场和美国股票市场的第四分之一位和第四分之三位的基金的年化业绩差仅有0.8%和1.5%，而另类投资领域的杠杆收购、大宗商品交易、房地产、风险投资的第四分之一位和第四分之三位的基金的年化业绩差达到了13.8%、17.4%、19.3%和19.8%。如此之高的年化业绩差，意味着只要管理得当，另类投资领域的回报率要远高于传统投资领域。当然，如果选择失误，也意味着极高的损失。

因此，耶鲁大学校产基金会的耶鲁模式采取了激进的资产配置方案，但在拟定投资组合、选择投资机会时采取了相当谨慎的态度，以减少在投资资产选择上出现失误的可能，实现对投资组合风险的有效控制以及资产组合的高增长率。

耶鲁模式本身也存在不足之处。耶鲁模式对于流动性的忽视就是其中之一；另外，在另类投资标的选择上对投资人的投资经验要求也甚高；还有，投资在危机期间的表现如何也有待观察。哈佛大学校产基金会也沿用了这一模式，然而在2009年6月底，由于金融危机的影响，哈佛大学校产基金损失了30%的总额——形成了合计110亿美元的巨额亏损，这也使得这一模式更加令人疑虑。同时，也应当指出，耶鲁模式的形成固然有David Swensen个人投资经验的贡献，然而，校产基金会本身的特殊性质也为这一模式的形成和确立起了推波助澜的作用，使这一模式具有了一定的不可复制性，许多机构投资者都曾在操作对冲基金、养老金时试图运用这一模式并复制其业绩，然而实践证明很难达到相同的效果。

（三）耶鲁大学校产基金资本配置比例的历史沿革

在上一部分中我们分析了耶鲁大学校产基金模型的来源及其主要特征，然而，耶鲁大学校产基金以另类投资资产作为绝对主力的独特的投资结构也是经过了很长一段时间的发展与调整后才形成的。由图1-1，对比1988年的资产配置比例来看，当时的耶鲁大学校产基金本质上与现在认为的以股票、基金、债券为核心展开的传统投资运作模式的差别非常之小，所有的另类投资项目的资本比例加总后不过略超25%；对国内股票的投资依旧占据主流，仅仅这一项的占比就超过50%；固定收益产品的比例也远较今日高，达到了将近15%，基本为2017年比例的三倍之多。但是，随着时间的推移，耶鲁大学校产基金的投资结构出现了巨大的变化，表现出来的主要趋势有以下三点：

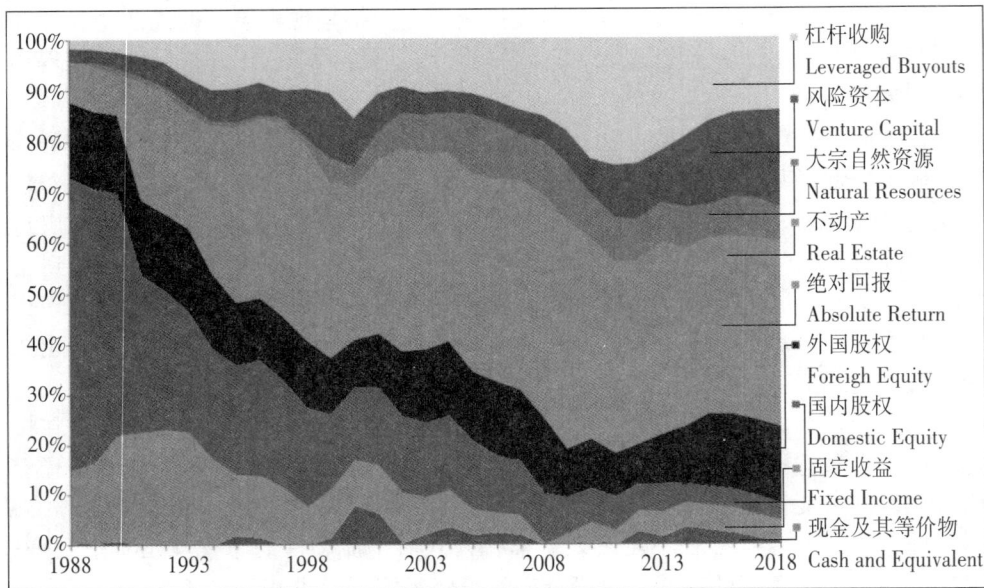

图 1-1　1988—2018 年耶鲁大学校产基金的资本配置比例

一是，另类投资项目所占比例总体上不断增大，与之相对的是传统投资的比例逐年不断减少。由上图可见，另类投资的比例从 1988 年的约 25% 增长到了近年的 90.3%。

二是，新的另类投资产品不断加入资产组合，并且扮演重要的角色。在 1991 年之前，耶鲁大学校产基金的资产组合中还不包括"绝对回报产品"这一项，但时至今日，绝对回报产品以 25.1% 的比例成为所有投资资产中占比最高的一项。而最初占比极小的大宗商品投资，如今的占比也基本达到了 8%，这一变化是与金融产品设计的进步和投资理念的革新密不可分的，新的投资产品的出现给另类投资组合提供了更多可能的选择，也有助于投资组合分散投资风险，争取更多收益。但同时，这也对投资管理人的业务水平提出了更高要求，促使其在管理水平上提升，从而又进一步提高了经营业绩。

三是，另类投资项目之间的比例随时间的推移和新的投资品种的出现而不断调整。

下面我们从 1985 年至 2018 年的 23 年中选择几个具有代表性的时间节点，结合其间美国和世界宏观经济形势的变化，对比适时美国传统投资市场的情况，分析耶鲁大学校产基金是如何一步步调整完善自身的资产结构以及其在市场变动时的应对策略的。

（1）1985—2000年互联网泡沫经济破灭

从1985年到2000年互联网经济泡沫破碎之前的15年，是美国社会和经济空前繁荣的一段时期，特别是在克林顿的第二个总统任期内，美国出现了低通货膨胀率、低失业率、高经济增长率的繁荣景象。而这15年对耶鲁大学校产基金而言同样是具有重要意义的时期，这种意义不仅仅体现为在人事领域方面David Swensen开始执掌耶鲁大学校产基金会，更体现为其资产配置比例的革命性变化。这种革命性变化最突出的表现就是耶鲁大学校产基金首开先河地将另类投资作为资产配置的重点，另类投资的比例由最早前的略超过25%到2000年最终超过了70%，并奠定了今天耶鲁大学校产基金投资比例的基本格局。在此后的将近20年时间里，耶鲁大学校产基金基本就基于这一投资结构进行运作，时而根据市场情况进行些许调整并完成其投资目标。

这一变化是由多种因素决定的：

首先是自David Swensen上任以来，耶鲁大学校产基金会确立了以另类投资为主体的耶鲁模式，根据这一模式，耶鲁大学校产基金采取了持续减持传统投资资产转而增持另类投资资产的举措。

其次是这段时间的美国市场，特别是1990年后互联网经济的繁荣，为另类投资创造了非凡的市场机遇，许多具有高成长性的高科技企业在这段时期内成立并逐步走向成熟，比较具有代表性的如谷歌、亚马逊等。这些企业普遍具有良好的收益前景，但需要大量的投资，同时也具有很大的投资回报的不确定性。由于体量小、投资回报不确定、公司结构特殊等，使得它们很难从传统投资市场中获得大量投资，这给整体另类投资市场创造了丰富且多样的机会，直接促进了其自身的发展。而耶鲁大学校产基金也根据当时市场的情况，逐渐形成并完善了适合自身和市场情况的耶鲁模式。

最后应该指出，在20世纪80年代，投资者对另类投资的认识和重视普遍不如今天，虽然整个另类投资市场存在巨大的发展机遇，但市场竞争相对温和，不像传统市场那样竞争激烈。因此，选择另类投资市场以避免市场的激烈竞争带来损失的策略无疑是明智的。

同时，还有一个重要的变化体现在投资种类的不断丰富上。新的投资品种、投资标的在这一时期随着市场的繁荣和金融思想的进步不断出现，特别是在另类投资市场领域更是如此，比较有代表性的就是绝对回报产品和以能源投资为主的大宗商品交易投资逐渐进入投资市场，并占据越来越重要的地位。早在1990年，耶鲁大学校产基金会就成为最早的将绝对回报产品独立出来作为单独投资领域的机构投资者，在1990—2000年的十年间，绝对回报产品也成为耶鲁大学校产基金各资产中增长最快的一项，到2000年，绝对回报产品的比例已经超过总比例的20%。

如果说绝对回报产品的出现是单纯金融产品设计的进步，而以能源特别是以原油为主的大宗商品交易则复杂得多，这一投资领域是国际政治态势、国际市场情况以及金融产品设计进步三者共同作用的结果。从20世纪70年代到90年代，由于国际政治问题，国际市场爆发了三次重大的石油危机，国际油价的剧烈变动及其连带效应使耶鲁大学校产基金从中看到了获利的可能，而一系列以原油为标的的衍生交易产品的出现又解决了技术上的问题，以能源特别是以原油为主的大宗商品交易开始长期在耶鲁大学校产基金中占有一席之地。

在这一时期，耶鲁模式虽然经历了市场波动的考验，但最终还是证明了其理论的优越性。在克林顿第二任期的1996年至2000年间，美国股市呈现了空前的高度繁荣，过于盲目的市场乐观情绪和对互联网经济的迷信，使得经济泡沫现象愈发严重，股票价格逐渐偏离了其基本面，以标准普尔500指数为代表的股票价格，在1995年到2000年3月处于最高点的五年间，年化收益率达到了23.8%，而在这期间，耶鲁大学校产基金的表现弱于美国股票市场，然而，耶鲁大学校产基金在市场盲目狂热时继续坚持多元化投资配置策略。到2000年互联网经济泡沫破灭后，由于股票市场暴跌，耶鲁大学校产基金在传统投资领域表现惨淡，但其风险投资的回报成功地弥补了其在传统投资领域的损失，并获得了极其出色的回报，在投资者普遍损失惨重的情况下，耶鲁大学校产基金的收益率却达到了惊人的41%。经过市场大起大落的考验，耶鲁模式成功地证明了其自身的价值。

（2）2000年互联网经济泡沫—2009年金融危机

2000年耶鲁大学校产基金在互联网经济出现泡沫时的优异表现和过去20年的资产配置调整，使得耶鲁模式的地位得到了完全的确立与巩固。耶鲁模式也开始越来越多地为众多高校和机构投资者所效法。从2000年互联网经济泡沫到2008年美国因次级房屋抵押贷款引发金融危机的五年时间里，耶鲁大学在持守耶鲁模式的同时，对于其具体的资产配置结构也根据市场情况做出了相应的调整，其中最为显著的调整当属其在房地产领域的投资，而正是这次的调整，为2009年金融危机时耶鲁大学校产基金24.6%的巨额亏损埋下了祸根。

在房地产投资领域，由于资产证券化的发展，美国房地产市场出现了空前的繁荣景象。泡沫经济的破灭，使美国人对股票市场的信心前所未有地受挫，大量原本流通于股票市场的资本纷纷进入房地产市场。另一方面，接受了"9·11事件"的教训，美国政府对国家安全空前重视，并认为促进购房特别是少数族裔购房，对促进国家安全有重要的积极作用。2002年，时任总统小布什甚至在房利美、房地美两大房地产抵押贷款巨头的共同推动下提出要在2010年前帮助550万少数族裔家庭购房。而房地产抵押贷款公司、SPV公司、商业银行和各路投资机构也开始纷纷放松了对抵押贷款的申请限制，对于不动产支持证券的投资也出现了大幅增长。于是，在政府、投资者、金融机构的共同努力下，美国房地产市场出现了超景气局面。

在这种情况下，耶鲁大学校产基金也不可避免地被卷进了一股狂热的投资大潮之中。从2000年到2009年的九年时间里，校产基金中的房地产投资比例从原先的14.9%增加到了32%，如此庞大的投资比例虽然使2003年至2007年耶鲁大学校产基金的平均年化收益率达到了20%以上，但这也意味着耶鲁大学校产基金在房地产领域的风险敞口空前扩大。同时，由于市场信心建筑在盲目乐观的情绪之上，这些风险敞口也没有得到很好的对冲，导致房地产投资的风险进一步被放大了。

与此同时，由于9·11恐怖袭击事件的发生和美国政府发动伊拉克战争、阿富汗战争，以及国际原油产量的变动、美国战争经济的需求拉动等，令国际上以原油等能源产品为代表的大宗商品价格出现了较大的增幅，因此，在耶鲁大学校产基金的资产配置中，2001年至2004年的大宗商品交易的资本配置比例也出现了较大幅度的增长，并挤压了原有的一部分属于杠杆收购和风险资本投资的比例。随着美国高科技企业在互联网经济泡沫破裂后恢复活力和美国在伊拉克战争、阿富汗战争中取得初步胜利，耶鲁大学校产基金中的大宗商品投资的份额也逐渐再次被杠杆收购和风险资本投资等传统优势投资项目所取代。

（3）2009年美国金融危机中的耶鲁大学校产基金与之后的恢复

2009年，美国由于资产证券化风潮和房地产次级贷款风险敞口累积，最终大量次级贷款无法偿还，导致多家银行、证券公司出现了资金流断裂和经营困难，甚至出现了大范围的破产和申请国家保护的现象，著名的华尔街金融巨头高盛、贝尔斯登、雷曼兄弟均受到不同程度的冲击。

"覆巢之下，焉有完卵"。在这样的大趋势之下，耶鲁大学校产基金也难逃一劫。由于在房地产领域投资的风险敞口过大且缺乏较好的对冲，校产基金在2009年遭受了自上个世纪50年代以来的最大损失，仅仅2009年的投资收益率就低至-24.6%，总计形成了65亿美元的巨额损失。与此同时，许多采用了耶鲁模式的美国高校的校产基金、各类组织基金也都难以独善其身，特别是哈佛大学校产基金，作为美国第一大校产基金，其损失达到了30%，总计亏损额110亿美元，一时之间，对于耶鲁大学校产基金和耶鲁模式的批判之声甚嚣尘上。

　　然而，应当公平客观地指出，耶鲁大学校产基金在2009年金融危机中的表现其实是不差的——至少相对于当时的整体宏观形势而言。表1-1列出了2001—2016年间耶鲁大学校产基金年业绩与标准普尔500指数的对比，由此表我们不难看出，2009年标准普尔500指数下降了28.2%，而耶鲁大学校产基金仅仅下降了24.6%。应当承认，24.6%的损失绝不是个小数目，但是在如此竞争激烈且极端恶劣的市场环境下，耶鲁大学校产基金能做到如此水平殊非易事，这同样也证明了耶鲁大学校产基金多样化投资策略的正确性。在"最黑暗"的2009年，尽管耶鲁大学校产基金的房地产投资领域出现了严重亏损，但其他领域的收益还是使得其整个投资组合的损失小于整个市场的普遍损失程度。

表1-1　　　　耶鲁大学校产基金年业绩与标准普尔500指数的对比

年份	校产基金年业绩	标准普尔500	规模（百万美元）	过去十年年化业绩
2001	9.20%	−15.80%	10 725	18.30%
2002	0.70%	−19.20%	10 523	16.90%
2003	8.80%	−1.60%	11 034	16.00%
2004	19.40%	17.10%	12 747	16.80%
2005	22.30%	4.40%	15 224	17.40%
2006	22.90%	6.60%	18 030	17.20%
2007	28.00%	18.40%	22 530	17.80%
2008	4.50%	−14.90%	22 869	16.30%
2009	−24.60%	−28.20%	16 326	11.80%
2010	8.90%	12.10%	16 652	8.90%
2011	21.90%	28.10%	19 374	10.10%
2012	4.70%	3.10%	19 344	10.60%
2013	12.50%	17.90%	20 780	11.00%
2014	20.20%	22.00%	23 894	11.00%
2015	11.50%	5.30%	25 572	10.00%
2016	3.40%	1.70%	25 408	8.10%

　　如果我们将讨论的时间范围扩大，利用2001年到2016年总共16年的数据进行分析，在所有宏观经济不景气的时期，如2001年到2003年、2008年到2009

年，耶鲁大学校产基金除了2009年出现了严重亏损外，在其他年份均实现了盈利。另类投资资产特有的与传统投资的弱相关性甚至负相关性的特点，使得耶鲁大学校产基金能在宏观经济形势普遍不景气的情况下，实现了资产的增值，或至少使其损失相对于市场总损失为轻。因此，从客观理性的角度看，以另类投资为重点的耶鲁模式确实是可圈可点的，该模式在经济衰退期中的表现至少优于其他模式，这一点不可不说明了另类投资的又一魅力所在。

针对危机，耶鲁大学校产基金也采取了相应的对策。在危机期间，美国国债表现良好，使得部分机构投资者选择减持权益类资产而增持国债等安全资产。此时，耶鲁大学校产基金一方面计划将房地产领域的投资比例从33%减持到28%，同时也小幅度增加了传统投资的份额，大幅度增加了在风险投资领域的资本配额。这样调整的主要出发点有三：（1）由于房地产投资方面的风险敞口过大，且比例也过大，导致风险高度集中，因此，通过减持房地产投资，增加其他非传统投资的比重，利用投资多样化分散整个投资组合的风险，缩小房地产投资的风险敞口；（2）由于大量资本进入安全资产领域，而安全资产供求关系的变化势必导致相关资产的价格出现大幅增长，且进入安全资产领域意味着较低的潜在回报率，所以，只采取了有限进入的手段；（3）由于其他投资者大量减持权益类资产，导致相关资产价格大跌，但其潜在的收益率也随之提高，基于对经济周期的认识，耶鲁大学校产基金在长期上依旧看好这些权益类资产，因此，在其他投资者大量抛出此类资产时，选择反其道而行之。

事实证明，这样的应对措施收到了良好的效果，使整个投资组合的收益风险结构得到了有效改善，风险也得到了有效分散，在美国市场逐步走出危机后，耶鲁大学校产基金重新迎来了正收益率，在2011年再次收获了21.9%年化收益率的佳绩。到2013年，耶鲁大学校产基金的基金净值已经基本回到了金融危机前的水平。

（四）近年耶鲁大学校产基金的总值及其资本配置比例

根据2017年的数据，耶鲁大学校产基金的规模已达271.761亿美元，在全美校产基金中规模仅次于哈佛大学，位列第二。尽管耶鲁大学校产基金的体量如此庞大，但依旧实现了每年10%以上的增长率。截至2017年6月30日，耶鲁大学校产基金在全美高校校产基金长期经营业绩排行中依旧居于首位（参见表1-2）。

对耶鲁大学校产基金投资业绩历年增长率的数据进行分析不难看出（如表1-3所示），该校产基金投资的增长率基本保持着一个围绕平均回报率波动的趋势，但在2014年和2016年发生了较大幅度的波动，虽然2016年的低收益率基本可以由2014年的高收益率弥补，仍可说明尽管该基金总体以较快速度稳定增长，

表1-2　　　　截至2017年6月30日20年校产基金长期业绩前十排名

耶鲁大学	12.1%
普林斯顿大学	11.5%
杜克大学	11.4%
麻省理工学院	11.4%
弗吉尼亚大学	11.0%
艾姆赫斯特学院	10.7%
诺特丹大学	10.7%
斯坦福大学	10.4%
达特茅斯学院	10.3%
威廉姆斯学院	10.2%

但若市场出现起伏，它还是会有一定可能受到影响并出现较大的收益波动。这种收益的不确定性虽然带来了损失甚至更大损失的可能，但也为创造更大的收益提供了机会。

表1-3　　　　2013—2017年间耶鲁大学校产基金的总值及配置比例

财　年	2017	2016	2015	2014	2013
市值（百万美元）	27 176.1	25 408.6	25 572.1	23 894.8	20 780.0
回报率	11.3%	3.4%	11.5%	20.2%	12.5%
资产配置（2017.6.30）					
绝对回报产品	25.1%	22.1%	20.5%	17.4%	17.8%
国内股票	3.9%	4.0%	3.9%	3.9%	5.9%
固定收益产品	4.6%	4.9%	4.9%	4.9%	4.9%
杠杆收购	14.2%	14.7%	16.2%	19.3%	21.9%
国外股票	15.2%	14.9%	14.7%	11.5%	9.8%
自然资源投资	7.8%	7.9%	6.7%	8.2%	7.9%
房地产	10.9%	13.0%	14.0%	17.6%	20.2%
风险投资	17.1%	16.2%	16.3%	13.7%	10.0%
现金	1.2%	2.3%	2.8%	3.5%	1.6%

根据另类投资的定义，耶鲁大学校产基金中的杠杆收购、房地产、风险投资、自然资源投资（大宗商品交易）、海外资产投资、绝对回报产品（对冲基金）都是典型的另类投资标的，在2017年的年度财务报告中，它们分别占了14.2%、10.9%、17.1%、7.8%、15.2%、25.1%，合计90.3%，在总资产比例中占有绝对优势。另一方面，正如耶鲁模式的指导思想所提倡的那样，该基金中提供高流动性的资产如现金、债券、股票等的占比非常少，其中现金的占比仅是1.2%，国内股票占比3.9%，固定收益产品占比4.6%，合计只有9.7%，只占到总资本比例的1/10还不到。这一独特的资产配置结构充分反映了该基金重视另类投资作用的特色，也说明耶鲁模式发挥着指导作用。

比较当今众多的围绕股票、基金、债券展开的传统投资组合，耶鲁大学校产基金的投资模式可谓别具匠心、独树一帜。

接下来，我们利用耶鲁大学校产基金2017年的年度报告，对耶鲁大学校产基金各项资产对总资产组合的收益和风险的贡献进行介绍和分析（参见表1-4）。

表1-4　　耶鲁大学校产基金各项资产的比例与美国校产基金平均值的对比

	耶鲁大学校产基金	美国校产基金平均值
绝对回报产品	25.1%	21.8%
国内股票投资	3.9%	20.7%
固定收益产品	4.6%	8.7%
海外股票投资	15.2%	23.6%
杠杆收购	14.2%	5.6%
自然资源投资	7.8%	7.8%
房地产	10.9%	3.2%
风险资本投资	17.1%	4.8%
现金	1.2%	3.8%

根据2017年耶鲁大学校产基金年度报告，当年耶鲁大学校产基金各项资产的投资目的、计划比例、收益和风险承担大致如下：

（1）绝对回报产品，旨在为投资组合提供多样性以降低其风险，在市场非有效的情况下积累较高的长期回报。绝对回报产品的真实收益率为4.8%，波动率为8.6%。

对于绝对回报产品组合，耶鲁大学校产基金会采取两个策略并行的手段——

事件驱动型策略和价值驱动型策略。事件驱动型策略主要依赖于一些特殊事件，如以兼并、拆分、破产重组等手段实现目标价值或资产增值。而价值驱动型策略则依赖于对资产或证券进行对冲处理，以期在资产或证券偏离价值时获利。在过去的20年里，耶鲁大学校产基金中绝对回报产品的计划比例从15%跃升到25%，绝对回报产品也以每年超出期望值8.9%的成绩充分回应了投资期待。

同时，绝对回报产品与股票和债券市场的弱相关性，也使基金在股票和债券市场上的系统性风险得到了有效对冲，从风险数据整合的角度来看，这降低了投资组合作为一个整体所面临的风险。

（2）国内股票投资，旨在获得相对于风险较低的债券和现金产品而言更多的收益。国内股票投资期望的真实收益率为6%，波动率为18%。和一般的平均投资水平20.7%相比，耶鲁大学校产基金刻意将其计划持有比例限制在一个极小的比例范围内，即4%，这主要与耶鲁大学校产基金追求高回报的激进投资策略有关。但尽管如此，该基金国内股票投资项目依旧表现出色，在过去的20年中，实现了12.2%的年回报率。

（3）由于收益率过低，直接与既有的投资理念相冲突，固定收益产品在耶鲁大学校产基金中所占的比例一向极低，其预期的真实收益率仅有0.5%，波动率为3%，债券和现金加总后的计划比例也仅有7.5%。其持有目的主要是降低投资组合的整体风险，其实际收益率为4.5%。

（4）海外资产投资，分配了耶鲁大学校产基金15.5%的资本比例，其中海外成熟市场投资占比7%，海外发展中市场占比8.5%。海外成熟市场预期收益率6%，波动率18%；海外发展中市场预期收益率7.5%，波动率23%。该类投资的实际年回报率为14.1%。基于市场的实际非有效，耶鲁大学校产基金通常寻找市场价格偏离其实际价值的资产以获得资产增值。

（5）杠杆收购，在耶鲁大学校产基金中占比14.2%，计划比例为14%，相对于市场平均值5.6%，这一占比高出了8.4%。其预期收益率为10%，波动率为23.6%，实际收益率为12.6%。

耶鲁大学校产基金在市场非有效的实际前提下，利用杠杆收购为基金提供了极为诱人的长期收益。为了达到资产增值的目的，耶鲁大学校产基金重视同公司，特别是公司的高级管理层的合作。杠杆收购主要注重基础资产的增值，而非从市场价格的变动中获利，因此，杠杆收购资金回收周期较长，但一旦投资成功，它所带来的收益就不能等闲视之。

（6）大宗商品投资，计划占比7%，与市场预期比例7.8%相差不大。其期望收益率6.5%，波动率24.5%，实际收益率达到了令人印象深刻的15.2%。大宗商品投资的品种极为丰富多样，包括石油、天然气、林地和农产品。大宗商品投资对市场未预期到的较高的通货膨胀率有较好的对冲效果，同时，大宗商品交易为利用市场非有效性创造了机会，也为资产组合提供了较高的现金流回报。

（7）相对于市场平均值6.8%，耶鲁大学校产基金在房地产领域投资的计划比例为10%，预期收益率为5.5%、波动率为15%，而实际收益率达到了10.3%。房地产投资在不牺牲预期收益的同时对对冲未预期到的高通货膨胀成效显著，与此同时还能通过房地产租赁获得稳定的固定现金流。同时，从长期来看持有房地产也可因房地产价格上涨等为基金创造超额收益。

（8）在风险资本投资领域，耶鲁大学校产基金的计划比例为17%，期望收益率为16.8，波动率为37.8%。该基金的风险资本投资主要针对创立期的创新型企业。尽管风险资本投资要承担较大的风险，但一旦投资成功也意味着极为可观的收益，这一点与杠杆收购多少有些相似之处。

为了有效防范风险资本投资领域所面临的投资风险，耶鲁大学校产基金采取了专业化的管理模式，深入细致地做好投资对应行业及公司的市场前景分析，建立了有效的信息渠道，加强与公司管理层的沟通并对公司的发展进行专业化指导，使自己所投资项目的实际收益率在过去的20年间达到了令人震惊的106.3%。

三、案例分析

（一）另类投资对耶鲁大学校产基金的影响和耶鲁大学校产基金对市场投资者的启示

在上述案例中，通过分析另类投资资产在耶鲁大学校产基金中的比例、收益贡献、风险承担等数据不难发现，耶鲁大学校产基金的成功与它在另类投资领域的操作是息息相关的。

首先，从投资结构和风险管理角度来说，另类投资改善了原有的投资结构，充分弥补了以传统投资项目为主的投资组合投资多样性不足的缺陷，回避了风险在传统投资市场过于集中的弊端，极大地丰富了投资和风险对冲手段。另类投资资产作为一个大类而言，其与传统投资市场的相关性较弱甚至是负相关，有利于分散来自传统投资市场的风险，对冲了部分传统投资市场的系统性风险。将各个资产单独讨论，则各该投资市场又都可以被视为一个个相对独立的市场，彼此之间相关性较弱，一旦某项资产出现亏损，由于其他资产的收益和市场价格不会出现大的波动，投资组合的整体还是有很大希望保持盈利的，整体的投资风险也可以得到有效分散。

　　再者，从收益的角度，如果说投资结构和风险管理保证了基金经营的稳定与安全，而收益才决定了投资机构能否从众多的投资者中脱颖而出，那么，耶鲁大学校产基金就成功地把握住了这一点。从整体上来看，耶鲁大学校产基金的收益驱动来源无非就两个：事件驱动和价值驱动。通过对其过去30年间资产配置比例的变动分析，我们可以看出耶鲁大学校产基金是如何在一次次的宏观经济、国际形势的变动中，调整自身的资产结构，使之能充分适应市场变化的新趋势，并在事件诱发的市场变化中尽可能多地获取收益的。即使在市场外部作用相对较弱的时期，耶鲁大学校产基金也充分利用了非传统投资市场相对于传统投资市场的市场非有效性，通过选择被市场低估的或是自己认为有增长潜力的企业进行投资，从而获得利润。

　　正是基于上述对耶鲁大学校产基金在结构、风险、收益上的策略的一系列分析，我们得到了对其他投资者具有参考价值的一些投资启示：

　　1.利用另类投资有效分散风险，追求高收益机会

　　虽然耶鲁模式本身具有一定的不可复制性，其对于投资者或外部经理人的高素质要求，对资本金的高数量要求，对资本管理专业化的高水准要求和其低流动性的特点，都使得其无法被单纯地模仿，特别是对中小机构投资者和个人投资者而言，耶鲁模式几乎是不科学、不理性的，但该模式最有价值的部分只不过就是利用另类投资有效分散风险、追求高收益机会。利用传统投资市场固然有波动性相对较小、投资回报相对稳定等优点，但是，由于传统投资市场之间相关性普遍较大，面临的系统性风险也就较大。所以，我们也许不一定像耶鲁大学校产基金那样将另类投资作为绝对重点，但适量地引进另类投资，无论对于追求更高的收益还是有效分散风险、完善投资结构，都是有百利而无一害的。

　　2.加强对市场信息的掌握

　　对于进行另类投资的投资者，特别是机构投资者而言，耶鲁大学校产基金加强对市场信息的掌握的做法，对于想获得超额收益的投资者具有重要的借鉴意义。耶鲁大学校产基金无论是在另类投资领域，还是在其投资比例较小的传统市场投资领域，都强调同外部合作者进行有效合作，以提高自己对市场走势的把握。耶鲁大学校产基金会定期邀请独立的第三方评估机构评估自己的投资资产以及进行内部估值，同这些有技术专长的专业评估机构的友好合作，对于完善该基金自身对市场机会的把控、更有效地使用基金资产，都大有裨益。

　　3.重视长期投资

　　投资者应当提高对长期投资的重视。虽然对于大部分投资者而言，像耶鲁大学校产基金那样将如此巨大的投资占比放到长期投资上，以至于流动性降低，无

疑是很难接受的。但是，适当数量的长期投资对于缩小短期投资的风险敞口、优化现金流时间结构等无疑具有一定的积极意义。同时，大多数投资者依旧存在着在某项资产价格出现短期巨大波动时就做出买进或卖出决定的行为，而忽视了这样的交易行为在某种程度上反而有可能导致长期收益的减少和风险的增大等不利后果。因此，提高对长期投资的重视，培养长期投资观，对于资产组合配置的合理化、科学化，甚至对宏观经济的平稳运行，都具有深刻的现实意义。

4. 注重对资产价值和前景的理性认识

投资者应当注重对资产价值和投资前景进行理性分析，而非看外在市场的变化盲目草率地做出判断。这一点耶鲁大学校产基金既有成功的经验，也有失败的教训。在 2000 年互联网经济泡沫破灭和 2009 年金融危机后，耶鲁大学校产基金会没有随波逐流地选择投资策略，而是基于对市场的理性分析，根据自身情况做出了投资调整。事实证明，这样的调整是相对成功且有效的。但是，在 2003 年至 2008 年美国房价的上升期间，耶鲁大学校产基金同样也在市场驱动下不理性地大量投资了房地产，导致房地产风险敞口增大，这也直接导致了在 2009 年金融危机中耶鲁大学校产基金在房地产投资领域蒙受了重大损失。前面已经提过这个。因此，投资者从耶鲁大学校产基金的成败中应当学会对资产价值保持理性判断，市场意见及趋势固然重要，但是在市场非有效或出现过大的市场波动时，很容易导致市场信息的真实性被扭曲，这种情况下反映出来的市场意见及趋势，非但不能代表未来的发展轨迹，反而有出现反方向变动的可能。因此，重视并运用基于资产资本面对资产进行分析的基本方法，不仅有助于增加在以后的长时期内获得超额收益的可能性，还可以有效避免短期由于市场不理性造成的不利影响。

5. 对资本进行专业化管理

对于另类投资的从业者而言，耶鲁大学校产基金对其资本进行专业化管理的思路值得借鉴。耶鲁大学校产基金的运作机构——耶鲁大学校产基金会的运作实体是耶鲁大学投资办公室，由以 David Swensen 为首的 32 名职业投资人组成，这些职业投资者只负责确定和实施融资策略，并不直接参与具体操作，具体操作业务由众多与其合作的基金经理执行。通过在全美众多的投资合作人中进行严格甄选，耶鲁大学校产基金只选择最有专业优势的主动投资管理人作为自己的合作伙伴。为了确保合作人的忠诚，耶鲁大学采取了诸如回拨条款、基于风险的薪酬计划等风险管理手段，并通过长期合作的激励方式加强了同这些专业投资者的合作关系，从而做到了对基金各部分的专项管理，这种做法对于目前仍然强调对资本的绝对控制而忽视投资的专业化管理的运作模式是一种提醒或挑战。

6.治理结构诚信高效

对于机构投资者而言，耶鲁大学校产基金治理框架的高效和上下级之间的彼此信任关系值得学习。耶鲁大学校产基金的运作机构除上述的耶鲁大学投资办公室之外，还包括投资委员会，主要成员都是本校的知名校友、校方领导人等，其主要职责在于审核投资办公室的投资配置方案，回顾、总结、确定投资比例和预期回报率，制定总的投资目标。前者相当于公司的管理层，后者类似于公司的董事层。投资委员会对投资办公室给予了充分的支持与信任，投资委员会从1975年建立以来，没有一次否决过投资办公室的投资配置方案。正是在这种高效的管理机制和被充分支持的环境下，耶鲁大学校产基金才有效地执行了既定的投资策略，以成功的业绩回报了投资委员会。这种成功的企业文化的构建对于解决现代企业中愈来愈发突出的委托-代理冲突问题意义重大。

（二）耶鲁模式在中国发展的可能性探讨

最后有必要探讨一下耶鲁模式在中国推行和未来发展的可能性。

短期来看，复制耶鲁模式在中国几乎是不可能的。首先，我们在上面提到过的耶鲁模式难以被复制的因素在当前的中国同样成立。其次，耶鲁模式的成功离不开一大批专业的外部基金管理人和中介机构的共同参与，而这些正是目前我国资本市场所缺乏的。第三，耶鲁模式的成功同样和自上个世纪以来美国金融市场在另类投资领域不断涌现的另类投资产品创新息息相关，而如今我国这一市场的投资品种数量还比较稀少，传统投资产品在中国的投资组合中依旧占据主要地位。第四，中国人的投资理念是"落袋为安"，对流动性的偏好较大，更为青睐于短期投资以确保其资金的流动性。大众乐于接受的另类投资品种依旧集中在黄金、奢侈品等传统领域，对私募基金、对冲基金等新型另类投资产品知之甚少甚至存在认识上的错误。所有这些因素都为我国复制耶鲁模式制造了不小的困难和阻力。

但是，如果我们从一个长期的角度来看，中国出现一个不同但类似的模式是完全有可能的。首先，耶鲁模式虽然难以复制，但其中一些难以复制的因素完全可以替代，甚至可以做得更好。比如，通过更合理地安排另类投资和传统投资的资本比例来实现一个也许收益较低、风险也相应较低，但流动性更好的资产组合结构，这样就可以解决流动性问题。其次，随着金融教育的普及化，中国金融人才未来的需求量仍然会处于一个较高的水平，金融人才的质量一定能有较大的改观，一些中介机构也很有希望走向成熟。第三，虽然目前我们的另类投资市场的品种依旧有限，但毫无疑问，未来这一点将有更大的改观。以人民币结算的石油期货、房地产信托基金和私募基金的陆续出现和蓬勃发展，都预示了一个更加丰富多样的前景。第四，投资理念总不是一成不变的，虽然传统的投资理念对投资人的投资观存在重大影响，但这并不妨碍耶鲁模式逐步为中国人所接受，甚至更进一步，未来中国的投资人还可以设计出更符合中国人投资需求的"中国耶鲁模式"；虽然目前传统的黄金、奢侈品投资依旧占中国另类投资市场很大的比重，但在发达地区，越来越多有实力的投资人也已经开始进入新型另类投资市场了，这极大地推动了这一市场的发展。

尽管由于种种原因，当前耶鲁模式想在中国大地上生根发芽还不太现实，但我们完全有理由相信，只需假以时日，随着我们金融市场，特别是另类市场的发展，耶鲁模式这朵异域奇葩同样也能在中国投资界的万花丛中取得自己的一席之地，绽放属于它自己的光彩。

四、案例拓展——中国保险基金的另类投资发展情况

中国的另类投资虽然起步较晚，目前的投资水平、投资经验都相对欧美发达国家而言不成熟，但发展速度却非常快，使得中国另类投资市场在世界上的重要性越来越凸显。同时，中国另类投资市场的参与者也随着另类投资理念的逐步普及而快速增加，使原来的"富人的游戏"走向平民化、简单化、机构化。这一发展趋势我们可以从比较有代表性的中国保险基金在另类投资中的比例的显著变化而窥见一斑。

截至2017年8月，我国保险业所运用的保险资金达到144 625.7亿元，其中另类投资占到了38%还多，总计55 826.1亿元。随着市场情况的变化和另类投资市场的发展，保险机构越来越倾向于使用另类投资工具来优化其资产配置。保险资金中的另类投资从最初约10%的占比，上升到现今的近四成，超过了银行存款和债券，成为第一大资产配置品种，而这一过程仅仅只是花了四年时间。根据穆迪投资服务公司（简称穆迪）的相关报告。2013—2016年中资保险公司另类投资的复合年增长率达到了55%，远超行业同期20%的总体投资增速，其增长速度不可不谓快。

另外，中国保险资产管理协会披露的数据显示，仅在2017年1—8月间，全国20余家保险资产管理公司注册基础设施计划38项，规模1 216.75亿元；不动产债权投资计划57项，注册规模1 000.15亿元；股权投资计划11项，注册规模488.50亿元。

保险基金对另类投资的偏爱不是没有理由的。

首先，另类投资的覆盖面广、投资机会多、资金需求大，在传统投资市场普遍不景气的情况下，投资项目的减少必然使得另类投资资产在整体的占比上大大

提高。

其次，另类投资的特点能较好地适应保险基金本身的特点和需求。保险基金净现金流充裕，资金期限长，对投资项目的流动性要求比较低，非常适合期限长、有稳定现金流回报的项目，而这些正是另类投资所能提供的，而另类投资低流动性的硬性要求也能得到较好满足。

再次，另类投资也受到国家相关政策的鼓励。随着国家经济的发展，基础设施的建设对资金的需求与日俱增，各大保险基金通过参与各类基础设施建设支持基金或债券进行投资，在法律层面，银保监会也连续下发了多个鼓励和倡导保险基金支持实体经济发展特别是通过另类投资手段扶持实体经济的文件。

可以说，保险基金对另类投资的偏爱可以视为我国另类投资越来越受广大投资者欢迎的缩影。虽然保险基金的另类投资还存在一些问题，如专业水平的管理者和运营团队比较缺乏，经验的积累仍然比较欠缺，对风险资产也仍然比较谨慎，受政策影响跟风效应比较突出，主要以债权投资而非股权投资等，但是，随着另类投资市场的发展，这一方面问题的解决前景十分乐观，可以预见的是，另类投资在未来我国的保险基金中仍有很大可能占据更为重要的地位。

———————————————— **案例思考** ————————————————

1.耶鲁模式的核心是什么？

2.另类投资相较于传统投资其主要特点是什么？

3.文中提到的事件驱动和价值驱动分别代表什么样的策略？

4.耶鲁校产基金投资策略带来的启示有哪些？

房地产信托投资

以越秀房地产投资信托的成功经验为例

一、背景知识

（一）不动产与不动产投资

不动产是指土地及建筑物等土地定着物。相对动产而言，不动产强调财产和权利载体在地理位置上的相对固定性。不动产投资的特性有异质性、低流动性、不可分性三种。为了解决不动产投资变现能力不强的低流动性和投资金额大且不易拆分以卖给多个投资者的不可分性的问题，房地产①投资信托应运而生。

（二）房地产投资信托的概念

房地产投资信托（Real Estate Investment Trust，REITs），是以发行收益凭证的方式汇集特定多数投资者的资金，由专门投资机构进行房地产投资经营管理，并将投资综合收益按比例分配给投资者。在国际上，典型的 REITs 产品多为股权性质产品，在证券交易所挂牌交易，可由普通个人投资者（散户）和各类机构投资者买卖。

房地产投资信托属于不动产证券化当中的一种金融工具，其运作形态与共同基金类似。不动产投资信托运作的架构如图 2-1 所示。

（三）房地产投资信托的特性及收益的影响因素

1.REITs 的投资优势

（1）资产流动性强、变现性高，可以吸引中小投资者参与投资。REITs 交易

---

① 房地产是不动产的重要组成部分，目前国内对不动产一词的使用尚不规范，本章中我们所使用的"房地产"一词与"不动产"含义相同。

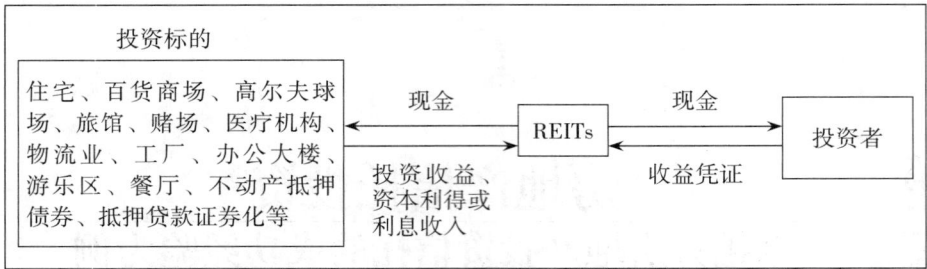

图2-1 不动产投资信托（REITs）运作架构图

方式与股票相同，可以解决直接购买房地产的低流动性和不可分性的问题，同时，REITs也不存在购买房地产行业股票所面临的较大风险。

（2）波动性低、与其他资产的相关性低。大多数REITs的租金收入、入住率和房地产经营成本及每个季度和每年的经营业绩都具有可测性和稳定性，REITs每日的波动性远小于股票，有效地降低了风险。REITs的长期收益由其所投资的房地产价值决定，与股票、债券等其他资产类别的相关系数低，将这类资产加到投资组合中，可以达到分散风险的目的。

（3）可对抗通货膨胀。在通货膨胀率上升时，租金、停车费等房地产投资信托相关收益会因为物价水平上升跟着向上调整，因此，REITs在通货膨胀时期具有保值功能。

（4）相比房地产业直接投资，上市交易的REITs信息不对称程度要更低。在房地产市场中，由于市场机制不健全、信息不对称，存在借助金融市场工具及对土地的垄断来操纵房价、制造虚假信息的情况；而上市交易的REITs按规定向投资者披露运营信息，帮助投资者了解其运作及可能涉及的投资风险，同时，在证券交易所上市的REITs受到公众和监管机构的监察及分析师的评审。

（5）收益能力稳定，分红较高。REITs的现金流量主要来自租金收入、管理维修费用及出租率等，收入相对稳定。REITs用很多自由现金流来支付大量的现金股息，投资者可获得至少90%的税前收入。

（6）专业化的经营管理。REITs将经营权与所有权分离，委托专业的资产管理公司管理。通过较好的管理，可有效降低投资风险，使房地产的经营业绩大幅度提高。

2.REITs的投资劣势

（1）筹资问题。基金运作的成功条件在于资金的募集，当筹资额未达到预定目标而必须解散基金时，发起人应承担相应的费用损失，而投资者则会产生机会成本。

（2）代理问题。在管理权与所有权分开的情况下，投资者缺乏不动产经营及处分的自主性，尽管经理人经营不善可予以撤换，但此时经营绩效可能已一落千丈。

（3）系统风险。证券化后，原来的实物资产变为金融资产在市场上流通，投资者的收益不但受不动产景气程度及经营绩效的影响，还受证券市场状况的影响。

（4）"炒作问题"。高价位的不动产在高度繁荣时可能成为炒作的目标，在证券化后，小额投资人进入市场，金融市场上将有更多的资金进行不动产投资。这在不动产供给有限的情况下，极有可能因为不动产价格的疯涨而吹大泡沫。

3.REITs收益的影响因素

（1）利率水平及变化。REITs是跨越房地产市场和金融市场的产品，这两个市场的价值均取决于预期现金流的现值，因此，利率的变化是影响REITs收益的重要因素，利率水平低时REITs收益的表现会更佳。

（2）股票市场的景气度。证券化后，原来的实物资产变为金融资产在市场上流通，一些股市上的政策及信息对股市中REITs的影响与对股票的影响相似。

（3）房地产市场的景气度。

（四）房地产投资信托的类型

1.权益型房地产投资信托

权益型房地产投资信托（Equity REIT，EREIT）主要以房地产本身为主要投资标的，主要收益来源为房地产出租的租金收入、经营绩效的收益及处置房地产的资本利得。在国际上，典型的REITs产品多为股权性质，在证券交易所挂牌交易。

2.抵押权型房地产投资信托

抵押权型房地产投资信托（Mortgage REIT，MREIT）主要针对房地产公司的贷款、一般不动产抵押债权及不动产抵押债权相关证券（如MBS等）进行投资。其主要收益来源为利息收入，收益的高低类似一般债券，与市场利率呈反向变动。因此，MREIT比较类似于债券型基金。

3.混合型房地产投资信托

混合型房地产投资信托（Hybrid REIT，HREIT）是权益型及抵押权型房地产投资信托的综合，其主要投资标的包括不动产本身及抵押贷款债权，但其中权益型不动产及不动产抵押债权（含相关证券）的个别投资比率均不得超过总资产的75％。

二、案例资料

(一)越秀集团简介

1985年,越秀企业有限公司(简称"越秀企业")在香港注册成立,作为广州市政府在港澳地区经济贸易工作的"窗口"。1992年,越秀企业组建了以房地产开发为核心业务的越秀投资有限公司①并在香港成功上市(00123.HK,简称"越秀投资"),越秀企业同时重组为越秀企业(集团)有限公司(越秀集团)。1997年,越秀交通有限公司(01052.HK,简称"越秀交通基建")分拆上市。2002年,越秀集团与广州市城市建设开发集团有限公司(GCCD)进行资产重组,组成新的越秀集团。2005年,越秀集团成功分拆城建大厦、白马商厦、维多利广场及财富广场四大租赁物业,以大型商场和高档写字楼出租为核心业务的越秀REITs(00405.HK)在香港上市,成为全球首只投资中国内地房地产的房地产投资信托基金。2012年越秀金融集团挂牌成立。2014年越秀集团收购香港创兴银行(01111.HK,简称"创兴银行")75%的股权。自此,越秀集团形成了以金融、房地产、交通基建为核心产业的"3+X"现代产业体系。

(二)越秀REITs成立的契机

1.转型过程中短期高负债问题显露

1992年,越秀集团为向商业地产转型,以旗下的越秀投资在香港上市。由于投资于商业地产的长期收益性和短期高负债性,从1996年到2000年,虽然越秀投资的净资产从44.96亿港元增加到了64.86亿港元,但其资产负债率一直在65%左右,相比同行业②仍是处于较高水平,且此间其净资产收益率处于低位,2001年之前一直保持在5%左右。

2.与广州城建资产重组以解运营困难

面对越秀投资运营中的困难,2001年广州市政府将其持有的广州市城市建设开发集团有限公司(GCCD)的95%股权全部注入越秀集团。如图2-2所示,重组后,越秀集团成功获得了原广州城建的四处优质资产,即由GCCD持有的财富广场、城建大厦、维多利广场和GCCD所属的BVI③旗下的白马合营公司持有的白马大厦。

---

① 该公司后于2009年更名为"越秀地产股份有限公司",简称变为"越秀地产"。
② 1996—2000年,香港本地的新世界地产和新鸿基地产同期的资产负债率均在50%以下。
③ BVI:The British Virgin Islands,即英属维尔京群岛海外离岸公司。

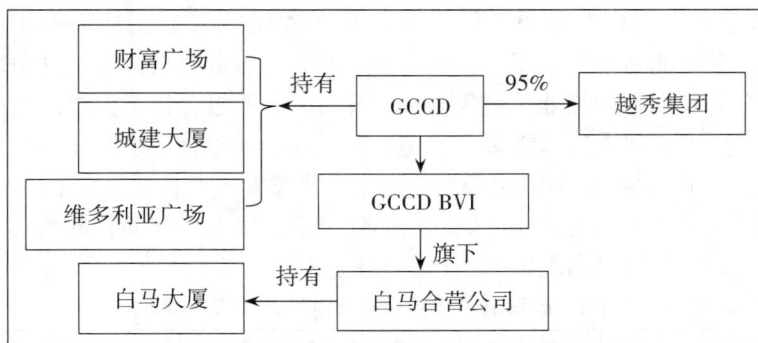

图2-2　越秀集团与广州城建资产重组示意图

2002年，越秀集团又将其持有的全部GCCD的资产转给了旗下的越秀投资。自此，越秀投资以50亿港元的价格获得了价值83.5亿港元的地产项目，虽然越秀投资仅以六成的价格就从越秀集团获得了大量物业，但其所支付的50亿港元中，还是有20亿港元是通过借款而得，这进一步增加了越秀投资的资产负债率，使其资产负债率达到70.2%，加重了其财务负担及经营风险，不利于财务安全。这也使得越秀投资难以进行再融资以扩大企业规模和利润规模，于是，越秀投资希望将部分优质物业分拆上市以获得新的融资方式，这也是越秀集团为什么要采用REITs而不是以发行股票、债券等传统方式进行融资的原因。

3.香港REITs条例的修改

香港最初的REITs条例只允许由香港本地物业组成的REITs在香港上市交易，但2005年6月，香港证监会修改了《房地产投资信托基金守则》，修改后的守则允许非香港的物业组合在香港上市交易，这为越秀REITs在香港的上市扫除了政策上的障碍。

为了满足越秀REITs在香港上市的条件，越秀投资分拆旗下的内地商业物业（即财富广场、城建大厦、维多利广场和白马大厦）注入越秀REITs，这四个商业项目均位处广州市区的黄金地带，是盈利能力和发展潜力都较强的优质资产，为越秀REITs的成功奠定了基础。

（三）越秀REITs的概况及结构

1.越秀REITs的概况

越秀REITs于2005年12月21日在香港联合交易所上市，为全球首只投资于中国内地物业的上市房地产投资信托基金，上市基金单位10亿份，向公众募集资金17.9亿港元投资物业，收益来源主要为租金收入，一直以可分派收入的

100%向基金单位持有人分派红利。越秀REITs物业类型包括服装专业市场、甲级写字楼、多功能商务写字楼、零售商业、酒店、服务式公寓等，并争取收购带来可观现金流及回报的物业。越秀REITs最初的物业组合包括位于广州的白马大厦、财富广场、城建大厦和维多利广场，现在的物业组合还增加了位于广州的新都会大厦和广州国际金融中心、位于上海的越秀大厦、位于武汉的越秀财富中心，共包括八项位于核心商业区域的高品质物业，物业产权面积共约99.1万平方米，各物业的具体情况如表2-1所示。其中：

表2-1　　　　　　越秀REITs各物业项目的具体情况（2017年）

物　业	白马大厦	财富广场	城建大厦	维多利广场	越秀新都会
类　型	批发商场	甲级写字楼	甲级写字楼	零售商场	综合商务
落成年份	1990	2003	1997	2003	2007
产权面积（平方米）	50 199.3	41 355.2	42 397.4	27 698.1	61 960.0
可出租总面积（平方米）	50 128.9	41 355.2	42 397.4	27 262.3	49 887.3
物业出租率	99.9%	99.6%	94.8%	100%	99.2%
2017年12月31日的估值（人民币百万元）	4 906	1 150	935	904	1 110
2017年物业营业收入（人民币百万元）	366.1	71.7	64.4	66.8	70.2
2017年物业收入净额（人民币百万元）	307.8	59.4	53.4	55.4	57.4

物　业	国金中心	上海越秀大厦	武汉越秀中心	合计	
类　型	商业综合	综合商务	商业综合		
落成年份	2010	2010	在建		
产权面积（平方米）	457 356.8	62 139.4	248 194.2	991 300.4	
可出租总面积（平方米）	230 266.9	46 026.3	172 993.3	660 317.6	
物业出租率	98.0%	97.5%	51.0%	85.9%	
2017年12月31日的估值（人民币百万元）	17 734	3 030	3 587	33 356	
2017年物业营业收入（人民币百万元）	1 073.5	139.2	2.0	1 853.9	
2017年物业收入净额（人民币百万元）	652.5	126.4	1.8	1 314.1	

资料来源：越秀房地产投资信托基金2007—2017年度报告。

2008年6月，越秀REITs管理人——越秀房托资产管理有限公司，完成向母公司越秀投资收购越秀新都会的交易，令物业组合面积增加38.5%。

2012年，越秀REITs管理人完成了对广州国际金融中心的收购交易，使得基金资产实现了里程碑式的重大跨越，资产总额从年初的约人民币74亿元达到了年末的约人民币249亿元，在亚洲房托基金中位居前列。收购丰富了物业组合和经营类别，增加了酒店、服务式公寓等新元素，降低了原物业组合中批发市场的比重，令收入来源更具多元化。交易后，基金单位总数从10.7亿份增加到了27.4亿份。

2015年8月，越秀REITs管理人收购了上海浦东竹园CBD核心地段的优质物业——宏嘉大厦（更名为上海越秀大厦）。

2017年11月，越秀房托及越秀地产发布公告，越秀地产在武汉的第一高楼项目——武汉越秀财富中心将注入越秀房托，越秀地产宣布出让武汉物业67%的股权给越秀REITs。

2.越秀REITs的结构——体外循环架构

越秀REITs最具特色的部分是它的体外循环架构，即将优质地产项目以信托方式委托给越秀地产在英属维尔京群岛（BVI）特设的全资子公司，这也是它在境内税收无优惠、租金回报率低且融资成本高的背景下能够成功的重要原因。采取这种体外循环架构的目的是：

（1）信托制度隔离信托资产与发起人自有资产，保证信托财产的独立性。

（2）保证满足香港《房地产投资信托基金守则》中所有权结构清晰明了的要求。

（3）通过境外离岸公司（BVI公司）持有相应物业达到较为显著的避税和降低融资成本的目的。

越秀REITs的架构如图2-3①所示。其中：

基金管理人——越秀房托资产管理有限公司，是越秀地产的全资子公司，负责基金的投资及融资策略、资产增值、收购及发售政策，以及旗下物业的整体管理。

信托人——汇丰机构信托服务（亚洲）有限公司，是香港上海汇丰银行有限公司的全资附属公司。信托人受托对基金资金进行保管，保证资金的安全。

---

① 资料来源：根据越秀房产信托基金上市文件和越秀房地产投资信托基金2007—2017年度报告整理。

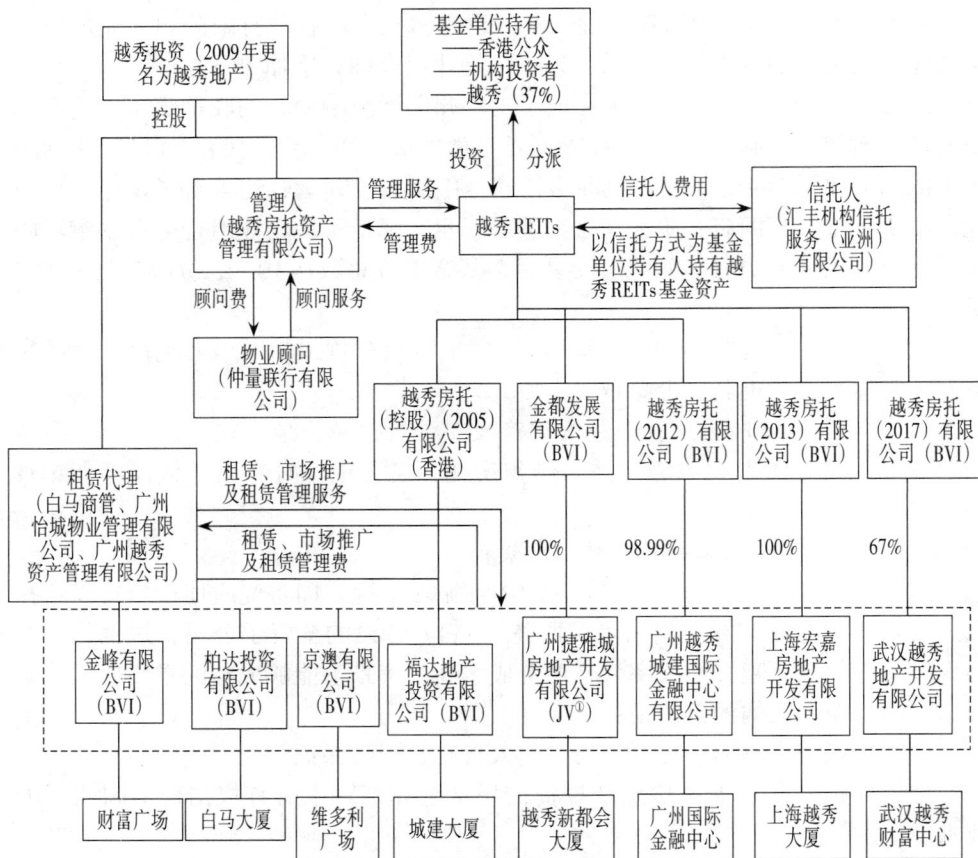

图2-3 越秀REITs的结构图

　　租赁代理——白马商管、广州怡城物业管理有限公司及广州越秀资产管理有限公司，这三家租赁公司都是越秀地产控股的子公司，独家向越秀REITs提供租赁、市场推广及租赁管理服务。其中：白马商管（前称广州白马物业管理有限公司，96.8%权益由越秀投资拥有，其余的3.2%由GCCD拥有）就白马大厦向柏达提供租赁、市场推广及租赁管理服务，并向柏达收取费用；广州怡城物业管理有限公司（85.7%权益由越秀投资拥有，其余14.3%由GCCD拥有）就财富广场、城建大厦、维多利广场、越秀新都会及武汉越秀财富中心分别向金峰、福达、京澳、捷雅城及武汉越秀提供租赁、市场推广及租赁管理服务，并向各BVI公司收取费用；广州越秀资产管理有限公司于2012年注册成立，为国际金融中心及上

────────────

　　① JV即Joint Venture，合资企业。

海越秀大厦提供租赁、市场推广及租赁管理服务。

物业顾问——仲量联行有限公司，当管理人有要求时，物业顾问就以下各事项提出意见和建议：物色及评估，并协助执行物业买卖；向管理人的职员提供资产管理及物业管理相关事项的培训；发展管理人的资讯科技实力及基础设施建设。

（四）越秀REITs的财务数据

越秀REITs的财务数据见表2-2至表2-4。

表2-2   越秀REITs净收益   单位：人民币百万元

年份	2007	2008	2009	2010	2011	2012
净收益	353.14	207.30	265.12	635.64	1 337.28	687.80
年份	2013	2014	2015	2016	2017	—
净收益	524.07	927.97	740.68	712.14	1 437.10	—

表2-3   越秀REITs比较资产负债表

（各年度12月31日）   单位：人民币百万元

年 份	2007	2008	2009	2010	2011	2012
现金及现金等价物	271.70	351.03	361.27	378.96	520.65	774.02
应收账款	5.88	5.69	5.46	7.21	6.83	998.97
存货	0	0	0	0	0	3.97
流动资产	277.58	358.08	368.18	388.39	704.84	2 137.85
投资物业	4 396.90	5 051.43	5 082.00	5 432.50	6 471.00	18 264.00
资产总额	4 861.62	5 602.43	5 651.15	6 024.29	7 375.28	24 874.11
应付账款	47.06	69.75	62.52	65.85	67.12	1 463.79
长期借贷的即期部分	1 199.16	0.00	0.00	1 774.75	0.00	300.00
流动负债	1 478.89	115.91	147.84	1 884.43	129.16	1 861.92
长期借贷	0.00	1 809.07	1 819.49	0.00	1 978.17	8 057.64
总负债	1 551.87	2 055.17	2 064.30	2 043.30	2 280.01	12 267.41
基金单位持有人应占资产净值	3 309.75	3 547.26	3 586.85	3 980.99	5 095.26	12 524.08

续表

年 份	2013	2014	2015	2016	2017	—
现金及现金等价物	639.79	986.30	682.60	1 180.83	1 303.90	—
应收账款	777.49	543.42	305.34	146.22	286.10	—
存货	3.61	4.44	4.24	4.34	3.13	—
流动资产	1 563.09	1 662.56	1 156.67	1 412.54	1 679.72	—
投资物业	18 605.00	19 299.00	23 194.00	24 197.50	28 706.00	—
资产总额	24 549.54	25 362.60	29 335.05	30 621.28	35 335.72	—
应付账款	1 282.36	1 087.26	857.27	756.74	2 063.02	—
长期借贷的即期部分	300.00	300.00	2 841.73	1 503.36	4 408.47	—
流动负债	1 733.09	1 578.11	3 906.02	2 448.56	6 835.48	—
长期借贷	7 541.89	7 809.40	8 136.22	10 421.63	8 322.30	—
总负债	11 796.77	12 133.95	15 841.94	16 986.89	19 926.92	—
基金单位持有人应占资产净值	12 669.47	13 141.95	13 400.47	13 534.40	14 321.38	—

表2-4 越秀REITs分红声明

年份	2007	2008	2009	2010	2011	2012
已发行基金单位数目（百万单位）	1 000.00	1 065.97	1 065.97	1 065.97	1 065.97	2 743.21
每个基金单位当年已公布分红（不包括特别分红，人民币元）	0.2114	0.2173	0.2217	0.2070	0.2171	0.2151
当年12月31日收市价（人民币元）	2.88	1.58	2.59	3.72	2.81	3.00
年份	2013	2014	2015	2016	2017	—
已发行基金单位数目（百万单位）	2 766.70	2 799.80	2 828.89	2 921.78	3 014.29	—
每个基金单位当年已公布分红（不包括特别分红，人民币元）	0.2164	0.2367	0.2490	0.2852	0.2771	—
当年12月31日收市价（人民币元）	3.00	3.08	3.38	3.57	4.25	—

资料来源：越秀房地产投资信托基金2007—2017年度报告。

三、案例分析

（一）越秀REITs的财务分析

1.偿债能力分析

（1）短期偿债能力分析——速动比率

如表2-5所示，越秀REITs的速动比率大多低于1，偶尔也有由于流动负债较低而突破2的情况。虽然速动比率基本处于较低水平，但由于越秀REITs直接投资于不动产本身，其速动比率参照房地产行业的平均速动比率0.59，仍属于正常水平，故其短期偿债能力正常。

表2-5   越秀REITs的速动比率

年份	2007	2008	2009	2010	2011	2012
速动比率	0.19	3.09	2.49	0.21	5.46	1.15
年份	2013	2014	2015	2016	2017	—
速动比率	0.90	1.05	0.30	0.58	0.25	—

由越秀REITs比较资产负债表（表2-3）可以看出，越秀REITs的流动资产主要是现金及现金等价物和应收账款，如图2-4所示，其现金及现金等价物一直处于波动中上升的趋势，而流动资产的变化趋势和应收账款的变化趋势相似，都是在2011—2012年和2015—2017年两个时间段有明显的上升，原因是2012年越秀REITs成功实施了广州国际金融中心的交易、2015年成功实施了上海越秀大厦的交易、2017年成功实施了武汉物业的交易，扩充了物业组合，带来应收关联方款项的明显增加，进而使应收账款和流动资产增加。

越秀REITs的流动负债主要是应付账款和长期借贷的即期部分，如图2-5所示，其应付账款相对比较稳定，但在2011—2012年和2016—2017年两个时间段有比较明显的上升，这也是与越秀REITs进行的收购交易有关，导致其应计费用和应付关联方款项明显增加，进而导致了应付账款的增加；而流动负债的变化趋势和长期借贷即期部分的变化趋势相似，长期借贷的即期部分是越秀REITs长期借贷中一年之内到期的部分，越秀REITs长期借贷的目的是为向其他公司收购附属公司而进行融资，即流动资产和流动负债的变化主要与收购活动相关。

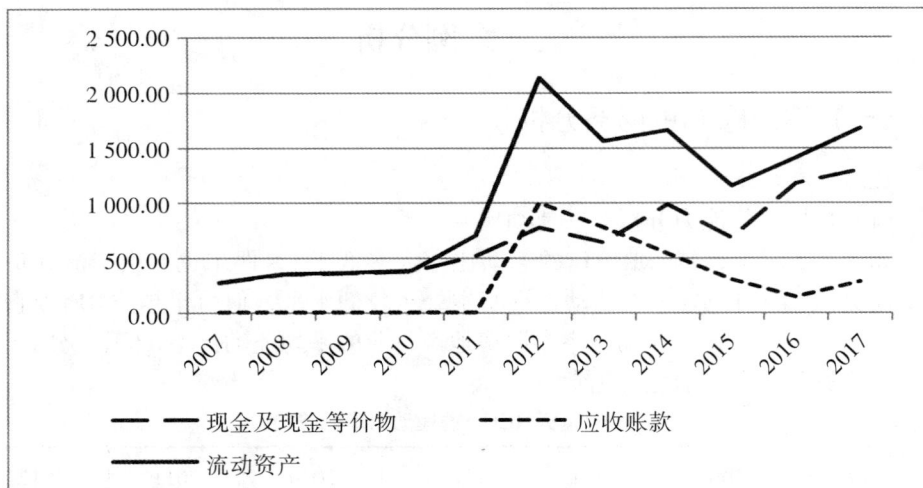

图 2-4　越秀 REITs 的流动资产变化图

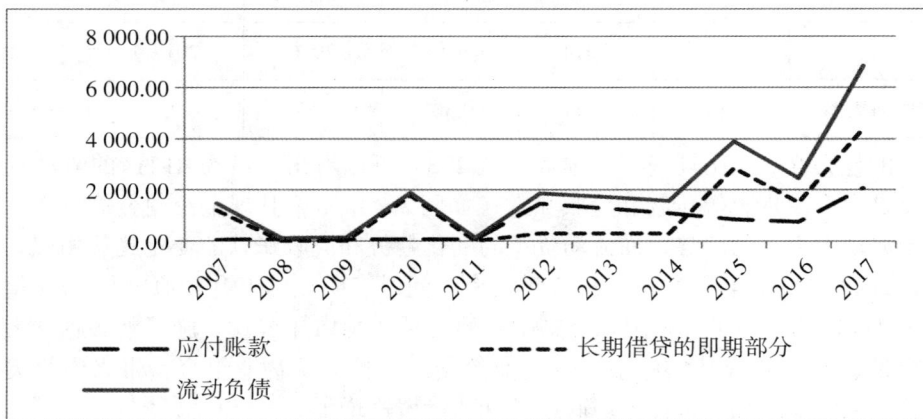

图 2-5　越秀 REITs 的流动负债变化图

（2）长期偿债能力分析——资产负债比

如表 2-6 所示，越秀 REITs 的资产负债比都分布在 0.3 到 0.6 之间，比较稳定且数值较低，因此可见越秀 REITs 的长期偿债能力很强。如图 2-6 所示，越秀 REITs 资产总额和负债总额均呈稳步上升态势，趋势相似，且均是在 2011—2012 年有明显的增加，这与 2011 年到 2012 年越秀 REITs 进行广州国际金融中心的收购交易有关，收购交易使得资产负债表中的投资物业项目明显增加，从而使基金资产总额从年初的约 74 亿元人民币达到了年末的约 249 亿元人民币，增长 236% 还多，同时由于收购过程中长期借贷明显增加，导致总负债也同时增加。收购之后，总资产与总负债之差——净资产也有非常明显的增长。

表2-6 越秀REITs的资产负债比

年份	2007	2008	2009	2010	2011	2012
资产负债比	0.32	0.37	0.37	0.34	0.31	0.49
年份	2013	2014	2015	2016	2017	—
资产负债比	0.48	0.48	0.54	0.55	0.56	—

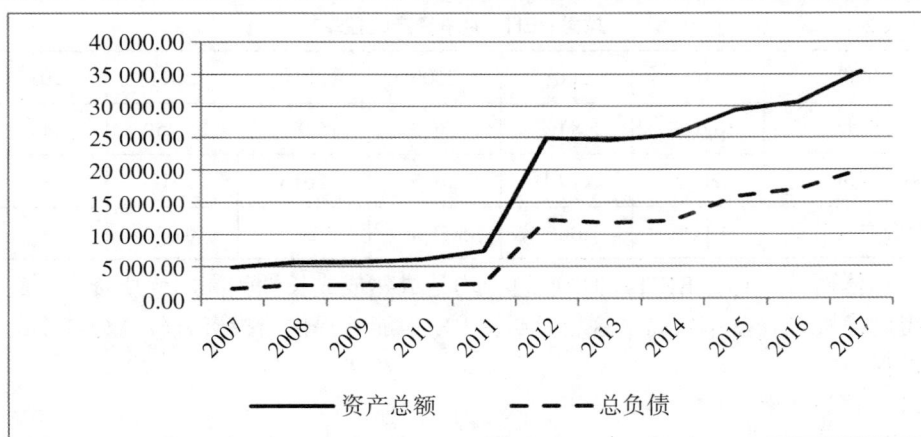

图2-6 越秀REITs的资产总额、总负债变化图

（3）杠杆比率

杠杆比率是由当年的借贷总额与总资产计算而来，表现了越秀REITs管理人收购附属公司的融资情况。如表2-7所示，越秀REITs的杠杆比率比较稳定，且均在香港《房地产投资信托基金守则》要求的45%以下，可见其收购价格合适，使用杠杆的额度合理，其融资成本能够控制在合理的水平，这是保证越秀REITs高分红率的一个重要原因。

表2-7 越秀REITs的杠杆比率

年份	2007	2008	2009	2010	2011	2012
杠杆比率	24.67	32.29	32.20	29.46	26.82	33.60
年份	2013	2014	2015	2016	2017	—
杠杆比率	31.94	31.97	37.42	38.94	36.03	—

2.盈利能力分析

（1）净资产收益率

如表2-8所示，除2010年和2011年以外，越秀REITs的净资产收益率基本分布在5%和10%左右，比较稳定，且收益率较高。其中2010年和2011年两年的净收益相比之前有很大提升，主要源于投资物业的公平值收益增加，且净资产与之前处于同一水平，所以带来了净资产收益率的非常明显的增加，而2012年以后，虽然净收益仍处于较高水平，但由于收购广州国际金融中心之后净资产有大幅度的增长，因此净资产收益率被摊薄。

表2-8 越秀REITs的净资产收益率

年份	2007	2008	2009	2010	2011	2012
净资产收益率	10.67%	5.84%	7.39%	15.97%	26.25%	5.49%
年份	2013	2014	2015	2016	2017	—
净资产收益率	4.14%	7.06%	5.53%	5.26%	10.03%	—

总体而言，越秀REITs的物业组合均是成熟或成长性较高的优质资产，经营所得的净资产收益率较高，这也是越秀REITs能够提供给投资者较高分红率的根本性保障。

（2）分红率

如表2-9所示，越秀REITs每基金单位的分红率大体上在7%以上，资本回报率较高，高于一般投资者对投资回报的预期值——6.5%~7%。

表2-9 越秀REITs的分红率

年份	2007	2008	2009	2010	2011	2012
分红率	7.34%	13.75%	8.56%	5.56%	7.73%	7.17%
年份	2013	2014	2015	2016	2017	—
分红率	7.21%	7.69%	7.37%	8.00%	6.52%	—

3.市盈率、市净率

通过市盈率和市净率，可以判断市场对该项资产的期望值、该项资产是否被低估或高估，以及该项资产的投资价值。若市盈率在0~13的范围内，则该项资产价值是被低估的；若市盈率在14~20的范围内，则该项资产价值处于正常水平；若市盈率在21~28的范围内，则该项资产价值就被高估了。如表2-10所示，由于越秀REITs的市盈率基本都在0~13的范围内，可见其价值是被市场低估了，定价低于其能够带来的收益，这也是其分红率较高的一个原因。就市净率来说，越秀 REITs 的市净率均在 1 以下，代表其价格处于被低估的状态，但由于香港 REITs 的市净率基本均在 1 以下，所以，越秀 REITs 未来的发展潜力和盈利能力处于正常水平。

表2-10　　　　　　　　　越秀 REITs 的市盈率和市净率

年份	2007	2008	2009	2010	2011	2012
每基金单位净收益（人民币元）	0.35	0.19	0.25	0.60	1.25	0.25
每个基金单位的基金持有人应占资产净值（人民币元）	3.31	3.33	3.36	3.73	4.78	4.57
当年12月31日收市价（人民币元）	2.88	1.58	2.59	3.72	2.81	3.00
市盈率	8.16	8.12	10.41	6.24	2.24	11.97
市净率	0.87	0.47	0.77	1.00	0.59	0.66
年份	2013	2014	2015	2016	2017	—
每基金单位净收益（人民币元）	0.19	0.33	0.26	0.24	0.48	—
每个基金单位的基金持有人应占资产净值（人民币元）	4.58	4.69	4.74	4.63	4.75	—
当年12月31日收市价（人民币元）	3.00	3.08	3.38	3.57	4.25	—
市盈率	15.84	9.29	12.91	14.65	8.91	—
市净率	0.66	0.66	0.71	0.77	0.89	—

（二）越秀 REITs 的发行好处

由以上财务分析可以看出，越秀 REITs 的各项财务指标都很卓越，因此 REITs 的发行能给企业、投资者和社会带来很多好处，这也是我国考虑推进 REITs 的重要原因。发行 REITs 所带来的好处主要表现为：

1.改善财务状况,增强投资者和债权人的信心

REITs发行后,越秀投资获得了约33亿港元的现金,这使得之前提到的其因转型以及收购造成的财务困难得以解决,给了投资者和债权人很大的信心,使人们相信越秀投资可以很好地发展下去,为投资者和债权人带来理想的收益。同时,这一举动降低了不动产经营过程中的借贷比例,将借贷规模和成本控制在合理的水平,优化了资本结构。

2.可以获得持续收益,保持现金流通

由越秀REITs的结构图(图2-3)可知,发行REITs后越秀投资获得了37%的基金份额,使其可以继续受惠于越秀REITs上市后的业务发展,公司的现金流也会因获得的收益保持稳定,使公司处于一个持续获利的状态中。

3.为中小投资者提供新的金融工具,有利于金融市场的稳定和房地产市场的健康发展

REITs将大额的房地产投资变成小额的证券投资,给中小投资者提供一种风险更低的投资方式,很大程度上解决了中小投资者投资难的问题,同时,提高了低风险产品的比例,促使我国证券市场的发展趋于合理。REITs能够集中社会上的闲散资金,给房地产开发提供新的融资渠道,提供可靠的资金循环保障机制,促进房地产业的可持续发展。

(三)越秀REITs的成功原因

由以上财务分析和背景资料介绍,我们不难总结出越秀REITs成功的原因,这些原因可归纳为以下七点:

1.香港法律完善,政府大力支持

根据背景资料的介绍可知,香港特区房地产投资信托的相关法律比较健全,为REITs的发展提供了肥沃的土壤,且在2005年6月,香港证监会修改了《房地产投资信托基金守则》,将最初的"只允许由香港本地的物业组成的REITs在香港上市交易"修改成"允许非香港的物业组合在香港上市交易",为越秀REITs在香港上市扫除了政策上的障碍。

越秀REITs的成功还离不开广州市政府的大力支持。越秀集团最初是作为广州市政府在港澳地区经济贸易工作的"窗口"企业而在香港注册成立的,因此其更容易获得政府提供的优质资源。当越秀集团旗下的越秀投资处于运营困境时,广州市政府将其持有的GCCD集团的95%股权全部注入越秀集团,使得越秀集团以低价获得了财富广场、城建大厦、维多利广场和白马大厦四处优质资产,优质的物业组合使得越秀REITs能够成功上市并获得高的租金回报。同时,凭借其红

筹背景及政府试点REITs的政策环境，越秀REITs资产赴港的行政审批程序简单，操作难度低，体外循环的架构比较容易建立。

2.租金回报率较高，有长期稳定的现金流

越秀REITs的物业组合均是位于一二线城市核心商业区的成熟的或成长性较高的优质资产，如表2-8所示，其净资产收益率基本都在5%以上，有时甚至可以达到20%多，租金净收入占基金份额持有人净资产的比例很高，租金回报率处于内地的高水平；同时，发起人越秀投资持有的越秀REITs基金份额达37%，通过参与分红可以保持收益的稳定，从而获得长期稳定的现金流。

3.物业管理高效

越秀REITs聘请专业的物业顾问和租赁代理进行管理，由表2-1可见，其物业组合出租率很高，空置率非常低，资源得到了充分利用。同时，对于新收购的项目，越秀REITs管理人越秀房托会通过经营提升、资产提升、财务提升三个方面来做高资产收益：经营提升是指通过对新项目进行改造，如空气净化、按照国际标准进行电梯配套、配置光纤提高网速等，保证新入户租金的增幅；资产提升是指每年从基金中拿出2%~3%的比例作为资产改造投入；财务提升则是加强融入资金的管理，令租金收益与分配的红利达到平衡。

4.体外循环架构带来税收减免

一般内地商业地产公司的房产税是租金收入的12%，但因为越秀注册在离岸群岛，其有效房产税率仅为4.7%，节省下来的税收可以直接拿来分派，所以大大提高了REITs的分红率。

5.体外循环架构带来的低融资成本

虽然越秀的物业资产在内地，但它的融资业务却在香港。根据越秀REITs2017年年报的披露，当时公司的港币融资成本为2.52%、美元融资成本为2.9%，都远低于内地人民币4.34%的融资成本。再加上其稳定增长、高派息、低杠杆[①]的历史情况，越秀是在香港上市的REITs中为数不多的获得投资评级的（标普BBB级，穆迪Baa级），这进一步降低了它的境外融资成本，在收购附属企业和物业经营方面便于充分发挥内地房企所不具备的低息杠杆优势。

6.对项目的控制权大，满足上市条件

由图2-3可见，越秀REITs对各项地产的控制权中除对武汉越秀财富中心的控制权是67%以外，其他的均接近100%，满足股权及业权达到51%的上市条件。

---

① 目前越秀REITs的杠杆率仅为37.1%，远低于REITs杠杆率45%的上限规定。

7.基金公司借贷比率不超过45%

通过表2-7的数据可见，越秀REITs的杠杆比率都是在香港《房地产投资信托基金守则》所要求的45%以下，说明其收购价格合适，使用杠杆的额度也是合理的，所以，其融资成本控制在了合理的水平，也满足了上市条件。

（四）越秀REITs的经验总结

作为第一家投资于内地房地产并在港交所上市的REITs，越秀REITs为房地产企业闯出了一条通往海外资本市场的道路，对内地房地产企业有着极强的示范作用。REITs融资可以让房地产企业分散风险并使旗下物业便捷套现，有利于加快资金周转，改善企业现金流。越秀发行REITs所获得的大规模现金流有效缓解了越秀地产的资金压力，迅速回收了前期商业地产项目的投资，降低了企业资产负债率，提高了企业知名度，提升了企业价值。

参考以上背景资料，回顾越秀REITs的成功经验，其上市路径和重组架构对我国内地REITs发展的借鉴意义在于：REITs的成功确实需要一些先天因素，如5%以上的必要租金回报率、低空置率、高效的物业管理等，但后天的制度安排也同样举足轻重，尤其是税收红利和低息杠杆对REITs的发展有巨大助力，能很大程度上弥补我国内地物业租金回报率较低这一发展瓶颈的缺陷。

然而，大陆房地产企业要想发行REITs，并不能完全照搬越秀REITs的模式，主要有以下几个原因：

1.越秀REITs拥有难以复制的政府资源

越秀REITs的成功离不开广州市政府的大力支持。凭借红筹背景及政府试点REITs的政策扶持，越秀REITs才可以以低价获得优质资产的注入，而优质的物业组合是其能够成功上市并获得高租金回报的重要原因。另外，前已述及，因有政府的支持，越秀REITs资产赴香港进行投资的审批程序相对简单，操作难度低，更容易建立和形成体外循环的架构。实际上，我国大多数房地产企业没有这样的发展背景，难以获得同样的机会或只能高价收购优质、成熟的物业资产，也难以建立体外循环架构。所以，越秀REITs的成功模式难以被复制。

2.法律法规不完善，REITs发展没有法律支持

目前我国已经制定了信托法和证券投资基金法，但我国的相关法律体系对于房地产投资信托基金来说还只是个基础，有关房地产投资方面的具体的法律法规尚未出台，缺少从业的统一标准和经营守则，也没有发行REITs的税收优惠政策，缺乏法律法规的支持，使得内地房地产投资信托基金的发展较为缓慢，且运作过程缺乏秩序，这成为我国全面引进REITs的一大障碍，也使得内地的房地产

投资信托基金的发展无法像香港特别行政区那样规范和迅速。

3.内地租金收入难以长期稳定，且租金回报率低

权益型REITs采用的净资产价值估值（NAV）是基于对未来营运现金流的折现，而未来营运现金流中很大一部分是租金收入，在不考虑运用杠杆的情况下，REITs的投资回报很大程度上取决于物业组合的租金回报。根据对越秀REITs成功原因的分析可知，发行REITs首先需要租金收入稳定的商业地产，对所注入物业的盈利能力有很高的要求。

相比之下，内地地产行业租金回报率过低，制约了REITs的发展。根据戴德梁行的测算，目前我国内地商业地产的平均租金回报率仅3%，北上广深等一线城市甲级写字楼的租金回报率仅6%，租赁住房中仅公租房和租赁用地住房能够达到5%，一线城市的普通商品房和公寓租金回报甚至低于2%。由此可见，我国内地商业、办公、住宅地产目前偏低的租金回报率不足以满足投资者的预期回报，因而发展阻力大。

4.体外循环架构难以实现，税收和融资成本的问题难以解决

（1）税负无优惠

美国REITs之所以能够蓬勃发展，其中一个重要原因就是税收优惠。在美国，REITs具有税收传递的特征，即基金层面免征公司税，基金份额持有人对收入和资产增值缴纳收入税，但前提是REITs必须将不少于90%的应税收入作为红利派发给股东。这也是美国REITs的分红率十分可观[1]的原因。

而在我国内地，以公司制REITs为例，截至2019年初其税负情况如下：

①在物业资产购置阶段，买方要缴纳成交价3%～5%的契税、0.05%的印花税，卖方要缴纳利润总额25%的企业所得税、抵扣后11%的增值税、30%～60%的土地增值税、0.05%的印花税。

②在运营阶段，REITs要缴纳利润总额25%的企业所得税、租金收入12%的房地产税。

③在投资阶段，REITs个人投资者要缴纳20%的股息红利税。

在这样的税收体制下，权益类REITs的发展基本没有可能。

（2）融资成本高

在REITs中适度增加杠杆仍然不能弥补租金回报率的不足。近几年，我国内地10年期国债利率曾逼近4%，可见资产端租金回报率和负债端融资成本率严重倒挂，REITs无法进行低息加杠杆的操作。

---

[1] 根据NAREIT（全美房地产投资信托协会）的统计，自1990年以来，美国权益型REITs平均分红率比美国10年期国债收益率高1.12%。

（3）越秀REITs用以获得税收优惠和低融资成本的体外循环架构难以实现

内地房地产商海外发行REITs，需要在关境外注册公司而收购关境内公司的资产，但因商业地产价值较高，变相重组极为困难。

四、案例拓展——内地REITs的发展现状

REITs按照投资标的可以分为权益型、抵押权型及混合型。在全球REITs最发达的美国市场（1万亿美元规模，全球占比60%），权益型REITs市值占到了96%，是绝对主流，而抵押权型的REITs由于杠杆较高已逐渐被边缘化。

如表2-11所示，截至2017年末，对比香港，内地发行的REITs产品都还只是"类REITs"产品，大多只是ABS（房企资产证券化）或房企变相融资的工具，且大多数仍是私募形式，无法上市流通交易；或者权益份额占比很小，本质上都是MBS（最早的资产证券化品种）等类固收产品，与全球主流的权益类REITs相去甚远。同时，内地"类REITs"产品的债性很强，这也与内地发行REITs无税收优惠的实际情况有关，因为债权收益不构成征税对象，能避免双重征税。

表2-11　　　　　　　　　　近年我国"类REITs"产品概览

时间	"类REITs"名称	发行主体	简介
2014.5	中信启航专项资管计划	中信证券	国内REITs试点产品，总规模52.1亿元，优先级规模70%，该基金由中信金石基金管理有限公司管理，投资标的是北京和深圳的中信证券大厦，退出时该基金计划将所持物业出售给中信金石发起的在交易所上市的REITs或第三方
2015.10	鹏华前海万科REITs封闭式混合型基金	鹏华基金	国内首只公募REITs基金，计划融资30亿元，其中50%以下投资于前海企业公馆项目100%的租金收益权，50%以上投资于固定收益类和权益类资产
2017.1	魔方公寓信托受益权资产支持专项计划	长租公寓运营商魔方公寓	国内首单公寓行业ABS，募集总金额3.5亿元，计划期限1~3年，优先/次级支付机制，优先级平均年化利率约为5%

时间	"类REITs"名称	发行主体	简介
2017.8	自如1号房租分期信托受益权资产支持专项计划	链家旗下长租公寓品牌——自如	该ABS募集金额5亿元，其中4.5亿元优先级票面利率5.4%，与魔方不同的是，自如的底层资产既包括预付房租，也包括自如公寓衍生服务收入
2017.10	新派公寓权益型房托资产支持专项计划	新派公寓	国内首只权益型REITs，拟发行金额2.7亿元，优先/权益级规模各50%，优先级预期收益率5.3%
2017.10	保利地产租赁住房1号资产支持专项计划	保利地产	国内首单央企租赁房REITs，产品总规模50亿，保利地产自持租赁住房作为底层物业资产，分层分期发行，优先/次级规模90%/10%

资料来源：Wind资讯。

── **案例思考** ──

1.房地产投资信托基金的优势和劣势各是什么？

2.常见的房地产投资信托基金的组织架构如何？

3.请分析越秀REITs成功的主要原因。

4.我国发展REITs的条件及阻碍因素主要有哪些？

第三章

不动产与物流地产投资
万科携手中国财团收购物流地产巨头普洛斯

一、背景知识

（一）不动产投资

1.基本概念

不动产投资是指投资者为了获取预期不确定的收益而将一定的现金转为不动产的经营行为。不动产是相对于动产而言的，它强调财产和权利载体在地理位置上的相对固定性，是指土地、建筑物及固定在土地建筑物上不可分割的部分。不动产具有消费、保值、收益多样的特点。

2.分类

不动产投资主要有商业房地产投资、地产投资、酒店投资、工业用地投资和养老地产投资，其中物流地产投资属于工业用地投资。

（二）物流地产

1.定义

物流地产是指一系列现代化物流设施的不动产载体，主要表现形式是物流园区。在整个园区中一般包含物流仓库、配送中心和分拨中心等物流基础设施。物流地产的管理重视规模效应和协同效应，需要专业化的投资管理团队。物流地产的投资商主要有：房地产开发商、物流管理商和专业投资商。

2.经营模式

物流地产的经营模式主要有以下四种：

（1）房地产开发商开发投资，随后出售给物流管理商。房地产开发商从政府手中拿地进行投资开发，完成物流基础设施的建设，然后转租给物流企业，由物流企业进行日常物流业务，开发商仅负责物业管理。这种模式的优点是能够帮助物流管理商降低前期开发成本，专注开展物流业务，但是也会存在租金成本过高的问题。

（2）物流管理商自主进行投资开发，完成物流设施建设并进行日常物流地产管理和业务管理。这种方式的优点是可以帮助物流企业节省租金，但是由于物流企业的地产专业化管理水平有限，可能会造成建设管理成本的过高。

（3）房地产开发商与物流管理商合作经营。双方通过签订协议或成立项目公司的方式，共同出资、合作经营。这种方式的优点是物流管理商和房地产开发商能够充分发挥各自在地产投资和物流管理方面的优势，实现共赢。但同时也会存在信用风险，在利益分配、风险承担方面产生矛盾。

（4）第三方撮合房地产开发商和物流管理商，推动合作。第三方对房地产开发商和物流管理商各自的资源进行整合，作为中介对双方企业的实际情况进行审查，在后期按合同约定对收益进行划分。这种方式利用第三方机构的相对独立性，能够有效化解双方在收益分配、风险承担等方面的利益冲突，降低信用风险。但是，由于各项服务费用的存在，会增加房地产开发商和物流公司的成本，此外，这种方式也要求第三方机构有较高的行业自律性和专业素养。

3.收益来源

（1）土地增值收入：土地增值可以为地产所有者和物流管理公司带来可观的收益。投资者从政府手中获得土地经营权后，进行各种物流设施建设，完善物流园区的功能。此后，土地将会有一定的升值，当物流园区正式投入运营后，地价会进一步上涨。对于投资者来说，可以从中获得很大收益。对于物流管理公司来说，物流地产价格的上涨能够带动租金的上升，从而获得更高的收益。

（2）出租收入：出租收入主要有仓库租赁、房屋租赁、设备租赁和停车场收费等相关项目收入。物流园区建好后，开发商和物流管理公司可以将这些配套物流设施转租给生产企业和物流管理商，从中收取租金。

（3）服务收入：物流地产的管理者通过为园区内的企业提供一系列专业化服务，收取服务费用。其中最主要的是物流信息服务费，物流园区管理者可以为园区内的企业提供车辆承载信息，帮助他们监控车辆满载率，提高运输效率，降低运输成本。

4.物流地产企业融资模式比较

物流地产企业早期的发展颇有跑马圈地的意味，通过建立物流园区，获得市场份额。同时，物流地产企业资本回收期长，更需要资金支持企业运转。因此，物流地产企业融资就显得格外重要。物流地产企业的融资模式主要有以下三种：

（1）兼并收购

物流地产企业收购方式主要有两类，即直接并购或建立收购基金（并购基金）。

直接并购是指并购公司直接向目标公司提出并购要求，共同商定完成并购的各项条件，按照协议约定完成并购。

收购基金是私募股权投资的形式之一，它是指专注于企业并购的基金。其投资手法是收购控股成熟且稳定增长的企业，通过对其实施内部重组、行业整合等来帮助企业确立市场地位、提升内在价值，一旦实现了价值的增值，再通过各种退出机制撤出资本、实现收益。

按照发起主体的不同，收购基金可以分为杠杆收购（LBO）和管理层收购（MBO），而将两者融合的形式表现为外部投资者和管理层进行的联合收购（IBO）。按照并购动机，投资者通常可以分为财务投资者、战略投资者两类，其中：财务投资者主要为机构投资者，他们更注重短期的获利，不太注重企业的长期发展；而战略投资者主要是同行业竞争者，他们试图从企业的长远发展中获利，投资期限一般比较长。

2016年年初，排名前十的易商（上海益商仓储服务有限公司）和红木集团率先宣布强强合并，新设易商红木集团，成为亚洲地区大型的物流地产平台之一。合并完成后，集团欲意利用地区的差异性进行优势互补，从而更好地满足中日韩一流电商企业、现代零售企业及第三方物流服务商的消费需求。

（2）企业上市

企业上市是物流地产企业融资的一种常见方式，通过IPO发行新股获得更多的权益性资本。2016年7月，我国内地物流资产登陆港股市场，其主要股东宇培公司得以上市融资，也开启了新一波物流地产证券化的序幕。宇培公司表示，上市后公司将通过发行低成本的债券以及用其他方式置换高成本负债的形式，大大缓解公司的财务成本压力。

（3）物流地产基金

物流地产基金是专门投资物流地产的投资基金。普洛斯塑造了这种物流地产的主流模式，即开发—运营—基金。在这种模式下，物流地产商的开发部门负责拿地、建设物流园区，物流园区建成后交给物业管理部门进行运营，然后再将这些成熟的物流园区的现金流交给基金管理部门进行资产证券化运作。

这一融资方式近期被苏宁采用，2017年11月12日，苏宁宣布与深创投不动产基金管理（深圳）有限公司成立目标总额为300亿元、首期募集基金规模为50亿元的物流地产基金，正式进军物流地产领域。

二、案例资料

2017年7月14日，要约方Nesta Investment Holdings Limited和普洛斯（Prologis）公司联合宣布，要约方拟认购普洛斯的所有已发行和实缴的普通股（不包括库存股）。要约方系Nesta Investment Holdings MidCo Limited（MidCo）的全资子公司。MidCo是由厚朴基金、高瓴资本、SMG、中银投资和万科组成的财团（下称财团）所拥有。普洛斯公司于2016年12月1日宣布进行独立的战略性评估，并于2017年6月30日收到了确定的提案。普洛斯股东在2018年1月19日收到协议对价的支付，普洛斯宣布从新加坡交易所退市，这标志着普洛斯的私有化正式完成。

（一）收购方——万科集团

万科企业股份有限公司成立于1984年，1991年1月29日万科正式在深圳证券交易所挂牌上市，成为深交所第二家上市公司，也是众多房地产公司中最早完成股份化、最早上市的公司。2014年6月25日，公司又完成了B股转H股，在香港联合交易所挂牌上市。2017年，万科实现营业收入2 429亿元，实现归属于上市公司股东的净利润280.5亿元，增长33.4%；每股基本盈利2.54元，增长33.4%；全面摊薄的净资产收益率提升至21.1%，同比增加2.61个百分点；2017年公司上缴税金566亿元。2017年7月20日，《财富》"世界500强"企业排行榜出炉，万科继续跻身《财富》"世界500强"，位列榜单第307位，比上年提升了49位[1]。截止到2018年，万科集团在总市值、流通市值、营业收入、净利润等方面都居于行业前列，具体情况如图3-1[2]所示。

万科的经营业务有：房地产业务、物业管理业务、商业地产业务、物流仓储业务、租赁住宅业务和冰雪度假业务。其中房地产业务和物业管理业务是其最主要的经营业务。

房地产业务的主要产品为商品住宅以及其他与城市配套的消费地产、产业地产。物业管理业务以万科物业发展有限公司（万科物业）为主体开展，为业主的不动产保值增值提供全生命周期服务，业务布局涵盖住宅物业、商业物业、开发商前介服务、社区资产服务、智能科技服务和社区生活服务六大业务板块。其他（补充）业务主要有："泊寓"品牌下的租赁住宅业务、以"万纬物流"为品牌发展的物流仓储业务、在旅游度假方面开展的冰雪度假业务，以及有关养老、教育

---

① 万科集团官网信息。
② 摘自东方财富网。

等领域的产品。

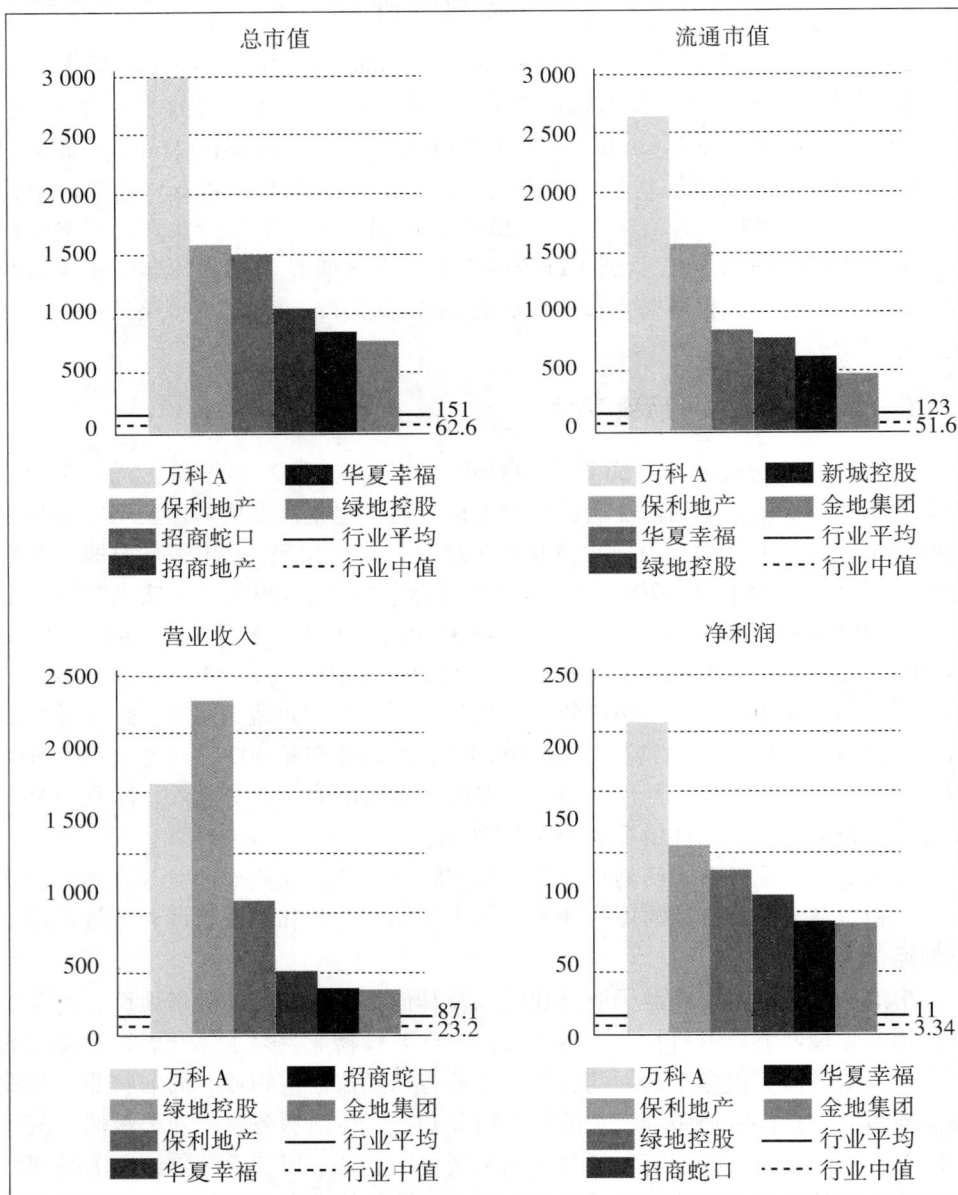

图3-1 行业比较情况①

————————————

① 图例按顺序对应。

图3-1
彩图

表3-1为2016年年末至2018年年中万科的各项业务收入、利润占比情况，以及各项业务的毛利率。表格中的"百分比变动"衡量的是2018年6月30日各个指标相较于2016年12月31日的变动情况。

表3-1 主营业务收入、利润和毛利率情况

	2018-06-30	2017-12-31	2017-06-30	2016-12-31	百分比变动
收入占比					
房地产业务	94.96%	95.93%	93.86%	97.36%	-2.47%
物业管理	3.92%	2.93%	4.30%	1.77%	121.47%
其他（补充）	1.11%	1.14%	1.85%	0.86%	29.07%
利润占比					
房地产业务	95.63%	96.15%	93.17%	96.08%	-0.47%
物业管理	1.97%	1.61%	2.91%	1.33%	48.12%
其他（补充）	2.40%	2.24%	3.93%	2.58%	-6.98%
毛利率					
房地产业务	34.68%	34.17%	32.41%	29.03%	19.46%
物业管理	17.31%	18.72%	22.10%	22.10%	-21.67%
其他（补充）	74.18%	67.29%	69.45%	88.02%	-15.72%

数据来源：东方财富网，经整理。

从上述表格中可以看出，作为一个传统的房地产行业，万科的房地产业务还是其最主要的收入和利润来源，但物业管理和其他业务也呈逐步发展态势，其未来发展空间十分广阔。

从收入角度来看，与2016年年末相比，2018年年中房地产业务的利润、收入占比有所下降，与此相反，物业管理业务、其他业务却迅速发展，物业管理业务的收入占比提高了121.47%，其他（补充）业务收入对万科集团总收入的贡献率也提高了29.07%。

在利润方面，房地产业务仍然是公司最主要的利润来源，但是，如果与2016年相比，房地产业务的利润占比是有所下降的。利润占比中发展最为突出的是物业管理业务，利润占比提升超过48.12%，由此可见，物业管理的盈利能力不断提高，取得了新的突破。

从毛利率的角度来看，毛利率最高的是其他（补充）行业，最大毛利率是2016年的88.02%，虽然这些行业在公司业务中所占比重很小，但是非常高的毛利率水平说明这些业务的发展潜力较大，发展前景良好。

万科在做大做强传统房地产业务和物业管理业务的同时，也在积极布局物流地产、租赁住宅、文化度假业务，寻找企业的转型方向，拓展新的业务领域，扩大新兴业务的市场份额。截止到2017年底，在物流仓储业务方面，万科已累计

获得项目62个，总建筑面积482万平方米，稳定的运营项目平均出租率高达96%。此外，万科也在向养老、教育领域进军，截止到2017年年底，万科已在15个城市布局养老业务，获取项目约170个，同时在全国参与运营超过10所学校。万科在保证主营业务发展的同时，大力发展相关多元化产品，扩大经营业务，不断向新的市场进发，寻找潜在商机，而企业进入新市场的方法之一，便是进行收购，通过收购的方式实现快速成长，这也是万科在物流地产方面采取的重要战略，而万科收购普洛斯就是这个战略的重要一环。

（二）被收购方——普洛斯

1.发展历程

1991年，普洛斯的前身——安全资本实业信托公司（Security Capital Indus-trial Trust，简称SCI）在北美成立。借助全球化物流概念，SCI在1994年于纽约证券交易所上市，并于1998年正式更名为普洛斯（Prologis）。

接着，普洛斯开始进行全球扩张。2001年普洛斯首先进入日本市场；2003年普洛斯进军中国（不含港澳台，全案例同），在上海设立总部。2004年普洛斯与苏州工业园区的苏州物流园区签订了开发协议，以入股形式进行工业物流园区的开发及建设。普洛斯凭借其国际化企业的强大客户资源，带来了大量外资大厂的订单，仅4个月，苏州工业园的物流设施租用率便从55%猛增至92.8%，拉动了当地的地区生产总值与税收。凭借苏州物流园区的示范效应，普洛斯在中国的发展得到了更多地方政府的支持，开始了一轮超高速的扩张。

在2008年的金融危机中，普洛斯新落成的物业招租不力，新地产基金的募集也遭遇困境，数十亿美元的资产无法完成周转，负债率也接连攀升，普洛斯股价最低时只剩其每股净资产的10%。2008年12月24日，普洛斯将全部中国资产及日本产业基金权益出售给了新加坡政府产业投资有限公司（GIC），出售的普洛斯更名为"Global Logistic Properties"（GLP），2010年10月19日在新加坡交易所主板市场挂牌上市，股票交易代码GLP。

新加坡政府产业投资有限公司又与原普洛斯中国管理团队合资成立了SMG基金管理有限公司，负责这些资产未来的运营，SMG是普洛斯首席执行官梅志明全资拥有的投资控股公司。

2016年8月，普洛斯金融成立，注册资金4亿美元，旗下包括已成立的融资租赁公司、商业保理公司、供应链管理公司、互联网小额贷款公司等各类金融服务公司。2017年，普洛斯宣布私有化要约，CEO梅志明联合中国财团进行股权收购。2018年1月22日，GLP宣布从新加坡证券交易所退市，这标志着普洛斯的私有化进程全面完成。

2.盈利模式

目前，我国物流地产行业衍生出了两种盈利模式，一个是普洛斯模式，一个是宝湾模式。宝湾模式是以宝湾物流控股有限公司为代表的运作模式，侧重对土地和项目的遴选，以自有资金建立标准化仓库，对外提供服务。而普洛斯模式则是借助地产基金通过REITs方式，将项目进行基金化，优化资金流，并形成物流地产开发、运营管理和基金化的模式。普洛斯以"前端开发+后端基金"的模式，让重资产业务得以轻资产化运营，通过层层放大杠杆，提高开发周转率。

普洛斯在中国的业务主要分为四部分：物业开发、运营管理、基金管理、物流金融。其中物业开发的盈利方式主要有两种——由其物业营运部门进行管理运营，或者由普洛斯物流地产基金或第三方购买，直接取得销售收入。参见图3-2[①]。

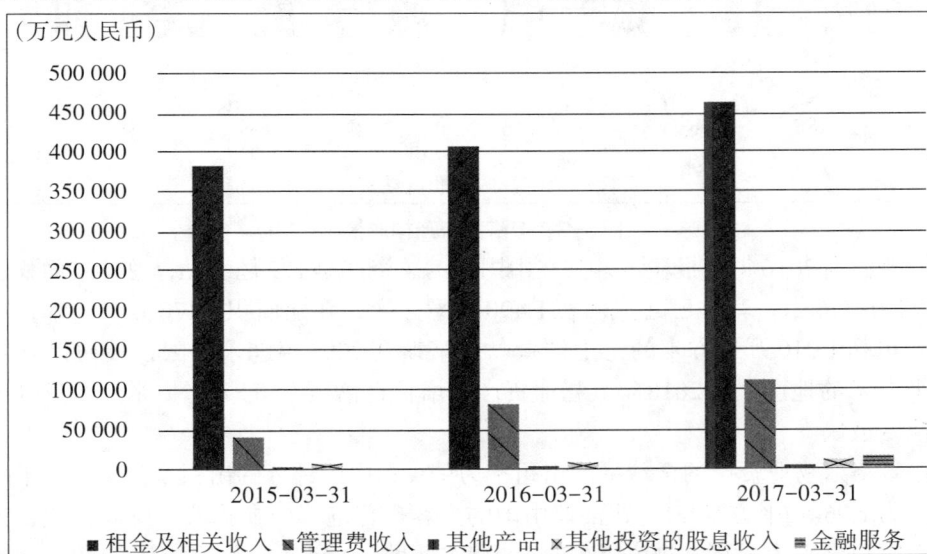

图3-2　普洛斯营业收入构成

从相关收入数据可以看出，普洛斯物业开发产生的收入占比最大，其他类收入的比例也逐年增加，尤其是基金管理业务的管理费收入增长最为迅速。普洛斯也在寻找主营业务外的收入，试图扩大盈利范围。

3.经营状况

普洛斯是亚洲最大的现代物流设施提供商，是中国最大的现代产业园的提供

---

① 数据来源：Wind资讯。

商和服务商，也是中国市场上最早的智慧物流及相关产业生态系统的打造者和促进者。普洛斯及旗下品牌——环普，在39个战略性的区域市场投资、开发并管理着280个物流园、工业园及科创园，物业总面积达3 500万平方米。

从2011年年初至2017年年初，普洛斯的资产不断扩张，2015年到2016年之间扩张迅速。在普洛斯的总资产中，投资性房地产为主要资产。其资产构成如图3-3①所示。

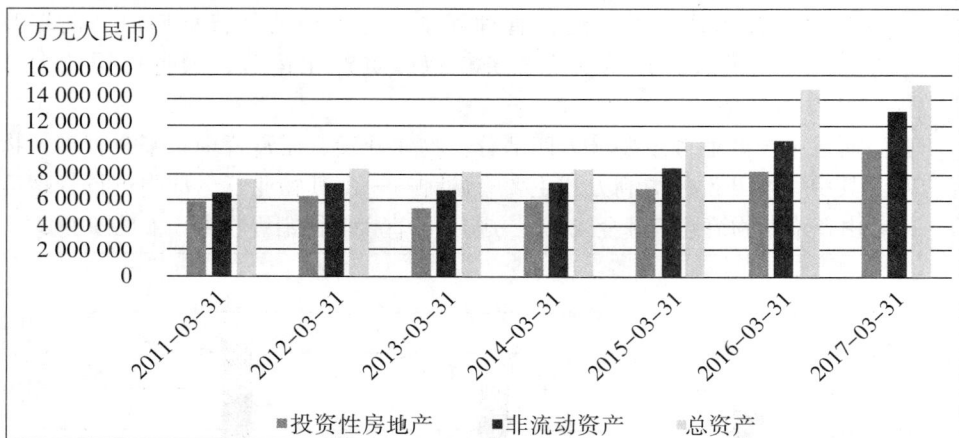

图3-3
彩图

图3-3　普洛斯资产构成情况

普洛斯2016年年报显示，其在中国区的总资产是122亿美元，总开发面积达2 670万平方米，其中已建成面积1 490万平方米，在建面积1 170万平方米，并另外包括1 210万平方米的土地储备。普洛斯在2003年进入中国，最初仅有14万平方米的地产，到2018年其物业资产已增长百倍至1 500万平方米，可见其成长速度极快。

普洛斯物业资产的全球平均出租率为91%；中国部分的出租率为85%，平均租金为1.06元/平方米/天。普洛斯中国的大客户普遍集中在物流、电商行业，前五大客户分别为：百世物流（4.7%）、京东商城（4.6%）、德邦物流（3.2%）、唯品会（2.3%）以及亚马逊（1.9%）。出租率比较高，公司对于固定资产的运营管理能力非常强。

但是，从图3-4②可以看出，普洛斯虽然扩张迅速，盈利状态良好，但从其总资产上来看，它还远不及万科的体量，增长速度也同样不及万科。

---

① 数据来源：Wind资讯。
② 数据来源：Wind资讯。

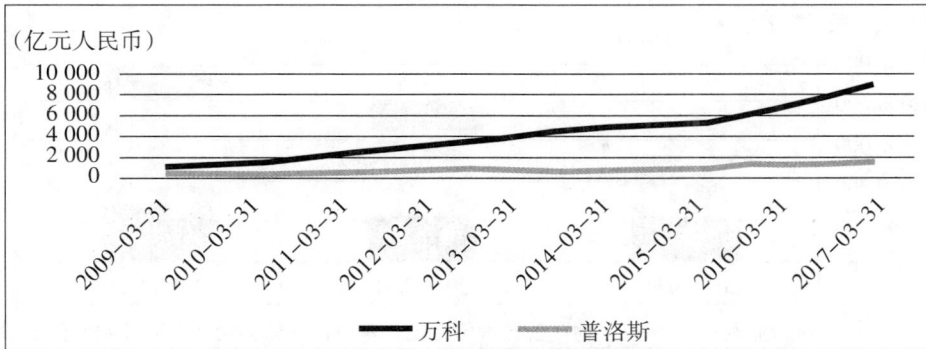

图3-4　万科与普洛斯总资产对比

图3-5①反映了2009年到2017年普洛斯的盈利情况。截止到2017年3月，普洛斯的营业总收入、税前利润、总利润不断增长，且近年来增长速度加快。2015年净利润有所下滑，主要是由于普洛斯将每年旗下物业资产的公允价值增值算在了收入内，导致2015年公司物业资产出现下跌。2016财年，普洛斯中国区业务的出租率及租金大幅增长，加上公司进入美国市场，公司在该财年实现了7.77亿美元的收入，同比增长10%；同时实现7.19亿美元的归母净利润，同比增长了48%。可见，其公司成长能力、盈利能力都比较强。

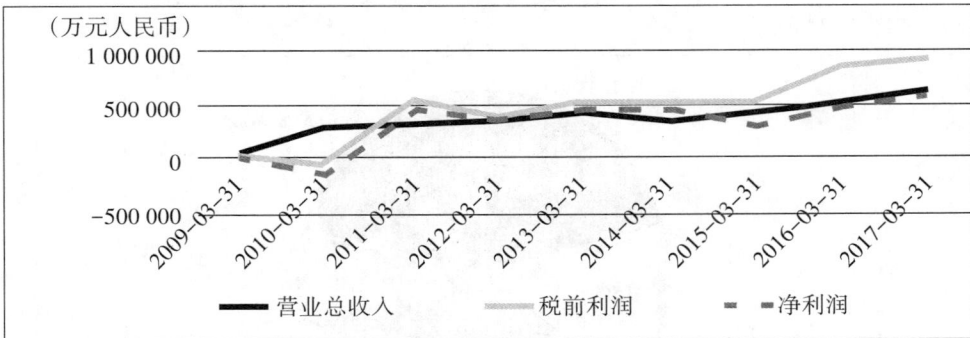

图3-5　普洛斯盈利情况

普洛斯的营业利润主要来自投资性房地产公允价值的变动。从图3-6②可以看出，虽然普洛斯每年营业收入都稳步增长，但是总体利润过度依赖于地产价值，如果地产价值波动，企业经营风险就会随之加剧。但是，从目前来看，我国物流地产总面积有限，而普洛斯又在中国物流地产业中占据了先发优势，所以仍享有着公允价值变动带来的收益。

---

① 数据来源：Wind资讯。
② 数据来源：Wind资讯。

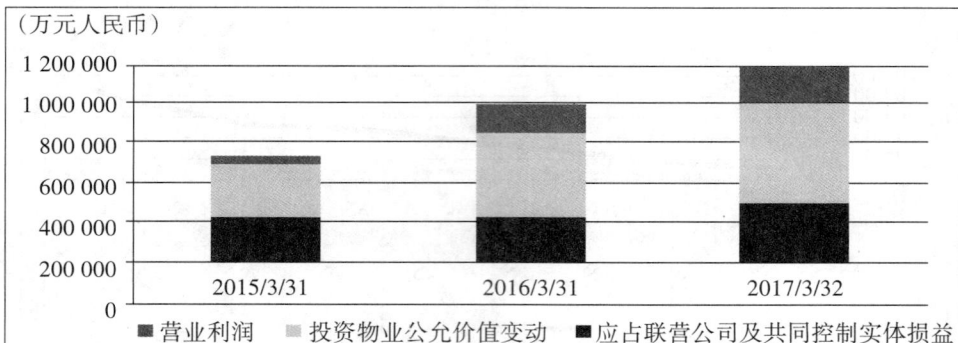

图 3-6 普洛斯盈利来源结构

（三）其他收购方——中国财团

在私有化之前，为增强在中国获得土地以及融资的能力，获得更大的市场份额，GLP 就已经引进了厚朴投资等中国财团。

此次并购主要涉及五大主要参与方，其中有普洛斯管理层、战略投资者万科、财务投资者厚朴投资、高瓴资本、中银集团。除了管理层代表 SMG 之外，其他四家中有三家是财务投资人，只有万科是战略投资人。并购后普洛斯的股权结构如图 3-7[①]所示。

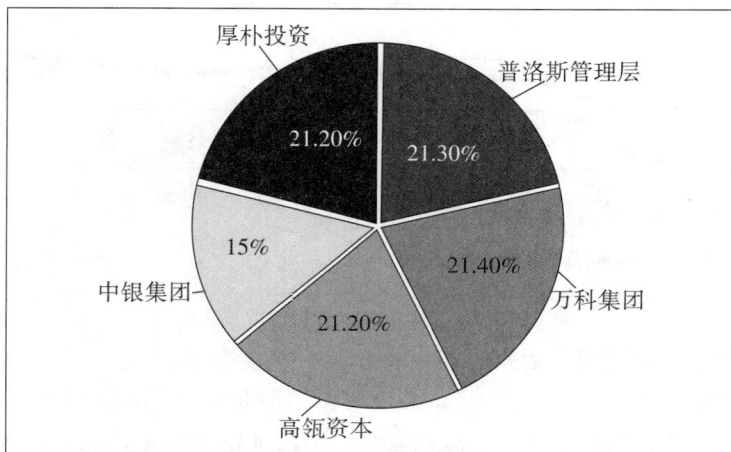

图 3-7 普洛斯被收购后的股权分布

至于中国财团的收购动机，主要有两个方面：一方面，普洛斯经营状况好，能够为企业带来稳定的利润；另一方面，收购普洛斯后，中国财团可以拓展其供

---

① 数据来源：根据公开资料整理。

应链金融的相关服务范围。普洛斯与中国财团在"互联网+物流"的创新带动下,焕发了新的发展活力。与中国财团的联合,可以使普洛斯在既有的以库房出租为主要业务模式的基础上,通过供应链整合,利用信息平台,嫁接供应链金融,为客户企业提供仓单质押、交易结算等金融增值服务,嵌入客户的产销供应链,拓展区域分拨和城市配送物流组织功能。同时,物流园区具有很强的客户黏性,是大量交易、物流信息、供应链组织的重要入口,中国财团利用普洛斯的物流网络掌握了互联网经济的流量入口。

(四) 万科携手中国财团收购普洛斯大事记

此次收购从2017年7月开始,到2018年1月22日正式完成,半年时间内各方通过协调沟通,最终就收购方案达成一致,以2018年1月22日GLP从新加坡交易所主板退市为标志,完成并购,实现私有化。表3-2是对收购前后的重要事件进行的简单记录。

表3-2 **万科携手中国财团收购普洛斯大事记**

时 间	事 件
2008年	物流地产巨头普洛斯将中国和日本房地产基金20%的权益出售给新加坡政府产业投资有限公司(GIC),GIC将其改名为GLP(Global Logistic Properties)
2010年	GLP成功在新加坡证券交易所挂牌上市
2014年9月	厚朴投资、中国银行、中国人寿等公司组成财团,为GLP注资25亿美元,同时,厚朴投资还获得了GLP中国公司的股份以及董事席位
2015年5月	高瓴资本买入GLP的一部分股权,最终持股8.21%
2016年12月	新加坡政府产业投资有限公司计划退出GLP的管理与经营,寻求潜在买家进行私有化
2017年7月14日	普洛斯发布了私有化要约,要约方为由厚朴资本、高瓴资本、中银集团、万科以及GLP管理层梅志明共同组成的Nesta Investment Holdings, L.P.间接全资拥有的特殊目的公司,要约中的每股价格为3.38新加坡元,总价为116亿美元,约合人民币790亿元
2017年11月30日	GLP股东大会通过本次收购方案
2018年1月22日	GLP从新加坡交易所主板退市,收购成功结束

资料来源:根据公开资料整理。

三、案例分析

此次收购的主体——万科集团是中国房地产行业的领军企业，而被收购方——普洛斯是物流地产行业的翘楚，双方在各自所处的行业中都具有突出的竞争优势。此外，私募股权基金的加入为企业后续的发展提供了充足的资金支持。

从行业角度来看，万科收购普洛斯有助于开辟更为广阔的中国物流地产市场，在物流地产业迅速扩张的时期，抓住了发展机遇，加快了企业发展。此外，在中国房地产面临转型升级的行业背景下，这种传统房地产企业的转型策略也值得借鉴和学习。

（一）万科收购普洛斯的动机——把握中国房地产行业转型的机遇

无疑，中国的房地产行业正经历着深刻的变革，传统的住房销售业务受到了极大冲击，在这种情况下，各个房地产企业都在探索新的业务增长点和发展空间。近年来，万科积极开拓中国物流地产市场，其收购普洛斯的重要目的也在于利用普洛斯在物流地产方面的突出优势，引入先进的管理开发技术和经验，帮助自己拓展在国内的物流地产市场，增强物流地产业务的竞争力。

1. 房地产行业困境

随着经济的发展，土地资源的稀缺性越来越突出，地价上涨的速度大大高于房屋价格上涨的速度，这就导致很多房地产企业的成本上升。在经历了过去近20年的房地产行业的高速发展之后，各地可供开发的项目逐渐减少。此外，"三限"政策的出台也抑制了居民的购房需求。房地产行业供需严重失衡，新建居民住宅空置率很高，房企大多面临着库存量大、出售难的问题，整个房地产行业则面临结构调整和转型升级的压力。

2. 传统房企的相关多元化发展战略

为了顺应中国经济的发展现状，摆脱传统房地产业的发展困境，实现转型升级，很多房地产企业纷纷将业务由传统的住房地产转向商业地产，大力扩充轻资产，重新进行企业战略布局。除了投资于传统的商品房市场之外，房地产企业也开始更加注重在商业地产领域的发展，开辟"地产+X产业"的发展模式，在物流地产、养老地产、文化娱乐地产等多种产业地产方面进行探索开发，拓展收入渠道。参见表3-3。

表3-3　　　　　　　　　　　　房地产企业产业地产发展项目一览

类型	企业及其产业地产发展项目
物流地产	富力地产：广州花都物流基地
	万科：万纬中山物流园、西安空港物流园
	荣盛：京津冀智慧物流项目
	香江控股："香江全球家居CBD"商贸物流基地
教育地产	碧桂园：碧桂园威尼斯中英文学校、碧桂园教育集团——博实乐
	万科：梅沙书院、万科麓城小学、万科天誉学校、佛山万科私塾项目
	保利地产：乐高国际幼儿园、保利和乐青少年宫、保利和乐国际早教
文化娱乐地产	万科：青山公寓
	万达：长白山国际度假区、西双版纳国际度假区、成都万达文化旅游城、万达影城
养老地产	碧桂园：碧桂园九华山庄
	绿城：乌镇雅园
	万科：幸福汇、随园嘉数
	保利地产：西塘越
长租公寓	保利地产：N+青年公寓、和熹汇、诺雅服务式公寓
	万科：泊寓业务
	龙湖集团：龙湖冠寓
	冠寓、当代置业：CCB建荣家园

资料来源：根据公开资料整理。

　　此外，为了解决资金链问题，一些房地产企业也开始开发产业信托基金、物流投资基金等金融产品，通过与金融业相结合的方式，增加投资效益，推动企业进行轻资产经营，从传统产业中拓展新兴业务，开辟新的盈利模式。

　　3.国家政策引领房产企业传统业务转型升级

　　2014年3月，国务院发布的《国家新型城镇化规划（2014—2020年）》中明确提出"推进智慧城市建设"，将智慧城市纳入国家级战略规划。所谓智慧城市，就是建设更加现代化、智能化的城市服务体系，将大数据、新兴科技引入居民的日常生活和城市建设中，为城市居民提供更加智能化、便捷化的服务，满足人民的多样化、个性化的生活需要，提升客户体验，提高城市管理能力。

　　智慧城市概念的提出为传统房地产业务提供了新的发展思路，智能化升级将成为未来房地产行业的重要发展方向，其中，智能家居、智能社区、智能地产是几个重要的发展着力点。

4.万科积极布局物流地产业务

在传统房地产企业转型升级、中国物流行业迅速发展的大背景下，万科集团积极开辟物流地产业务。2015年万科集团正式进军物流地产行业，并推出了全新的物流独立品牌——万纬物流，经过几年的发展，万纬物流已奠定了其在行业的领先地位。

万纬物流的主要业务有二：

（1）建设物流园，进行标准设施开发：为电商、零售、冷链、快递、第三方物流公司提供现代化、标准化的物流仓储设施，提供投资选址、开发建设、招商运营、物业管理等方面的服务，帮助客户专注于核心业务，提高经营效率。

（2）定制个性化物流服务：根据客户的个性化需求，设计方案，进行产品定制服务，提供高效智能的仓储服务。

2015年，万科引入私募基金——黑石集团，私募基金与地产开发的结合有效解决了万科面临的资金周转问题。此外，作为万科的股东，黑石集团能够为万科在物流地产投资方面提供专业化的投资建议和管理方案。由此可见，万科集团有能力收购普洛斯，而且通过收购普洛斯，万科集团可以充分利用普洛斯作为物流行业翘楚所建立起来的高效物流网络和管理能力，为物流地产版图的拓展构筑了有力的支撑。

为了实现物流地产的快速扩张，占据市场份额，万科集团不仅注重内生性增长，而且积极进行收购，不断扩大自身实力。近五到八年中，万科不断收购物流公司，仅2017年一年就完成了46家快递公司的收购，这主要是通过万科旗下的深圳市万科物流投资有限公司对被收购方的直接或间接持股来完成的，而万科并购普洛斯也是其收购战略中的重要一环。

（二）普洛斯在中国实现业务本土化的需要

物流地产是商业地产的一种，具有项目周期长、资金需求量大、收益高的特点。2017年全国社会物流总额252.8万亿元，按可比价格计算，同比增长了6.7%，增速比上年同期提高了0.6个百分点，全年社会物流总需求呈现稳中有升的发展态势。而随着网络消费、供应链金融的发展，城市物流服务的需求越来越大，进入2020年，中国电子商务市场的规模有望达到1万亿美元，这将对物流配送产生巨大需求。

2017年全国物流业总收入8.8万亿元，比上年增长了11.5%，增速比上年同期提高了6.9个百分点。而2017年社会物流总费用是12.1万亿元，同比增长了

9.2%，增速低于社会物流总额、GDP现价的增长。物流业收益增速要大于成本的增速，可见，物流地产在面对不断扩大的需求的同时，还可以赚取较高的投资收益。随着物流业的发展进入平稳上升通道，中国一线城市物流地产的收益率一般能达到7%～8%，而写字楼及购物中心的收益率只有4%～5.5%。

从结构上来看，电商物流，与居民消费密切相关的快消品、食品、医药等商贸物流业务仍将保持较快增长，在跨境电子商务快速发展的带动下，跨境商贸物流也将呈现快速发展态势。

但是，我国目前拥有的高水平、专业化的仓储设施和物流园区数量仍然有限，还有待发展和建设，特别是在一二线城市，这方面依然呈现出严重的供需矛盾。因此，在中国，在未来一段时间内，物流地产依然存在巨大的尚待开发的市场。

1.物流地产面临新的挑战

物流地产在规模化发展过程中普遍存在同质化问题，相比住宅和商业地产，物流地产土地出让金少、税收贡献较低、土地利用率不高。同时，近年土地成本提升较快，而由于物流地产投资回收期通常在15年以上，给开发建设完成之后的招商、运营等专业化运作带来了挑战。

2018年6月，财政部发布《关于开展2018年流通领域现代供应链体系建设的通知》，要求强化物流基础设施建设，夯实供应链发展基础；发展单元化流通，提高供应链标准化水平；加强信息化建设，发展智慧供应链；聚焦重点行业领域，提高供应链协同化水平；推广绿色技术模式，提高供应链绿色化水平。

物流地产在扩大规模的同时，应创新物流地产运营模式，如金融物流、保税物流、物流产业园区。同时，物流地产企业应由重资产向轻资产发展，缩短运营周期，提高企业收益。

2.普洛斯战略调整

普洛斯于2017年7月宣布拟通过协议安排的方式进行私有化，协议对价为每股3.38新加坡元。在2016年11月30日召开的股东大会上，普洛斯私有化获得压倒性的股东赞成票的支持，并在之后获得新加坡高等法院的批准。

普洛斯如同一般企业一样，需要扩大企业规模，同时进行多方向、多层次的发展。而在其融资方面，普洛斯已经是新加坡上市公司；物流基金融资方面，虽然普洛斯是国内首创，但国内这条融资渠道一直没有彻底打通，同时，普洛斯的主要股权为境外的养老基金、股权投资基金，随着人民币贬值和全国金融工作会议释放的国内资本对境外非理性投资和收购管理的趋严，普洛斯原来的股东面临如何撤资等难题。因此，普洛斯的融资似乎也只剩下并购这一条路了。

一般的企业并购，基本上都表现为企业在经营管理遇到问题时寻找外部融资，而从本案例的介绍中我们可以看出，普洛斯经营业绩优良、发展前景广阔，却寻找收购财团、急于变现资产，其私有化行为令人不解。下面我们将具体分析其私有化动机。

（1）原有第一大股东——新加坡政府投资公司急于撤资

私有化之前，新加坡政府产业投资有限公司（GIC）是GLP的第一大股东，持股比例为36.93%（收购前的股权分布如图3-8[①]所示），但从2008年接手以后，GIC始终没有深度介入GLP的运营与管理。

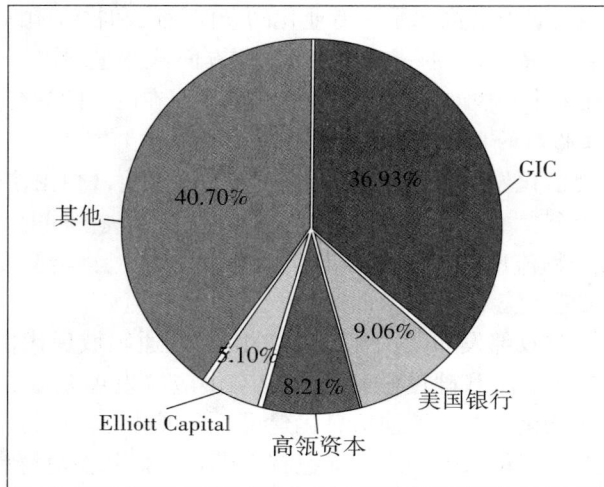

图3-8　普洛斯被收购前的股权分布情况

普洛斯自2003年进驻中国以来，大肆收购中国物流地产等物业，10年中收购了中国近3万亩约20平方公里的土地，约占新加坡国土面积的3%。至2017年3月，普洛斯在中国的38个主要城市投资建设并管理着252个物流园，基本形成了覆盖中国主要空港、海港、高速公路、加工基地和消费城市的物流配送网络，总仓储面积达到2 870万平方米，其主要物流节点覆盖城市创造了接近90%的中国GDP。

截止到2017年年末，普洛斯在中国境内已完工物业面积约1 935万平方米，甚至大于可比剩余9家同业企业的面积之和，如图3-9[②]所示，该图同时反映了各物流地产公司已完工的物业建筑面积情况。在市场占有率方面，普洛斯目前不仅在中国排行首位，在巴西、日本的物流业界均列第一，而且物流地产的租金收入稳定。因此，在可以预见的未来，普洛斯将稳定保持其"龙头"的企业地位，并实现不断的增长。

① 数据来源：普洛斯2016年年报。
② 数据来源：2018年普洛斯中国控股有限公司及其发行的公司债券跟踪评级报告。

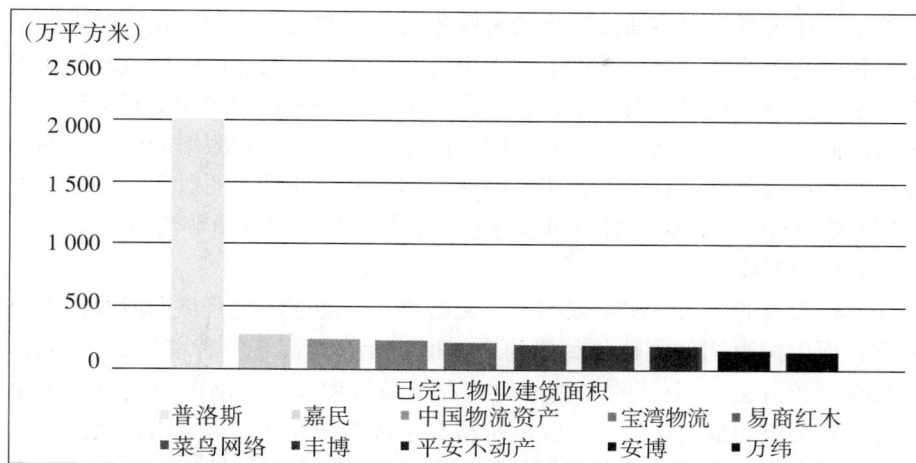

（万平方米）

图 3-9
彩图

图 3-9　截至 2018 年 3 月底国内仓储物流行业十大运营商仓储情况

随着我国电子商务的飞速发展，更加高端的电商零售平台需要现代化的整套物流设施。而"高标库"即高标准仓库，由于其规格和配置优于一般仓库，在未来又更能满足电商仓储的需求。目前来看，我国的高标库供应方高度集中，普洛斯则是业内巨头，早在 2015 年普洛斯的高标库供应面积就已达 1 180 万平方米。据统计，普洛斯一家的高标准仓库面积占比约是业内前十企业总份额的 55%，2016 年普洛斯高标库供应面积达到 1 490 万平方米，而此时行业前五企业的合计面积为 2 070 万平方米。如图 3-10[①]所示。

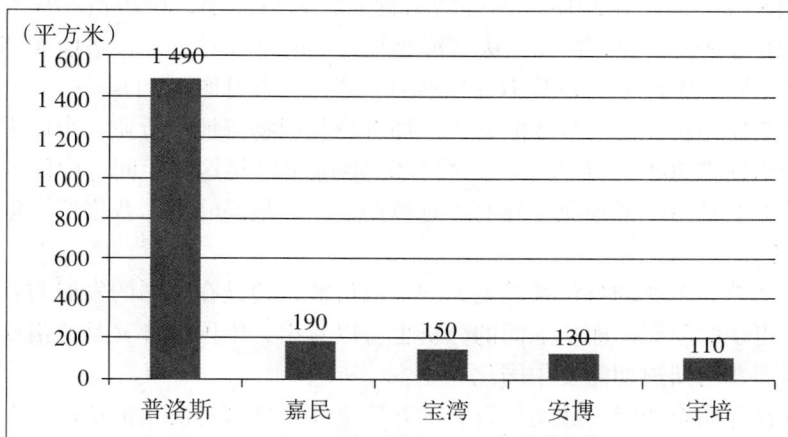

图 3-10　2016 年业内前五企业高标准仓库供应面积

---

① 数据来源：智研咨询集团 2017—2022 年中国物流地产行业深度调研及投资战略研究报告。

综上所述可见，普洛斯以罕见的速度收购中国的物流地产，在短期内就已经占据了我国物流地产行业一半以上的市场份额，在未来很有可能会危及到我国的国土安全。所以，在最近两年中，普洛斯在中国的一些收购活动受到了相关政策的很大限制。同时，普洛斯也受到了中国商业地产土地税费激增的严重影响，物流和产业用地的成本已有上升势头。因此，作为普洛斯最大的股东——新加坡主权财富基金（GIC控）要求对公司进行战略审查，并决定退出普洛斯。

（2）中国财团溢价收购

以万科为首的中国财团采取的美元交易模式，能够满足普洛斯股权资本退出的诉求，而中国财团的收购价每股约合3.38新元，远高于停牌前的2.7新元，溢价约25%，较过去12个月的加权平均价更是溢价81%，普洛斯股权方的退出也是实现了其价值的最大化。这一收购价格高于普洛斯在新加坡上市以来的最高收盘价。根据资产价值理论，普洛斯最终估值约为160亿新加坡元，比其最终平稳的股价还高出64%，比截止到2017年3月末的每股资产净值则高出30%。此交易的顺利完成，为普洛斯公司的股东带来了极大的价值增值。

普洛斯在其公告中也表示，选择推荐中国财团方案的原因是：价格显著高于历史价格、要约条件有限因而交易确定性更高、预期将按预定的时间表完成。

（3）普洛斯中国化的需要

普洛斯2016年年报显示，其全球资产净值为87亿美元，拥有全球物流地产5 500万平方米和投资基金约400亿美元。2017年，普洛斯在中国市场的占有率已经达到55%；同时，2016年，普洛斯营业收入总额中，中国占67%、日本占23%、美国占9%、巴西占1%。从其营业收入构成可以看出，普洛斯大部分业务都集中于中国，中国业务是其不可分割的一部分。参见图3-11[①]。

普洛斯作为物流地产行业的龙头，拥有着我国物流地产行业一半以上的市场份额。普洛斯自2003年进入中国，而2003年到2013年这十年间，中国的物流地产市场基本上是由外资企业主导的，有数据显示，最高峰时，普洛斯占据了超过2/3的市场。

普洛斯外资企业的身份及其庞大的市场份额，使其在中国的发展与其他企业相比存在更多的阻碍，而从上面的分析也可以看出，中国业务又是普洛斯的盈利主力，因而普洛斯迫切需要中国化。

在选择并购企业时，战略投资者的并购更能帮助其解决物流地产行业面临的挑战。在收购事件发生之前，普洛斯就一心向往成为产业园区运营商，而万科作

① 数据来源：普洛斯2016年年报。

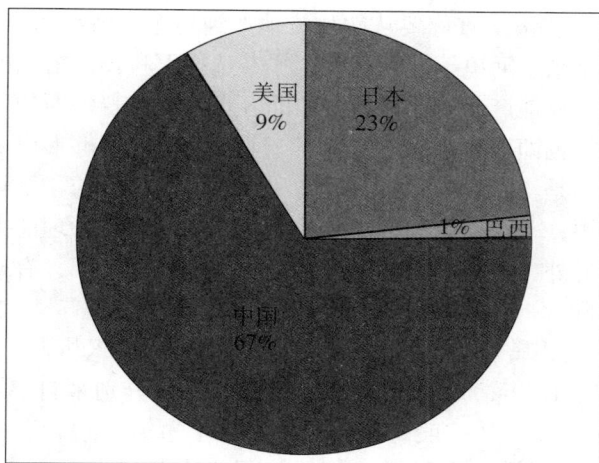

图3-11　普洛斯营业收入的地区构成

为战略投资人，是地产业界知名的住宅产业运营商。万科和普洛斯在打造地产、物流、产业园和资产管理生态链方面有着较大的合作空间。

（三）普洛斯与万科合作双赢的战略布局

万科从2015年开始发力物流地产，将其定位成转型升级的方向之一，在此前的几次收购活动中，万科与普洛斯已经有过数次的合作。普洛斯可以借助万科的商业地产资源布局C端（消费者市场），而万科可以从普洛斯学习物流B2B模式的运营等。普洛斯高管也曾经表示，公司此举意在提升普洛斯在全球化运营、园区开发以及基金管理方面的能力，继续稳居行业一流地位，为客户创造最大的价值。普洛斯中国今后可能会更多地介入到中国的房地产开发和物流金融业务中，实现在中国的转型发展。普洛斯与万科的战略合作模式如图3-12所示。

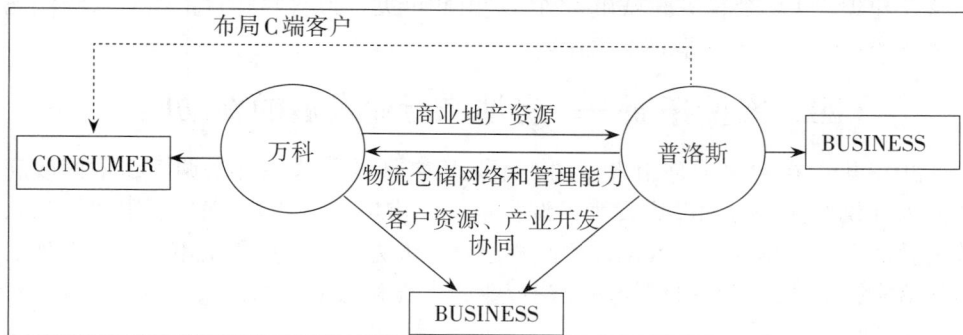

图3-12　普洛斯与万科合作示意图

2016年年初，普洛斯宣称要从"物流地产纯房东"转型为产业园区运营商。这可能是它拒绝京东、阿里等互联网大客户，选择万科作为搭档的真实原因。万科在物流地产、商业地产、产业地产方面的客户资源与普洛斯的下游客户资源之间能够互相引流，也即双方在客户资源、产业开发方面能够形成协同效应。这种协同效应，恐怕不是主打C端客户的阿里和京东可以比拟的。万科拥有丰富的开发建设经验及资源，普洛斯则拥有高效的物流仓储网络和管理能力，二者的携手实属强强联合。另外，万科庞大的商业地产资源和客户资源，有望将普洛斯导入物流仓储的客户群。

在公司治理上，普洛斯也设置了相应的条款及组织机制，以保护普洛斯管理层的控制权。GLP董事会的董事不超过11名，分别来自厚朴、高瓴资本、SMG、中银投资、万科（一般每公司指派2名董事）。董事会主席由厚朴、高瓴资本、SMG轮流指派。万科虽然控股，但没有指派董事会主席的资格。而且，万科、中银投资指派2名董事也是有限定条件的：当持有不少于10%的已发行A类股份时，只可指派1名董事；当持有不少于15%的已发行A类股份时，有权各指派2名董事。厚朴、高瓴资本、SMG指派董事时则不存在这样的限定条款。

万科收购普洛斯之后，借助其在物流仓储方面的优势，大力拓展物流仓储业务，不断增加新项目。表3-4显示了万科收购普洛斯之后各月的新增物流地产项目开发情况。由此表可见，2018年1月到11月，万科新增物流地产项目54个，总建筑面积402.42万平方米，万科权益建筑面积383.69万平方米。与2017年的36个新增项目相比，增加了50%。此外，2017年年末万科的物流地产项目累计为62个，2018年不到一年就达到了过去三年的87.1%。截止到2018年12月中旬，万科的物流地产品牌"万纬物流"的运营在建总面积达到900多万平方米，运营在建项目120个，进驻城市42个。[①]由此可见，万科收购普洛斯对其物流地产业务的扩张起到了举足轻重的作用。

四、案例拓展——房地产行业发展的新动向

2018年，在"房子是用来住的，不是用来炒的"这一总基调下，中国政府从需求和供给两个方面共同发力，调控房地产市场。"限购、限贷、限售"三限政策叠加、短期调控与长效调控机制相结合、大力发展住房租赁市场等一系列措施的落实，都体现了政府调控房地产行业的决心和意图。

---

① 数据资料摘自万科集团官网，https://www.vanke.com/。

表3-4　　　　　　　　　2018年万科新增物流地产项目情况

新增物流地产	项目个数	所在城市个数	建筑面积 （万平方米）	万科权益建筑面积 （万平方米）
2018年1月	5	5	48.7	45.5
2018年2月	3	2	21.2	21.2
2018年3月	8	5	39.6	39.6
2018年4月	6	5	38.2	34.01
2018年5月	4	3	37.0	31.2
2018年6月	4	3	27.18	26.85
2018年7月	8	8	39.4	35.78
2018年8月	5	4	26.08	24.95
2018年9月	6	4	91.76	91.3
2018年10月	3	3	16.7	16.7
2018年11月	2	2	16.6	16.6
合计	54		402.42	383.69

数据来源：万科公告，经整理。

1.融资进一步缩紧

2018年6月27日，国家发改委、财政部印发通知，强调规范房地产企业境外发债的风险控制，指出房地产企业境外发债主要用于偿还到期债务，避免产生违约现象，限制房地产企业的外债资金在境内投资项目和补充运营资金等。

此外，"资管新规"（2018年4月由央行、银保监会、证监会、外管局联合印发的《关于规范金融机构资产管理业务的指导意见》）使得房地产信托、房地产私募基金等一些传统融资渠道的资金供给收紧。

2018年中房地产行业持续推行去杠杆政策，债务融资方面，监管部门对于房企发债的审批也一直较为谨慎，企业申报债券发行规模存在一定的约束。此外，部分银行也开始收紧对大型房企的放贷。根据中国人民银行当年的报告，2018年前三个季度人民币房地产贷款的增量占同期各项贷款增量的比率比2017年全年低了1.5个百分点，房企融资困难已经成为房地产行业发展面临的重要问题。进入2020年，新冠肺炎疫情的暴发和为防止其漫延所采取的措施，无疑都为房地产行业融资带来了更大的困难，使得行业发展前景更加不容乐观。

2.政府干预加强

根据中原地产研究中心的统计，2018年1—5月全国各地下发房地产调控政策多达159次，比上年同期增长了60%。摇号购房城市增加到8个，甚至三四线城市也出台了限购限售的调控政策，各地政府均通过采取限购、限售、强化价格管理等政策，加强对房地产行业的干预和调控，时至今日总体政策并无大的改观。

3.住房租赁市场蓬勃发展

党的十九大报告提出要"加快建立多主体供给、多渠道保障，租购并举的住房制度"。在中央政策的指引下，大力发展住房租赁市场，成为2018年及后来房地产行业的重要主题。增加租赁土地供应、培养规模化和专业化的租赁企业、深化租购同权，成为布局租赁市场的关键步骤。从目前的住房租赁市场供应结构来看，整体机构渗透率偏低。根据北京链家的统计，北京120万套的租赁住宅中，40%通过中介，另外40%通过二房东，还有10%包括了自如这类的品牌公寓，最后10%则是依托C2C（电子商务网站）。从全国看，我国的房屋租赁市场以职业二房东和个人房东为主，机构和中介的渗透率估计仅为6%~10%。从国际实务来看，美国的房屋租赁市场十分发达，专业持有和运营的中介机构众多，2016年房屋租赁市场的机构渗透率在30%以上。因此，我国的住房租赁市场还存在很大的开发潜力，这也为房地产企业在这方面的发展提供了更广阔的空间。

近年来，各大房企也在积极拓展长租公寓业务，开辟新的住房租赁市场，主要方式是打造传统房企的长租公寓品牌。表3-5列出了几大房地产企业的长租公寓品牌。

表3-5　　　　　　　　　**房地产企业的长租公寓品牌**

房地产企业	长租公寓品牌
万科集团	泊寓
龙湖集团	龙湖冠寓
碧桂园	BIG+碧家国际社区
旭辉集团	旭辉领寓
中骏集团	FUNLIVE方隅

资料来源：根据公开资料整理。

4.不动产信托（REITs）试点发行

从金融政策配套上来看，2018年4月，中国证监会、住建部联合印发了《关于推进住房租赁资产证券化相关工作的通知》，其中明确提出，重点支持住房租赁企业发行以其持有的不动产物业为底层资产的权益类资产证券化产品，推动多类型具有债权性质的资产证券化产品，试点发行不动产信托。REITs的试点发行（参见表3-6），有助于推动住房租赁业务的开展，同时也为传统房企开辟了一条新的融资渠道。

表3-6　　　　　　　　　　不动产信托（REITs）的发行情况

日　期	REITs
2017/12/21	苏宁广场2017年资产支持专项计划
2017/12/22	西安迈科大厦资产支持专项计划
2018/04/27	中联前海开源–碧桂园租赁住房一号第一期资产支持专项计划
2018/08/10	中联前海开源–越秀租赁住房一号第一期资产支持专项计划
2018/09/07	中信证券–泰禾集团慕盛长租公寓1号资产支持专项计划
2018/11/07	深创投安居集团人才租赁住房第一期资产专项支持计划

资料来源：上海证券交易所公开信息。

补充阅读资料一：夹层融资及其案例应用。请扫码阅读。

—— 案例思考 ——

1.物流地产的融资模式一般有哪些？

2.物流地产与住宅地产相比有哪些特征？

3万科收购普洛斯的动机是什么？

4.请结合本案例搜集相关资料，分析物流地产在智慧城市建设中的作用及其发展空间。

5.物流地产的经营模式有哪些？目前私募股权基金主要以什么样的方式介入物流地产的投资？

第四章 私募基金参与多方不良资产投资
以上海外高桥造船有限公司债转股为例

一、背景知识

（一）不良贷款和不良资产

不良资产最初是从会计中的坏账科目衍生而来的定义，泛指债权人因债务人的种种原因而不能及时收回原约定归还的款项而持有的应收账款或债务人的相关抵押资产。不良贷款则是特指以银行为主要代表的金融机构持有的逾期未能收回的应收账款。大量持有不良资产或不良贷款将导致债权人的资金运转效率受到极大影响。因此，债权人需要通过追回欠款或出售不良资产的方式尽快回收资金。

（二）不良贷款和不良资产产生的原因

不良资产和不良贷款产生的原因可以归结为以下两个：

一是债务方主观不愿偿还。在这种情形下，债务方本身尚有能力偿还贷款，但由于企业出于自身经营战略的考量延期或拒绝偿还贷款（担心偿还贷款可能影响企业资金运转，造成资金紧张），或直接由于债务方本身的道德素质问题如不诚信等而无正当理由地延期或拒绝还款。

二是债务方客观上不能还款。这种情形是债务方在经营周期中由于市场因素或个人经营不善等原因造成资产减值，致使其无力偿还贷款。

一般来说，前一种情形的催收难度要显著小于后者，并且债权人可以通过司法诉讼、法院强制执行等手段，借助法律力量保证自身利益。但在后一种情形下，即使债务方被强制拍卖、清理了剩余资产，最终往往也很难弥补债权方的损失，因此，除直接催收外，债权方也常常通过与资产管理公司即 AMC 合作的方式，尽可能地保护自身利益。

（三）近年来我国不良资产市场参与方的发展情况

在我国，不良资产一般是指由企业或各级政府等实体机构作为证券发行人，由于各种内在或外在因素而发生资金周转困难、债务违约或破产等不良事件，导致其不能承担自己对应的偿债义务而产生的具有显著风险的各类证券资产。这类资产最显著的特征就是高风险性。但是，不良资产同样能够为投资者提供创造潜在超额收益的机会。特别是，风险事件的不利影响，加之投资者中普遍存在的损失厌恶心理和羊群效应等非理性行为，往往会导致不良资产的市场价格在风险事件发生后要远远偏离其正常价值，这就为众多投资者获得超额收益创造了先决条件。

尽管不良资产是金融业发展的必然产物，但不良资产市场则是金融市场综合发展的结果，这种综合发展不仅仅包含了不良资产在所涉及的范围内或规模上的发展，更包含着与之相对应的相关法律法规的完善和专门从事不良资产投资的专业投资者或投资机构的出现及其运行机制的完善。我国不良资产市场的历史应该追溯到1999年，当时，财政部为化解金融风险，同时应对亚洲金融危机的连带影响，成立了信达、长城、东方和华融四大金融资产管理公司，以专门处理国有银行的不良贷款。四大金融资产管理公司的成立，标志着我国不良资产市场走向机构化和正规化。

在四大金融资产管理公司的基础上，我国不良资产市场参与者的范围不断逐步扩展：2012年，国家允许各省成立一家地方性的金融资产管理公司以参与不良资产的处置，化解我国区域性金融风险；2016年，又对地方金融资产管理市场实行进一步放开政策；2017年，五大国有银行下属的金融资产投资有限公司也陆续获批开业。除此之外，一些公司进行的非持牌的资产管理业务也积极活跃在不良资产市场中，如一些民间的资产管理公司、拍卖不良金融资产的民间拍卖机构和拍卖所，以及一些公司为处置公司自身债务而专门成立的内部不良资产管理部门。这些游离于监管范围之外的不良资产接收和处置机构，有力地支持和补充了我国现行的不良资产处理体系，但其中存在的一些法律问题、操作问题也使得加强相应监管、将其纳入目前现有的监管体系成为大势所趋。在二级市场领域，不良资产市场也成为海外投资者，如KKR、橡树资本等著名国际投资机构所青睐的投资领域。同时，国内的一些上市公司也通过参与不良资产市场业务力求扩大收入来源，改善财政情况。传统的金融机构和组织，如保险公司和私募基金继续在二级市场中扮演重要角色，并通过与各级资产管理公司合作的方式小规模地介入一级市场经营，使其对整体产业链的控制力不断增强。

我国不良资产市场的主要参与者现阶段可以分割为一级市场参与者和二级市场参与者两个部分。其中一级市场参与者主要从事从各个渠道收集、整理不良资产并将其进行打包处理，在二级市场上出售以获取利益的业务；二级市场参与者则主要通过在二级市场中买卖不良资产包，或通过对不良资产包进行二次分拣，获得其中的优质资产，或以借此机会低价获得目标公司的控制权参与公司经营等方式实现资产增值。其中：前者具有代表性的对象是四大金融资产管理公司、各地的地方性金融资产管理公司、银行金融资产投资有限公司和民间处理不良资产业务的组织；后者则包括各类投资者，如私募基金、保险机构、部分上市公司、产业投资者及海外投资者等。随着不良资产市场的准入门槛不断降低和市场投资者对不良资产投资领域日渐重视，可以预见的是，未来不良资本市场主要参与者的构成还有可能进一步丰富。

除此之外，一些相关角色也在不良资产市场上发挥着重要作用，如提供不良资产的各个银行、非金融机构，提供相关法律服务的法律服务机构和提供信用评级服务的各类评级机构，这些参与者使不良资产市场的市场功能得到进一步完善和专业化，而之前的银监会及后来新组建起来的银保监会则主要在其中扮演监管部门的角色，负责维护市场整体秩序的稳定。

在市场参与者和相关角色不断完善的同时，国家也不断通过相关的法律法规，以立法和出台行政管理条例的方式，有力地完善着不良资产市场的法律体系，推动并引导着相关行业的发展。例如，国务院促进不良资产市场化的《关于市场化银行债权转股权的指导意见》（2016）、《金融企业不良资产批量转让管理办法》（2012），原银监会针对四大金融资产管理公司存在的问题而对应出台的《金融资产管理公司资本管理办法（试行）》（2017）、《商业银行新设债转股实施机构管理办法（试行）》等，都充分表明了我国中央政府支持不良资产市场发展的坚定态度，也为市场的规范化、法制化奠定了相关的立法基础。

综上所述，我国不良资产市场近年来的发展可以概括为以下三点：

其一，参与者不断扩大化，并逐步放开各种相应限制。从中央到地方，从政府到民间，不良资产市场参与者的范围越发广泛，政府性质也随之不断淡化。从最早的中央财政部直接出资成立的四大金融资产管理公司，到地方政府成立的各地方金融资产管理公司，再到官方性质较弱的国有银行金融资产投资有限公司，最后到完全非官方的各种民间不良资产处理机构，都充分说明了这一点。

其二，国家相应的法律法规不断完善，体现了从无到有的发展过程和逐步深化、细化的法律监管结构；同时在市场发展中不断针对不同的问题进行相应的引导、调整，使得市场健康发展，并为市场创造了有利的法律条件，鼓励新的投资者不断加入充实到不良资产市场的运营当中。

其三，新型投资者，如私募基金等不断加入不良资产市场的运作，并成为其中重要的参与方。这一点将作为下文分析的一大重点，它也是不良资产市场本身一个重要的影响因素。

（四）我国不良资产市场的规模及其发展趋势

我国不良资产市场规模的具体测定和统计方法具有一定的特殊性，其原因主要表现在两个方面：

一是，如果以二级市场的投资者数量和规模为统计出发点，由于不良资产投资的不确定性较大，而且不同的不良资产包之间差别较大，投资者在选择投资标的时的耗时通常较长。因此，投资者一般将不良市场投资作为其投资整体的一部分，很少出现二级市场投资者专营不良资产的情况。以私募基金为例，2015年至2018年的四年时间内，只有33家专营不良资产的私募基金[1]，这和每年动辄数万的基金产品增量相对比，显然不能充分说明不良资产市场的发展情况。

二是，资产管理公司的销售额难以统计。这是因为我国近年来资产管理公司的数量迅速增多，统计难度加大。不仅如此，由于形形色色的民间资产管理公司的存在，令统计量更大。同时，民间资产管理公司一般不被纳入统计范畴，导致偏差进一步增大。因此，此处采用来自各渠道的不良资产总供应量和不良资产包的折扣比例两个指标，通过考察供需关系来刻画我国不良资产的市场规模及其发展趋势。

从不良资产的整体来源上看，从2011年开始，我国商业银行的不良资产余额就开始逐年增长，2013年以后，银行业不良资产的增长更为迅速，商业银行的不良资产率和不良资产总额均有较大幅度的增加。2013年我国银行业的不良资产率为1%，总额仅有5 921亿元，但到了2017年，该项指标就跃升到了1.74%，总额也增加到了17 057亿元，与2013年相比，四年时间内我国银行业不良资产的总额增长到了原有规模的近三倍。此外，一些并没有纳入统计范畴的银行类金融机构如农村商业银行、农村信用合作社等，由于贷款质量较低，经营模式粗放，不良资产规模同样相当可观。以2016年为例，截止到2016年中期，农

---

[1]　资料来源：中国东方资产管理股份有限公司《2017年中国金融不良资产市场调查报告》。

村商业银行的不良资产余额高至 2 237 亿元，占商业银行不良贷款总额的15.6%，而同年农村商业银行占农村金融机构的比重仅为44.4%，这表示实际上农村金融机构的不良资产比统计数据可能多得多。

此外，针对"2017年商业银行账面不良贷款率与其所面临的实际信贷风险比较"这一问题的调查结果显示，有51.35%的受访者选择"被小幅低估"，有24.32%的受访者选择"被大幅低估"，两者合计为75.67%；认为"基本一致"的受访者占19.82%，而认为"被小幅高估"的受访者只占5.41%，且没有受访者认为会"被大幅高估"。这从一个侧面说明，市场投资者普遍认为，不良资产的实际供应情况比上述统计结果更高。参见图4-1。

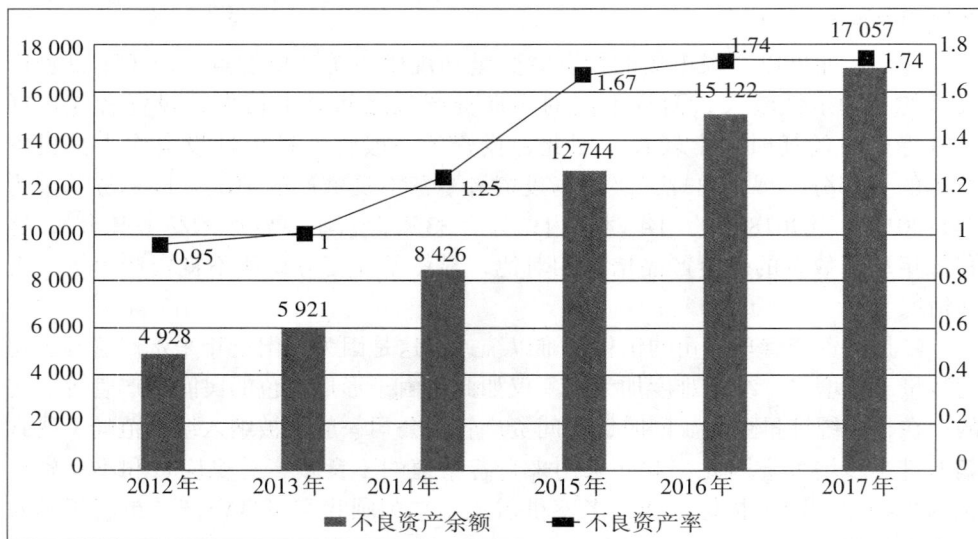

图4-1 2012—2017年我国银行业不良资产余额及不良资产率

在不良资产的供给逐年快速增加的同时，不良资产的需求同样也非常强劲。2014年至2016年，不良资产包基本是以三折左右的折扣价格销售，但2016年至2017年，由于经济发展的趋势有利，同时市场各方投资者对不良资产市场的重视力度提高等因素共同作用，加之部分炒作因素，不良资产包的价格出现了过快增长，开始以五折到八折的折扣价格销售，甚至出现了无折扣销售不良资产包的异常现象，极大地挤压了投资者的投资收益。到了2018年，由于价格过高等原因，加之国际经济发展速度放缓，经济周期进入下行通道以及中美贸易摩擦导致我国出口行业不景气等宏观经济因素的影响，对不良资产包的需求略有下降，价格水平基本徘徊在五折左右，但相比于2014年，2018年不良资产包的价格还是有较大涨幅。因此可以说，近年来我国不良资产市场在供给量快速增加的大背景下，其需求量也有较快增长，甚至表现出供不应求的"供需繁荣"的景象，市场整体规模扩张之迅速可见一斑。

表4-1显示了2016年我国工商、建设、农业三大商业银行在各地区不良资产的分布情况。

表4-1　　　　　中国工商银行、中国建设银行、中国农业银行

2016年各地区不良贷款分布排序

排序	地区	不良贷款余额(亿元)	地区	不良贷款余额增幅(%)	地区	不良贷款率(%)
1	西部地区	1 431.04	东北地区	32.2	西部地区	2.23
2	环渤海地区	1 160.24	环渤海地区	24	环渤海地区	2.07
3	长江三角洲地区	1 123.35	中部地区	19.6	东北地区	2.01
4	珠江三角洲地区	958.69	西部地区	18.2	珠江三角洲地区	1.93
5	中部地区	854.23	珠江三角洲地区	6.7	长江三角洲地区	1.68
6	东北地区	351.37	长江三角洲地区	-13.7	中部地区	1.67

不良资产市场的供给存在很明显的地域性。根据表4-1的数据，我国的不良贷款供给主要来自西部、环渤海、长江三角洲三大地区，从增幅上看，除长江三角洲负增长外，其他地区的不良资产供应均呈现正增长，尤其是环渤海地区和西部地区，其不良资产基数大、增幅也相当显著，分别达到了24%和18.2%。同时，不良资产需求方的地域偏好也非常显著。投资者一般更为偏好来自长江三角洲、珠江三角洲、环渤海地区等经济较发达地区的不良资产包，而西部、中部和东北地区的不良资产包相对不受欢迎。究其原因：一是，东部经济发达地区的企业相对发展得较好、规模较大，投资者更容易发现投资获利机会；二是，东部不良资产流动性相对较好，更容易在市场上实现二次出售；三是，我国金融市场的投资者主要集中在经济发达的东部，因此获取企业相关资料的信息成本也相对较低。

另一方面，不良资产市场还表现出对小型不良资产包的重视与偏爱。根据2017年的调查，51.8%的受访者选择小型资产包，26.4%的受访者选择中型资产

包，19.1%的受访者选择单项资产，只有2.7%的受访者选择了大型资产包。①中小型资产包，处置周期较短，对投资主体的资金和流动性压力较小，有利于分散风险，通常更受投资者偏爱。单项资产通常被认为是高风险、高收益类型的投资产品，适合风险偏好较高且在一定领域具有专业优势的投资者，投资于单项资产，在面临一定亏损风险的同时也拥有博取高额收益的机会。大型资产包由于准入门槛较高，且通常处置周期较长，对投资者的资金实力、处置能力、价值判断力都有更高要求。由于我国不良资产市场发展的时间不长，投资人在投资中普遍倾向于审慎投资，因此选择大型资产包和单项资产的投资者相对较少。

在供给领域，不良资产市场的供给方同样表现出对小型不良资产包的青睐。同一调查结果显示，有42.34%的银行受访者认为，2017年其所在单位向市场推出的不良资产包本金规模在10亿元以下，认为推向市场的资产包本金规模为10亿~50亿元的受访者占28.83%，认为规模在50亿元以上的受访者占6.31%，也有22.53%的受访者所在单位没有资产包推出。参见图4-2和图4-3。

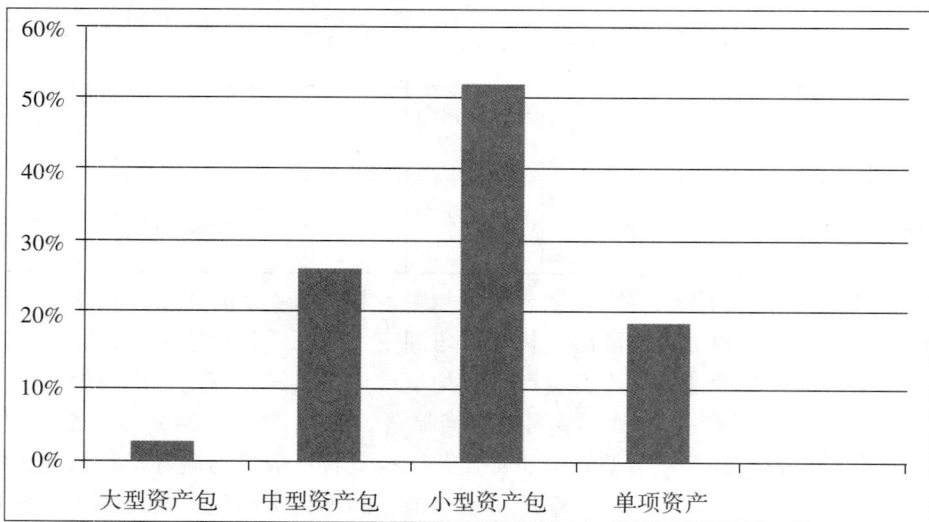

图4-2 2017年投资者偏好的资产包规模

（五）私募基金参与不良资产市场的主要投资方式

我国私募基金参与不良资产市场的投资方式，既包括了其他投资者所普遍采用的传统的不良资产投资手段，也包括由于私募基金自身运营模式的特殊性而衍

---

① 资料来源：中国东方资产管理股份有限公司《2017年中国金融不良资产市场调查报告》。

生出来的结合了不良资产业务和私募基金的特点，适用于私募基金自身的全新的投资方式。

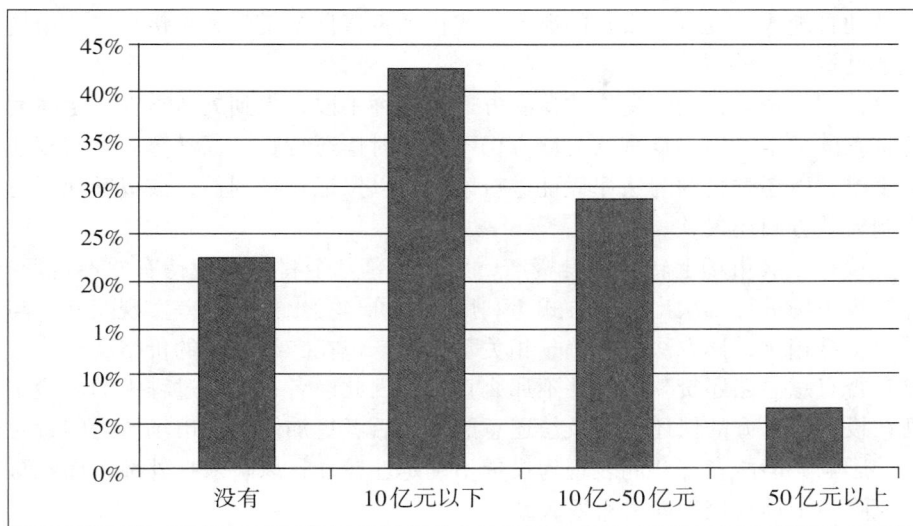

图4-3　2017年受访者所在单位向市场推出的不良资产包的本金规模

从整体上看，私募基金投资不良资产市场的主要获利方式可以归纳为两点：

一是，低价买入不良资产，但不对不良资产和目标企业的经营进行过多管理干预，只依赖市场趋势和企业经营的改观等非基金控制的外部随机因素的利好变化，待目标不良资产增值，售出价与买入价形成价差，即可实现投资收益。此处暂将此类投资获利方式命名为"被动管理式不良资产投资"。这类投资获利方式成本较低，投资难度也相对较低，但投资的不确定性相应较大，潜在的收益也相对较小。

二是，私募基金通过买入不良资产或不良贷款的方式，利用债转股或直接买入目标公司股权的方法，实现对目标公司的有效控制，并深度介入企业经营，通过改善企业内部因素的方式，实现私募基金的投资收益，并在恰当的时机退出企业，完成投资过程。此处暂将此类投资获利方式类比命名为"主动管理式不良资产投资"。这种投资方式虽然在不良资产的基础成本上需要基金追加管理费用等，会形成额外成本，投资难度因为流程复杂而变得更大，投资时间也相对较长，且导致基金不得不承担一部分因参与目标企业经营而连带的风险，但作为回报，这种投资方式意味着投资机会更多，投资的确定性更强，也更有可能为基金带来更多的潜在收益，在实务中往往也更受基金管理人的偏爱，被广泛应用。

下面，基于上述两种投资获利方式的分类方法，对各种私募基金在实务中常用的或理论上可行的不良资产投资方式，进行具体介绍：

1.被动管理式不良资产投资

被动管理式不良资产投资的典型形式包括直接催收贷款和直接在二级市场上转让不良资产两种。

直接催收贷款，指不良贷款持有方通过各种手段，得到欠款方在一定时间内偿还贷款的承诺。当不良贷款欠款方仍不能按时偿还贷款时，私募基金有权通过法律手段，以还款契约为法律凭证进行索偿，以保证自身利益，或以其他可行手段强制欠款方归还欠款。

直接在二级市场上转让不良资产，则指私募基金将目前现持有的不良资产，通过二级市场进行二次出售的方式，利用买入价与卖出价的价差实现获利。与直接催收贷款相比，该方法只依赖于相关不良资产包在二级市场的价格波动，与欠款方是否有意愿偿还贷款关系并不那么直接，因此前者在投资过程中的风险主要表现在投资对手方的偿还能力及偿还意愿，而后者更加侧重在市场风险因素对标资产的影响，但两者都共同表现为投资不确定性较强且风险来自外部，而私募基金对风险的干预与控制能力有所欠缺。

2.主动管理式不良资产投资

主动管理式不良资产投资，针对被动管理式不良资产投资所不能避免的不确定性和风险外部性问题，力求发挥私募基金在投资过程中的主观能动性，做到有效控制不确定性因素，在增强私募基金对投资风险的干预控制能力的同时，尽可能地扩大投资的利益空间。主动管理式不良资产投资的主要过程是购入不良资产包，并通过债转股或直接购入股权等手段实现对目标企业的控制，通过改善目标企业的经营，实现私募基金持有的股权增值或高额债务的偿还。无论最终转让的是企业的债权还是股权，都离不开对企业的有效控制和对企业经营的深度介入，因此债权投资往往也与股权投资混合使用以保证投资的顺利进行。私募基金在实际操作中也会采用一些有益的尝试与创新，以减小风险或扩大投资收益，如与一级市场参与者——资产管理公司（AMC）合作，共同设立并购基金，在让渡部分收益的同时，将基金的风险部分转嫁给共同合作的资产管理公司，实现投资收益和风险的优化配置。

（六）债转股、私募基金的债转股及债转股对企业的影响

债转股是处理企业不良资产的一种可行且有效的处理方法。其主要表现为将投资方与标的公司的关系从原有债权-债务关系转变为股权关系。投资方和企业通过债转股协议，以一定比例，将投资方持有的债务转换为企业的股权。经过债

转股后，企业不再向投资方归还利息及本金，改为同其他普通股东一样向投资方发放股息分红。对于投资方而言，债转股使投资方享有同其他普通股东同等的权利，可以参与公司重大事务的决策，并根据自身投资策略的需要，可以不同程度地对企业的日常经营发挥影响。

对于私募基金而言，由于其投资特点，一般会借用债转股的契机，凭借债转股获得的股份或进一步增持的股份，加大对公司的影响和控制力，从而深度介入企业经营，以推动企业资产增值，改善企业经营情况，使企业状况好转。再通过资产重组、转让、企业回购、未上市企业上市等方式实现投资收益，完成资金回收。

债转股对企业经营的影响体现在很多方面。

短期来看：首先，债转股会对企业的经营和部分财务指标造成直接的影响。债转股意味着债务规模的直接缩小，在财务指标上直接表现为资产负债率的降低。由于债权人不再向企业索要债务利息，企业财务支出也会随之减少。其次，债转股直接改变了企业原有的股权分配格局。投资方以债入股将导致原有股东所持有的股权被稀释，可能造成原有股东丧失控股地位或对公司控制力的下降。一定程度上企业也可以通过债转股引入新股东以平衡公司原股东影响力过大的状况，调整公司股权结构。

长期来看，债转股对增强投资者信心有显著的正面效果，由于企业财务指标的直接改善、财务支出的改善，给了企业在发展战略上以更多的选择权；同时新股东的引入带来的融资渠道的扩张和可能的投资追加，使市场上其他投资者对企业的长期财务情况持更为乐观的态度。同时，为了保证自身利益，新股东还可能为企业带来技术上的进步，无论是先进管理理念还是相关专业先进技术，都对企业未来的长远发展有重大的积极意义。但债转股在正面影响之外同样可能给企业带来一些潜在的负面影响，如新股东的引入可能造成新旧股东、新股东和公司管理层之间的矛盾，导致企业内部关系复杂化，以及一些竞争对手可能借助债转股来控制企业，进行破坏或恶意并购，最终造成企业破产或被对手兼并。

二、案例资料

（一）上海外高桥造船有限公司的公司基本情况

上海外高桥造船有限公司（简称外高桥），是中国船舶工业集团公司（简称中国船舶）旗下上市公司"中国船舶"（证券代码600150）的全资子公司，号称"中国第一船厂"，企业实力雄厚、技术基础较好。但是，由于2016年和2017年连续两个年度全球船舶业务总量同比减少、毛利率无明显增加及财务费用增加等因素的共同影响，企业经营遭遇到了一定困难，使得外高桥在2016年亏损27.3亿元，2017年前10个月亏损19.9亿元。经营亏损给企业运营带来了相当明显的不利影响，并直接导致企业及其母公司中国船舶的资产负债率快速提高，在进行债转股之前，中国船舶由于外高桥和另一家子公司——中船澄西船舶修造有限公司（简称中船澄西）资产负债率偏高的拖累，公司整体资产负债率达到了69.36%，对投资者的投资信心和公司股价都造成了一定冲击，其最直观的表现是母公司的股票价格持续走低。从2017年5月开始，中国船舶的股价就开始了持续性的下跌，这表明投资者对企业发展的预期以负面预期为主。

同时，债务堆积过多也使得企业不得不偿还每年因债务而带来的巨额利息，导致企业财务支出增加，总体利润水平下降。中国船舶2017年年度报告显示，该年中国船舶亏损23亿元，其中财务支出达到12.37亿元，较上年增加了7.71亿元，占总体费用的36.21%。财务支出占公司总体费用比例之大、增长幅度之快，都使公司经营和财务健康面临了严峻的挑战。

不仅如此，由于我国近年来持续推动企业的去杠杆进程，而中国船舶工业集团作为国有企业，迫切需要降低企业资产负债率，承受了较重的来自国家政策层面的压力，使企业降低负债率的需求更加急迫。因此，在不妨碍企业正常经营的同时快速减少企业负债、改善资产负债情况，成为中国船舶工业集团所亟待解决的一大问题。

但是，中国船舶工业集团可以减少企业负债的手段却由于负债总额和企业自身的特殊情况受到诸多限制。首先，由于负债占企业总资产的比例过高，若选择主动提前偿还债务将极大影响企业的正常经营。其次，外高桥企业体量较大，很难利用增发股票等方式来降低资产负债率；同时，由于外高桥实力雄厚，技术在行业内处于领先水平，所以，虽然短期遭遇到经营困难，但出售企业显然大可不必。更重要的是，中国船舶工业集团作为国有企业，其出售子公司、增发股份等其他企业通行的降低资产负债率的做法，由于对国有资产转让和股权稀释的特别约束而受到一系列手续、法律上的限制，因此，考虑各种因素之后，中国船舶工业集团将视线投向了包括私募基金在内的投资者债转股这种形式。

（二）上海外高桥造船有限公司债转股过程

2018年1月25日，中国船舶发布公告，宣布与包括两家私募基金（东富天恒、中国国有企业结构调整基金）在内的共八家投资方达成协议，八家投资方通过债权或现金方式对上海外高桥造船厂增资47.75亿元，并向中船澄西增资6.25亿元，共计向中国船舶工业集团增资54亿元，用于偿还外高桥造船和中船澄西的对应债务（附各出资方的出资额及比例，见表4-2）。

表4-2　　　　　中国船舶外高桥债转股各出资方出资额及出资比例

股东名称	出资形式	增资金额（亿元）	增资前持股比例（%）	增资后持股比例（%）
中国船舶			100	63.73
华融瑞通	债权	13		9.88
新华保险	现金	9.9		7.52
结构调整基金	现金	3		2.28
太保财险	现金	5.4		4.10
中国人寿	现金	4.55		3.46
人保财险	现金	4.9		3.72
工银投资	现金	2.5		1.90
东富天恒	现金	4.9		3.42
合　计		48.15	100	100

　　增资后，中国船舶的资产负债率得到了一定程度的改善，公司整体负债率由69.36%下降到59.37%；增资后，中国船舶持有的上海外高桥造船厂的股份从100%下降到了63.73%，但仍保持着对公司的控股地位。其他股东则以34.75亿元的注册资本取得36.27%的股权。

　　在这笔交易发生一个月后，2018年2月26日，中国船舶发布重组预案，拟以21.98元/股，分别向上述八家投资方回购其持有的外高桥和中船澄西的所有股权，作价总计54亿元，共收购外高桥造船36.27%和中船澄西12.09%的股份。随后，中国船舶于3月21日复牌交易。经过这一过程，原有的八家投资方成为中国船舶的股东，外高桥造船厂重新成为中国船舶的子公司。中国船舶债转股正式完成，成功通过债转股，在短短两个月时间就降低了企业的资产负债率。[①]参见表4-3。

表4-3　　　　　　各投资方的持股比例及债转股后获得的股份

交易方	持有外高桥造船股权（%）	持有中船澄西股权（%）	发行股价支付对价（亿元）	发行股份数（万股）
华融瑞通	9.88	3.87	15	6 824.39
新华保险	7.52	0.19	10	4 549.59
结构调整基金	2.28	5.80	6	2 729.75
太保财险	4.10	1.16	6	2 729.25
中国人寿	3.46	0.87	5	2 274.8
人保财险	3.72	0.19	5	2 274.8
工银投资	1.90		2.5	1 137.4
东富天恒	3.42		4.5	2 047.32
合　计	36.28	12.08	54	24 567.3

①　资料来源：中国船舶集团有限公司2018年年报，国际船舶网。

（三）上海外高桥造船有限公司债转股对公司和债转股参与方的后续影响

上海外高桥造船有限公司债转股对于外高桥造船厂及其母公司中国船舶而言，最首要的影响就是，中国船舶以外高桥的股份为桥梁，成功使企业的债务规模在种种限制下得以减少了54亿元，为企业直接减少了一年1.7亿元的债务利息，改善了企业营收情况。同时，企业因债务减少，资产负债率得到了有效控制，减轻了企业的偿债压力和来自国家的国企去杠杆的政策压力，也使发布出来的企业财务报表数据令投资者对企业的投资信心大增，为企业未来的发展奠定了良好的资金基础。除此之外，新股东的引进也意味着融资渠道的拓宽，对企业改善资本结构、扩大资金来源都发挥了相当积极的作用。企业在获得上述增益的同时，依旧保持着对外高桥子公司的控制，使企业不至于因经营困难就出售优质资产，这对企业未来的长远发展具有重大意义，同时对保持企业的行业竞争力同样也是至关重要的。

对于包括两家私募基金在内的投资集团而言，债转股的成功实现对其影响分为长期和短期两个方面。

从短期来看，虽然由于船舶工业领域2018年整体不景气，下半年又因为贸易争端因素令商用船舶需求量减少，导致公司股票价格整体呈现持续下降趋势，投资者短期内的投资不仅没有获得收益，反而资产有所减值。但是，中国船舶公司本次的债转股，为投资集团提供了一个获得国有企业大量股权的机会，使投资者能够享有与其他股东同等的权利。同时，从企业的短期收入盈利上看，投资集团也有所斩获。根据中国船舶2018年度的业绩预告和企业财务部门的核算，2018年度企业将实现扭亏为盈，归属上市公司股东的净利润将从4.35亿元上升到5.25亿元（事实是，这一预测已经成为现实）。报告中还特别指出了本次债转股的成功对企业利息负担减轻的作用。经营状况的改善意味着股东分红的增加，由此，投资集团企业的股东自然能从债转股后企业经营的向好中分得一杯羹。

从长期来看，投资集团的收益更为明显。债转股后企业的经营改善和市场信心的恢复是需要一定时间的，因此短期收益相对不显著也在情理之中，但立足于长期视角，从2018年10月开始，中国船舶的股票价格基本扭转了此前持续下跌的趋势，开始企稳并上升。虽然该股票价格趋势的变动受市场宏观走向和行业整体行情等外在变动因素的制约，但还是能够反映出市场投资者对企业信心的恢复和对企业未来发展预期的乐观。同时，企业长期财务指标的改善，如资产负债率的降低、利润扭亏为盈以及现金流的相对宽松，为企业未来的发展扫平了障碍，可以预见的是，这些财务指标的改善都将更有利于企业未来长期的发展规划，给予企业以更多的发展选择，并推动企业盈利能力和业务渠道的进一步拓展，相应地，也能为作为股东的投资集团带来更多的长期收益与股权分红，实现投资者的投资目标。

三、案例分析

（一）私募基金近年来积极参与不良资产市场投资的投资动机

私募基金近年来积极参与不良资产市场的投资，显著地体现了不良资产市场本身持续快速发展和私募基金本身盈利需求的双重驱动力，也是在这两个因素之外，法律制度和市场体制的完善等其他因素共同作用的结果。

从我国乃至全球整体宏观经济的层面上看，进入21世纪后不良资产市场的发展极为迅速。

从供给的角度来看，是由于经济周期问题和一系列特殊的政治经济事件，导致了不良资产在近年来呈现出逐步快速增多的趋势。以中国为例，进入2018年，由于受到经济周期、股市不景气和中美贸易摩擦等多重因素的共同作用，2018年年末我国商业银行不良贷款余额达2万亿元，不良贷款率达到1.89%。相较于2017年度我国商业银行不良贷款余额1.71万亿元、不良贷款率1.74%的比率，不良贷款率上升了0.15%，总额上升了0.29万亿元。持续增加的不良贷款为私募基金等不良资产包的需求方创造了足够的资源，也为私募基金等二级市场参与者提供了更多的选择机会，使得二级市场投资者能够从中发现更多的获利机会，这在某种程度上也起到了拓宽投资者投资收益渠道的作用。

从市场需求角度来看，不良资产市场投资热情高涨，截止到2018年6月，2018年度私募基金投资人对不良贷款的投资额远超其他各类投资。特别是美国市场的增长极为迅速，从2016年12月到2018年6月一年半的时间，美国不良资产交易总额从1.1万亿元上升到1.4万亿元，总增长幅度达到了25%，其中来自资产管理公司（Asset Management Companies，AMC）的不良贷款交易对此的贡献最大，它们的投资额从2016年12月的4 000亿美元增长到了2018年6月的6 200亿美元。参见图4-4①。

而投资不良资产市场的高回报率已成为提升投资热情的重要驱动因素，以全球对冲基金行业为例，2018年对冲基金的不良资产业务回报率远超其他各类投

---

① 数据来源于普华永道等的公开信息以及基于此的分析。估计量并不包括银行和资产管理公司以外的不良资产（如P2P贷款、信托借款、租赁资产、消费信贷）。2018年6月的美元估值基于当时的美元汇率。

（10亿美元）

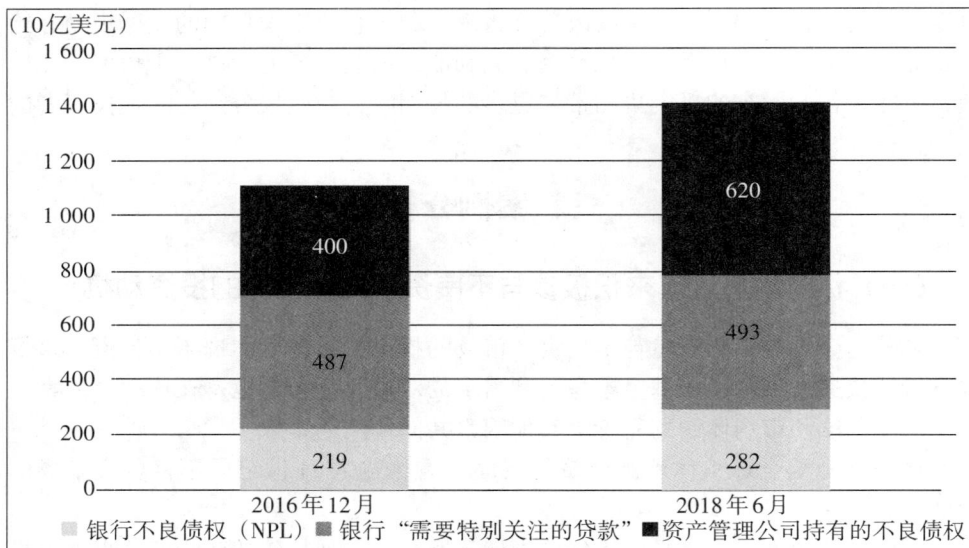

图4-4　美国不良资产的增长情况

资，达到6.68%，其中最高回报率达到了12.53%。[①]

但与此同时，传统的投资领域和一些另类投资近年来表现得并不突出。中国的上证指数从2018年年初的3 307.17点下降到年末的2 493.90点，下跌幅度达到24.59%；深证成指从2018年年初的11040.45点下降到年末7 239.79点，下跌幅度达到34.42%。不仅中国市场不景气，全球经济均出现了一定的不景气现象，以美国道琼斯指数为例，2018年道琼斯指数不再继续自2016年开始的上涨趋势，在2018年的4月、7月和12月，均出现下跌。2018年年初道琼斯指数24 719.22点，年底收于23 327.46点，下跌5.63%。在传统投资行业表现不佳的同时，一些另类投资同样没能回应投资者的投资期望。根据全球对冲基金行业的统计资料，2018年度全球对冲基金年度到期收益率为-2.36%，全球对冲基金共损失了820亿美元。对冲基金常用的几种投资策略均收效不佳，如固定收益、宏观投资、长期和短期股权投资、复合型投资等均出现了负收益率。参见图4-5。[②]

传统投资领域和部分另类投资的低收益、不景气和与之相对的不良资产市场投资的高投资回报率，都驱使原有的传统投资者改变其原有的投资策略，将重心更多地向收益率更高的不良资产市场倾斜，以实现投资收益和资本获利。

---

① 资料来源：Eurekahedge，Hedge Fund Round Up 2018.
② 资料来源：Eurekahedge，Hedge Fund Round Up 2018.

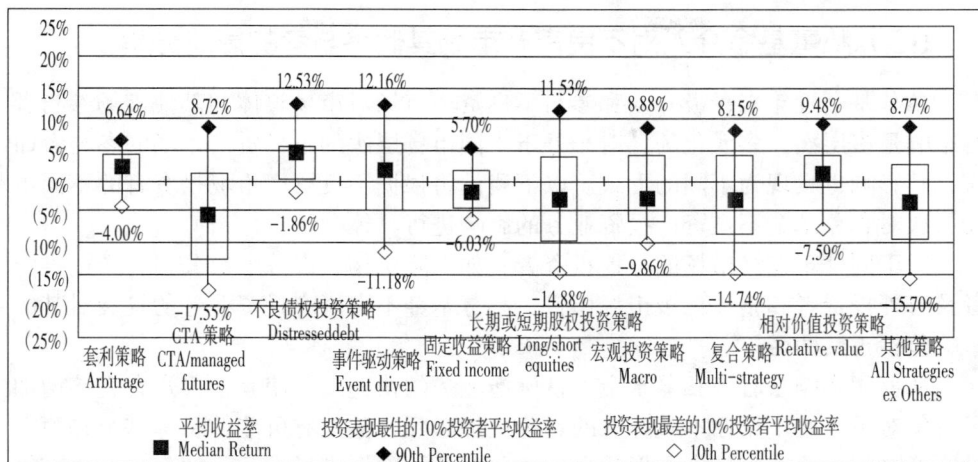

图4-5 对冲基金2018年各类策略收益情况对比

除去最具有决定性的市场驱动因素，一些其他因素如相关法律法规、市场制度也在驱使私募基金转向不良资产投资。这一点在许多法律制度、市场制度方面还有很大提高空间的新兴金融市场表现得特别显著，我国的金融市场就可以作为一个可以参考的例子。例如，我国在立法层面上就不断以法律形式渐进式地放开资产管理公司的各种准入限制，使得资产管理公司的范围和职能不断扩大、细化，补充并增强了原有四大资产管理公司处理不良贷款的能力。对私募基金而言，一级市场的完善和发展意味着能给私募基金提供更多的投资选择，建立更加适合基金现状的投资组合。

对于私募基金而言，我国法律制度和市场制度的完善也直接推动了私募基金从事不良资产投资业务的发展。以2018年4月27日中国人民银行（央行）、中国银行保险监督管理委员会（银保监会）、中国证券监督管理委员会（证监会）、国家外汇管理局（外管局）联合发布的《关于规范金融机构资产管理业务的指导意见》为例，该意见明确确定了私募基金的投资范围：私募产品的投资范围由合同约定，可以投资债权类资产、上市或挂牌交易的股票、未上市企业股权（含债转股）和受（收）益权以及符合法律法规规定的其他资产。根据规定，私募基金对于股权类不良资产、实物类不良资产和非直接参与借贷的债权类不良资产的投资权利不受限制，为私募基金从事不良资产投资提供了法律支持，增强了私募基金一般合伙人的投资信心和投资热情，也对私募基金管理人参与不良资产市场投资给予了正向激励，同时进一步确定了不良资产市场投资者的多元化趋势，促进了不良资产市场的运作活力和交易效率的切实提高。

（二）私募基金介入对不良资产市场其他参与者的影响分析

私募基金近年来积极介入和参与不良资产市场对市场整体和其他市场参与者的影响是多层次、多元化的。对于处于不同市场层次的不良资产市场的参与者而言，其影响也表现为不同的形式。以下我们将根据不良资产市场投资者的不同市场层次对私募基金不良资产投资业务的影响进行具体分析。

对于同处于二级市场的其他投资者，如保险机构、部分上市公司、产业投资者及海外投资者和整体二级市场而言，私募基金不良资产投资业务的发展对其的影响包括正反两面。

从反面影响来看，私募基金不良资产业务的快速发展使其他投资者直接增加了竞争对手，使市场原本就存在的竞争更加激烈，甚至有可能使私募基金和原有投资者之间为争夺市场资源形成恶性竞争，从而降低市场的运行效率，对原有投资者的投资利益造成冲击；同时，私募基金本身作为专门的金融机构投资者，由于其本身拥有人才、信息、资本等方面的优势，可以预见地将会使一些非专业投资者，如一些为扩大收益来源并以此为副业的上市公司，面临极为严峻的挑战，甚至会迫使一部分非专业投资者直接退出市场。在供需方面，私募基金不良资产投资的扩大也会导致对不良资产包的需求大大提高，假定现有不良资产的供给不发生巨大变动，但由于私募基金投资的扩大，也势必造成不良资产包的价格水涨船高，从而导致其他二级市场投资者的成本上升。

应该指出的是，上述私募基金不良资产投资业务的扩大所造成的负面效应比理论假定的可能要小得多：对于我国的不良资产市场而言，首先不良贷款如上文所述呈现持续增长趋势，且增长幅度较大，使得因私募基金扩大不良资产投资造成的供需关系变化对整体不良资产包价格的影响不如预期；同时，由于目前我国不良资产市场发展还有很大空间，私募基金的参与和扩大投资对其他投资主体的挤出效应和竞争同样会受到一定程度的削弱。应当承认，在我国不良资产市场发展的现阶段，私募基金扩大对其他二级市场投资者和市场整体的负面影响确实存在，但也不能夸大这一负面影响带来的结果。

在带来负面效应的同时，私募基金参与不良资产市场并扩大不良资产投资业务，对其他二级市场投资者和二级市场的正面意义也是显而易见的。

私募基金的引入在加剧不良资产市场竞争的同时，也使得原有投资者为应对新的竞争相应地提高自身的业务水平和资产规模，从而实现市场运行效率的提高。同时，来自专业金融机构的竞争也迫使原有的一些专业水平较差、规模较小的非专业投资者做出相应的调整，如提高专业化水平、进行专业化转型等；又同时，引导不能适应市场竞争但无谓占用市场资源的投资者退出市场，实现市场资源的最优配置，促进市场投资者的专业化、机构化，也能有效地减少市场中存在的非理性行为，促进市场稳定。私募基金还为市场带来管理经验和投资技术的进步，促进其他投资者管理水平、投资水平的提高，对其他投资者的投资收益增长起到了积极作用。不仅如此，私募基金投资的扩大直接增强了二级市场对不良资产的分类处理能力，使得我国的不良资产能够被有效利用，减少了不良资产在一级市场和不良资产供应者手中的过度集中，从而促使全社会的资金周转率和经济效率有效提高。

私募基金的参与和投资扩大化对处于整个不良资产处理链上游的我国不良资产一级市场及其参与者也具有重要意义。我国不良资产市场普遍存在处理能力不足的问题，现有的不良资产二级市场参与者不足以充分消化现有的不良资产规模，虽然近年来我国不良资产二级市场的处理能力不断提高，与之相对应的是对不良资产的需求也在不断提高，但供大于求的基本格局并没有发生根本改变，这导致了一级市场参与者对市场价格的影响力相对较小，使得一级市场参与者扩大自身利益的能力受限。

虽然以私募基金的参与和投资扩大化直接改变目前不良资产供大于求的供需现状的可能性在未来相当长的一段时间中还是相对较小的，但其对于增加来自二级市场的需求的效果却相当显著，这也给予了一级市场投资者在市场价格确定的竞争中更大的主动性，使一级市场投资者能更有效地维护并扩大其自身利益，并显著改善了其不良资产包的销售情况，从而提高了一级市场投资者的盈利能力，使得不良资产的过度集中状况得到了缓解。

私募基金的参与不仅改善了不良资产一级市场投资者的盈利能力，对于一级市场投资者和市场本身的业务水平和经营模式的提升与改善也有促进。私募基金对于不良资产包质量的高要求势必驱动一级市场强化其对于不良资产的分类能力以迎合私募基金对此类资产的需求。一级市场参与者对其不良资产的分类能力的加强也相应地推动了一级市场参与者的差异化。针对投资者需求的多样化，参与者的分工将更为细化，可以预见的是，在供求关系的新变化和投资者的新需求的共同驱动下，我国未来将形成基于不良资产自身属性的、针对性更强的分类处理模式，从而做到在目前我国建立的"中央—地方，官方—半官方—民间"地域层次和参与者背景层次的基础上，进一步完善我国不良资产市场的分级分类处理模式。

在对一级市场和二级市场的市场本身和投资者及参与者形成重要影响同时，私募基金参与不良资产市场和投资扩大化也给不良资产的最终来源方，即因各种原因造成债务违约的企业带来新的希望。对于其他不良资产的投资者而言，其主要的盈利方式，如通过法律手段等直接催收不良贷款，对购买的不良资产进行资产重组分离将包括在其中的优质资产进行二次转让，进行债转股并购目标企业等，都会对公司已经崩溃的资金链和企业声誉造成进一步冲击或导致公司所有权发生重大改变、令公司原所有者丧失对企业的控制权等，后果往往很严重。而私募基金由于其本身运作形式的特点，使得其更受青睐。它是通过参与企业经营和管理的形式实现其投资目标的，在改善了企业的经营和财务状况后再以转让股份的方式退出，从而使其资产增值和投资收益的计划得到实施。私募基金对于长期控制企业或进一步将企业收归己有没什么兴趣，相反，私募基金对转让股份以实现投资收益更加热衷，这种处理方式不仅不会造成诸如资金压力更加紧张、企业所有权易主等问题，反而能显著改善企业的财务状况，帮助企业克服目前遇到的资金问题，同时有效提高企业的运营和管理能力，可以说，私募基金的参与给本来资质优良但因各种特殊情况而陷入经营困境的企业以起死回生的机会，甚至为企业带来进一步发展的新机遇，使得很多资质优良的企业继续存留于市场，从而给我国宏观经济的发展带来正面影响。

（三）私募基金参与不良资产市场投资的潜在风险

任何投资行为在拥有获得收益的能力的同时都潜藏着一定的风险，私募基金参与不良资产投资亦是如此。

不良资产投资所面临的风险由于其投资形式的不同，呈现出不同的情况和结果，以下将根据私募基金投资不良资产的具体形式进行相应的风险分析：

对于直接催收不良贷款的方式而言，私募基金同样面临着和其他不良资产市场投资者一样的难题，即合法性、诉讼风险和执行问题。直接催收不良贷款这一手段的历史很长，前人为解决这一问题也有丰富的经验积累。但不得不指出，许多直接催收不良贷款的手段都有或多或少的合法性问题。例如，暴力催收贷款这一手段在现在法制社会就是完全不合法的。然而，除去直接暴力或冷暴力的其他催收手段往往又会面临执行力不足的问题。因此，在现代法制社会中，直接催收不良贷款已经逐步转向运用法律诉讼手段解决不良贷款的偿还问题。

但是，在法律诉讼过程中，一些其他风险和成本因素同样存在，且其效果如何也很难确定，必须视情况而定。首先，法律诉讼过程必然要求催收方支付相应的律师费用和其他费用等，会产生额外支出，造成基金预期收益的减少。其次，司法诉讼中，催收方没有百分之百的可能确保自身胜诉，特别是在遇到一些借贷关系不清、借贷契约文件残损的贷款合同关系时，确认法律责任的归属更有难度，法律诉讼胜诉的确定性更加得不到保障。再次，即使基金在司法诉讼中胜诉了，基金也很难保证不良贷款能得到偿还。对于被执行方而言，其剩余的所有资产能否足以偿还债务尚且不能确定，更何况被执行方还有可能采取资产转移的手段逃避强制执行呢。当今社会中也同样存在一部分被催收方，在其资产足以偿还债务的情况下依然采取拒绝执行判决的行为，这也对我国司法执行部门的执法能力提出了更高的要求，以充分保证包括私募基金在内广大债权人的合法利益，同时也对私募基金创新催收方式提出了新的挑战。

除最基本的直接催收不良贷款的方式外，私募基金还可以通过对贷款的抵押标的进行拍卖的方式来实现自己的投资价值。虽然这一方式的资金回收效率高，且不存在执行力不足的问题，但是应该指出的是：其一，拍卖方式的具体投资价值具有极大的不确定性，私募基金只能对拍卖中的底价施加影响，但无法决定最终的成交价，这使得私募基金很难在事前确定最终的投资收益。其二，拍卖定价一般倾向于稍低于一般的公允价格，但拍卖价格不能达到预想水平时，可能会造成基金投资的损失。即使拍卖价格能达到一般的公允价格，拍卖所得能否超过投资成本仍然具有很大的不确定性。其三，即使定价合理、拍卖标的资质优良，拍卖中遭遇流拍的可能性依然存在。其四，对于部分信用贷款而言，由于抵押品的缺失，不能通过这一方法实现投资价值。

除拍卖外，私募基金另外一种行之有效且能快速回收资金的手段无疑就是直接转让不良贷款给其他的二级市场投资者了，但这一方式具有较大的市场风险。首先，这一方式受到市场供需关系的极大影响，一旦市场供给过多，必然导致不良资产的价格下降，使得基金的实际收益无法达到其预期收益，甚至造成亏损。其次，由于不同投资者的风险偏好和投资偏好不同，私募基金持有的不良资产很可能遇到流动性问题，造成交易无法进行。再者，虽然相对于其他一些方式而言直接转让不良贷款回收资金的时间相对较短，但同样也需要一定时间使交易双方完成交易。尤其是一些流动性较差、不易出售的不良资产的交易时间将会变得更长，使基金不得不承担更多的时间成本。

通过购买不良资产相关股权或通过不良贷款以债转股从而深度介入公司经营，改善企业经营状况，进而实现资产增值的方式，是私募基金参与不良资产市场最常见的一种形式，即便如此，基金面临的可能风险和额外成本同样存在，且同样显著。

一是，相较于其他投资方式而言，介入公司经营的投资周期基本上是最长的，且具有极大的不确定性。企业经营状况的改善一般需要较长的时间。特别是出现不良贷款的企业，其经营状况往往普遍非常不乐观，而且出现不良贷款势必导致企业在声誉、信用、市场占有率等方面一系列的损失，因此，比起投资于其他经营正常但价值被低估的企业，私募基金要重建不良贷款企业的市场地位并实现企业发展增值所需要的时间还要更长，而过长的投资周期必然造成基金经济利益的损失，对基金的资金分配和短期投资业绩也有相当负面的影响。

二是，私募基金为改善企业运营状况，一般会采取委派专门的管理团队参与企业管理，以贷款方式偿还企业现有负债，提供新的投资资金等方式，但以这些方式增加的基金额外成本也是显著的，而且为使自身投资利益得以实现，私募基金往往还要在企业后续融资中追加投资，使得投资的额外成本更为显著且不确定性倾向增强。同时，由于基金深度参与企业经营，基金与企业经营的相关性显著增强，基金因此也有可能受到企业自身风险的连带影响，致使基金面临的潜在风险因素增多，风险敞口扩大。

三是，即使在资金充足、投资方派出的管理团队的管理能力足够胜任的情况下，企业能否实现基金所预期的发展依然具有不确定性。首先，满足上述条件只能使取得经营成果的概率得到有效增加，企业能否达到预期的发展目标还受制于一些私募基金难以控制和干预的外部因素的变动，如行业整体的发展、宏观经济的周期、国家相关法律政策的变化，这些都有可能影响企业的经营活动，造成最终投资结果的不确定性。其次，即使上述条件全部满足，企业经营的效果还要依赖私募基金、管理团队、原公司持有者三方的合作情况。相对于正常公司而言，私募基金参与深度经营的公司，内部关系通常更加复杂。正常的公司参与者关系一般表现为管理层和股东层的委托代理关系，而私募基金参与深度经营的公司的内部关系则表现为私募基金-委派管理团队-原公司持有人和管理团队的"三角关系"。特别是，私募基金及其委托管理团队作为外来者，在最初接触公司业务时若不能实现与原公司持有人和管理者的有效合作，将导致业务开展难度大为增加、投资效果无法实现预期的被动局面。因此，对于私募基金而言，加强与目标企业高层的交流互动，加强对管理团队的合作控制，从而加快新管理团队成员间的磨合、提高目标公司的管理效率，对保证投资利益顺利实现至关重要。

四是，即使企业经营能够取得预期效果，但确定具体的退出时间和落实具体的退出程序，这一问题也可能给私募基金的投资者带来额外的风险。私募基金参与企业经营最根本的目的是通过改善企业经营状况实现投资资产的增值，而投资资产的增值最终主要是通过将持其有的股权转让出去而实现的。一般来说，股权转让的主要受转让方可以分为两大类，一类是企业原有的持有方和管理人，第二类是除原私募基金以外的其他外部投资者。如果私募基金将持有的股份转让给企业原有的持有人和管理人，由于转让对象固定，因而交易意愿较明确，交易时间也较短，似乎是一个不错的选择。但这一选择通常会受到来自受转让方资本额度的限制，即受转让方没有能力收购全部或部分股份，这一点大大缩小了这种转让路径的适用范围。因此，私募基金往往不得不转而向其他外部投资者转让股份。由于向其他外部投资者转让股份并不会将投资者限定在一个特定的范围内，因此可以认为其他外部投资者不存在收购能力不足的问题。但是，由于投资对象的不确定性，并非市场上的所有投资者都会对投资目标公司具有强烈的投资意愿，这就相应地要求私募基金必须花费一定时间寻找有意向的投资者以完成交易。即使投资者有意向收购目标公司的股权，确定具体的交割价格和其他交割条款也需要一定时间，同时也往往会产生一些相应的额外支出，如律师费、会计费用等，以保证定价的合理性和交易过程与条款的合法性。即便如此，交易过程中仍然存在相当大的不确定性：首先，私募基金提出的交易价格可能超出投资者预期的可接受范围，则投资者倾向于退出交易，则私募基金不得不重新寻找新的有意愿的投资者，这就增加了交易的时间成本。其次，由于整个交易时间较长，意味着市场趋势很有可能出现变动。举例来说，如果出现了对企业不利的市场变动，投资者有可能要求修改交易价格，或直接退出交易，这必然令基金增加额外成本。除市场趋势变动的可能外，投资者自身的财务状况也可能会出现变动，比如若投资者自身拥有的资本不足以完成交易，就会不得不直接退出交易，而这两种变动都会直接导致交易的失败。虽然私募基金一般会采取设立违约金的惩罚机制以保护交易的正常完成，但设立违约金一来不能完全杜绝投资方选择放弃交易的可能性，二来投资者若强制退出交易，私募基金照样不得不花费时间重新选择新的投资者，若市场趋势在这期间进一步向对私募基金不利的方向发展，必然造成基金资产的减值损失，增加投资收益的不确定性。

不仅在退出过程中私募基金面临着复杂多样的风险，在退出时间的选择方面，私募基金同样面临着艰难的抉择。如何在一个恰当的时机完成从目标企业的退出程序决定了基金最终投资收益的实现情况。如果退出时间过早，私募基金的投资收益可能难以达到预期，而退出时间过晚，则又会导致基金资产配置效率的降低，且意味着时间成本的提高。虽然私募基金一般在投资不良资产时会事先确定一个预期的目标收益，但由于投资市场的瞬息万变，使得私募基金在投资过程中不得不由于市场趋势的波动而调整自己的目标收益率。因此，如何判断正确的市场趋势，并以此确定对私募基金最有利的退出时间，也是基金投资收益最大化的重要保证。

四、案例拓展——其他不良资产市场投资者和私募基金应该如何应对不良资产市场的新变化

近年来我国不良资产市场不断迎来新变化的挑战，具体来说，可以归结为，以私募基金为代表的新投资者和以多方合作债转股为代表的新投资形式不断引入市场。不良资产市场的一些原有投资者和原有投资策略可能会被证明不再适合新的市场发展。无论是以私募基金为代表的新投资者还是原有其他不良资产市场的投资者，适应不良资产市场的新变化，对其在市场上的生存以及拓展现有业务都有显著意义。

首先来看新的投资策略。

过去不良资产市场盛行的所谓"三打"（打包、打折、打官司）策略已经逐渐暴露出了其效率低、合法性问题等弊端。由于新策略的推广和原有的牌照效应因市场放开而弱化，市场倾向于"三重"（重整、重组、重构）策略，即致力于从不良资产包中分离优质资产，或进行原资产包的调整整合，以此实现效率的提升和资产的优化，而多方合作债转股方式就可以视为实现"三重"策略的一个行之有效的手段。事实上，在2017年一年的时间里，债转股方式在实践中有了长足的发展。2018年1月19日，发改委联合财政部、国资委和"一行三会"①共同下发《关于市场化银行债权转股权实施中有关具体政策问题的通知》，在原有文件基础上进一步放开了不良资产市场的参与企业、投资者范围以及标的债权的限制，在法律层面为进一步推动多方参与债转股奠定了基础。同时，在市场实践中，多方合作式债转股也得到了广泛的应用。例如，同本案例相似的，同属船舶制造业巨头的中船重工在2018年3月也进行了类似的债转股，为公司减少了218.68亿元债务，助力了公司生产经营的改善。同时，这一模式还获得了各方面的高度认可。这说明多方合作式债转股作为一种投资风险得到有效分散、能够充分发挥各个投资参与方的业务和资本特长，并且使投资方和被投资方各取所需、都能获得利益的投资方式，正在得到投资者和被投资者的共同关注。如何改进原有的投资策略，使其适应新的市场变化，以及如何积极适应诸如多方合作式债转股这样的新的投资手段，并做到为我所用，是所有不良资产市场投资者必须重视的问题，也是实现长期扩大收益、增强市场竞争力目标的关键。

再来看新的投资者的问题。

对于我国其他不良资产市场的投资者而言，私募基金也许不是一个和善的竞

---

① 指当时的中国人民银行、中国银监会和中国保监会。后两者在2018年3月中旬合并重组为中国银保监会。

争对手，私募基金进入不良资产市场，"不是给予和平，乃是引发争战"。但对于整个不良资产市场而言，到底是需要现有格局下看似稳定的"和平"还是需要可能带来激烈变革的"争战"呢？在中国银保监会的持续推动下，我国投资市场从原来的政府主导逐步转型为市场主导，这一过程，无疑需要更多的竞争、更多的变革，才能促使市场转型更快更好地完成，从而促进市场效率的整体提高。这样的"争战"也能促进原有的投资者摆脱固步自封的思想桎梏，更好地适应新的市场发展态势。尽管这一过程中必然产生一些失败者，他们既有可能是原有的投资者，也有可能是新加入的私募基金，因被证明不适应这个市场而退出，但这又有什么关系呢？优胜劣汰，实现资源的最优配置本来就是市场的常态，是市场经济的魅力之所在，也是私募基金促进不良资产市场自我完善、自我提高的重要影响形式。

对于私募基金而言，其私募基金的身份并不意味着巨大的竞争优势。私募基金本身承担的压力与其他投资者相比并无二致。私募基金管理人同样也要在投资收益和风险的权衡中做出艰难的抉择。对于不适应市场的私募基金而言，它们也同样要品尝退出市场的无奈。但风险也意味着机遇，私募基金只有更好地在竞争中适应市场，才能真正确立竞争优势，立于不败之地。因此，针对私募基金的不良资产业务，基于我国市场发展的现状和私募基金本身业务的特点，我们提出下面几点参考性建议：

第一，投资于不良资产市场的私募基金在积极地同其他市场的投资者和其他私募基金开展竞争的同时，也应与它们加强沟通并进行一定的合作。其他市场投资者（包括其他的私募基金）虽然是投资利益的直接竞争者，但对于一些新涉足这一领域的私募基金而言，和这些原有的市场参与者加强沟通与合作，有利于自己更充分地了解不良资产市场的当前行情，也有助于自己更好地适应市场。同时，正如上文所言，加强和资产管理公司的合作，成立共同并购基金，也是有效转移风险、减少投资损失的重要手段。

第二，私募基金应在现有资产管理手段的基础上积极创新，从而扩大投资收益，减少投资的潜在风险。私募基金因投资手段的约束相对较少，相对其他市场投资者而言，选择投资策略的主动性更强，因此选择面更加广泛。在此基础上，基金可以制定和构建复杂多样的投资组合策略，做到各个策略之间的取长补短，从而优化投资收益和风险配置。在对传统策略进行组合使用创新的同时，我国的私募基金还应该广泛借鉴海外新的投资方式和投资策略，学习行业先进经验，在合法合规的前提下鼓励管理人积极进行业务创新，做到与时俱进。

第三，私募基金应重视专门针对不良资产的评估分析业务。由于我国不良资产市场发展速度较快，不良资产包的种类和数量也将在未来迅速增多。在市场林林总总的不良资产包中选择价格被低估的、有潜在盈利可能的、最适合私募基金自身需求的资产，是私募基金投资不良资产市场的第一步，也是投资成功的并键一步。私募基金进行主动管理时对不良资产的原公司的运营状况、财务状况的分析，决定着私募基金的相应的投资策略，这要求私募基金必须培养更多的专门面向不良资产市场的评估分析人才，以增强私募基金对市场的判断能力和风险控制能力，保证基金投资收益。

第四，私募基金在参与不良资产投资时应注重风险控制。不良资产市场相对于其他投资领域而言具有高风险、高收益的特点，因此，私募基金在投资中寄望于获得高收益的同时不能忘记潜在于其中的风险。首先，私募基金应当着重关注具有连带风险和潜在风险的投资标的，防止基金受到连带风险和不利风险的拖累，这会造成基金的风险敞口过度扩大；其次，私募基金应当注意投资标的之间的相关性，尽可能避免投资标的之间具有较高的相关性，做到投资风险的有效分散；再次，私募基金应当建立基于基金整体的风险管理体系，在风险损失最小化的前提下，尽可能多地降低风险管理成本。

第五，私募基金在参与不良资产投资时应当充分了解和遵守法律法规，拒绝使用非法手段回收不良贷款，在同行竞争中须遵守竞争原则，避免恶性竞争，促进市场整体效率的有效提高，并积极运用法律手段维护自身的合法利益。

案例思考

1. 不良资产投资的方式主要有哪些？
2. 不良资产形成的原因有哪些？
3. 私募基金参与不良资产投资的获益渠道主要是什么？
4. 本例中债转股起到的作用是什么？对企业的影响体现在哪些方面？
5. 私募基金介入不良资产投资面临的风险有哪些？

第五章 国有资产如何引入国外私募投资基金

凯雷并购徐工案

一、背景知识

在第三章中我们已经讲到，并购基金是私募股权投资的形式之一，它专注于对适当的企业进行并购，即通过收购控股成熟且稳定增长的企业，并对其实施内部重组、行业整合等，以此来帮助企业确立市场地位、提升内在价值，一旦实现了企业的价值增值，就通过各种退出机制撤出资本，从而实现收益。并购基金与其他类型的投资的不同之处在于，风险投资基金主要投资于创业型企业，而并购基金选择的对象是成熟企业；其他私募股权基金对企业的控股权毫无兴趣，而并购基金旨在获得目标企业的控制权。并购基金有两种主要形式——杠杆收购（LBO）和管理层收购（MBO）。

LBO（杠杆收购）的本质在于举债收购，收购者以自身的很少的本金为基础，通过从投资银行或者其他金融机构筹集大量足额的资金进行收购活动，收购后公司的收入可以帮助偿付这笔债务，这样就以很少的钱赚取了高额的利润。它主要是运用财务杠杆加大负债比例，以较少的股本投入（约10%）融得数倍的资金，对企业进行收购、重组，在使其产生较强的盈利能力后，伺机出售或经营获益的一种资本运作方式。

MBO（管理层收购）是一类典型的收购活动，它的主要形式是公司的经理层从母公司手中收购本公司以实现对公司所有权结构、控制权结构和资产结构的变更，是一种能够实现管理者以所有者和经营者合一的身份主导重组公司的目的，进而获得产权预期收益的并购行为。对中国企业而言，MBO的最大魅力在于，能够理清企业产权、实现所有权回归、建立企业的长期激励机制，这些也是中国MBO最鲜明的特点。

二、案例资料

2005年10月，美国凯雷投资集团（下文也简称凯雷集团或凯雷）与徐工集团工程机械股份有限公司（简称徐工机械，下文中也简称徐工）签订协议，欲出资3.75亿美元收购徐工85%的股份，但是，2008年并购最终失败。从公司发展角度来看，凯雷并购徐工有助于帮助徐工解决债务问题、走出财务困境，提升其行业竞争力。但徐工是国有企业，又是当时我国最大的建筑机械制造商，商务部认为此次收购会给我国国家安全埋下隐患，存在国有资产被贱卖的风险，于是阻止了凯雷对徐工的收购。下面我们将对参与此次并购的主体以及并购过程进行概要的介绍。

（一）被并购方——徐工集团工程机械股份有限公司

徐工集团工程机械股份有限公司是徐工集团最优质的资产。

1989年，徐州市政府对15家市属国有工程机械企业进行合并，成立了一家传统的大型国有企业——徐州工程机械集团有限公司（简称徐工集团）。1993年12月15日，徐州工程机械科技股份有限公司（简称徐工科技）注册成立，成为徐工集团最大的控股子公司，注册资本为9 594.66万元。公司于1996年8月经中国证监会批准上市，主要经营范围：研究、开发、制造、销售工程机械、建筑工程机械、工程机械配件，提供工程机械维修服务以及相关的科技咨询服务。

作为大型国有企业，徐工集团在其发展过程中始终面临经济效益差、约束多、企业发展缺乏活力、不良资产过多和一系列债务偿付问题。20世纪90年代，集团旗下的很多小公司相继破产，所产生的破产费用均由集团承担，因此，徐工集团的债务负担不断加重。2002年，徐工集团为了利用债转股方式解决企业债务问题，成立了徐工集团工程机械股份有限公司，简称徐工机械。徐工机械汇聚了徐工集团最优质的资产，其中由徐工集团持股51.32%，华融、信达、东方、长城四家资产管理公司共持股48.68%。

随后，当四大资产管理公司计划按照国家的改制要求处理徐工机械的股份时，徐工集团以银行贷款的方式用6.8亿元将股份赎了回来，贷款大部分来自花旗银行。而此次股份赎回，又给徐工集团带来了沉重的财务负担，与此同时，随着机械工业的迅速发展，行业竞争日渐激烈，作为传统国有企业的徐工集团在激烈的市场竞争中仍处于劣势，企业财务状况日益恶化。

下面我们从偿债能力、营运能力、盈利能力和发展能力四个方面对徐工机械面临的财务困境进行分析。参见图5-1至图5-6。

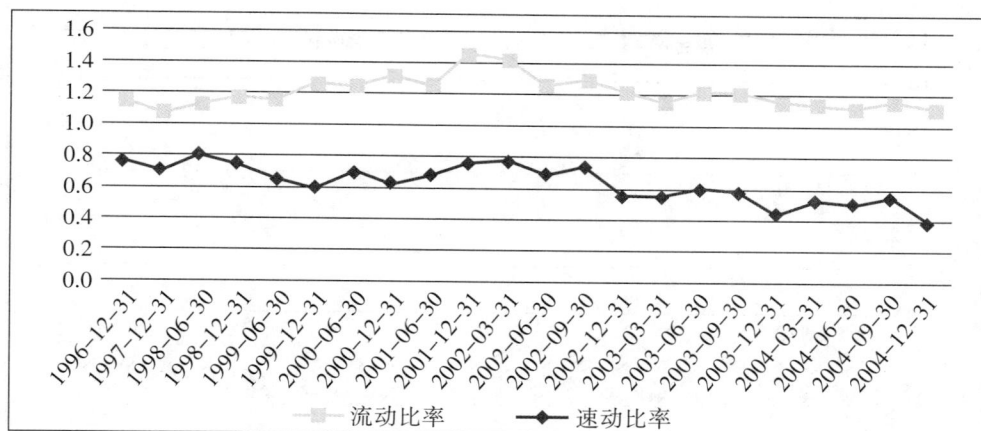

图5-1　徐工机械短期偿债能力趋势变化图

由对图5-1[①]的分析可知，流动比率和速动比率在2001年年末达到了最高值，随后呈现出波动下降的趋势，短期偿债能力不断削弱。流动比率反映了流动资产与流动负债的比重，2002—2004年，流动比率也在波动下降，虽然该比率一直大于1，但是我们要注意到在流动资产中存货的滞压、滞销也可能掩饰短期偿债能力的不足。速动比率反映了除去存货之后的流动资产对流动负债的保障程度，更为准确地反映了企业的短期偿债的能力。从图可以看出，徐工机械自成立以来，速动比率基本上都小于1，也就是说每一单位的负债并没有对应单位的资产进行担保，短期偿债能力较差。企业面临严重的短期债务偿还压力。

利息保障倍数是息税前利润与利息费用的比值，反映企业用经营所得支付债务利息的能力。由图5-2[②]来看，从2003年第三季度开始，徐工集团的利息保障倍数显著下降，由2003年6月30日的8.43下跌至2004年12月31日的2.18。

权益乘数是资产总额与股东权益总额的比值，该指标反映了企业财务杠杆的大小。产权比例是负债总额与股东权益总额之比，反映了股东权益对债务的保障程度。由图5-3[③]来看，从2002年年初到2004年6月份，这两个指标都在波动上升，徐工集团随着债务的不断膨胀，财务杠杆越来越大，财务风险随之增加，债权人的资金安全已经受到威胁。

---

① 数据来源：国泰安数据库。
② 数据来源：国泰安数据库。
③ 数据来源：国泰安数据库。

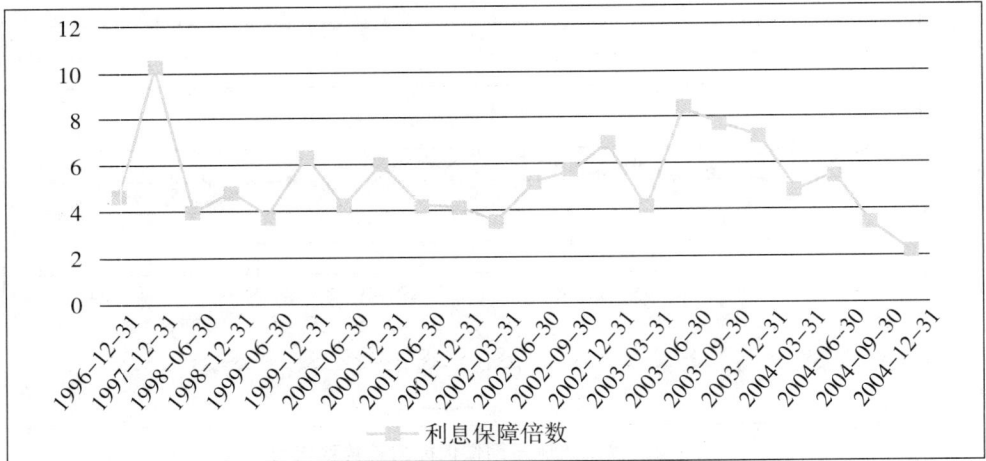

图5-2　徐工机械利息保障倍数趋势变化图

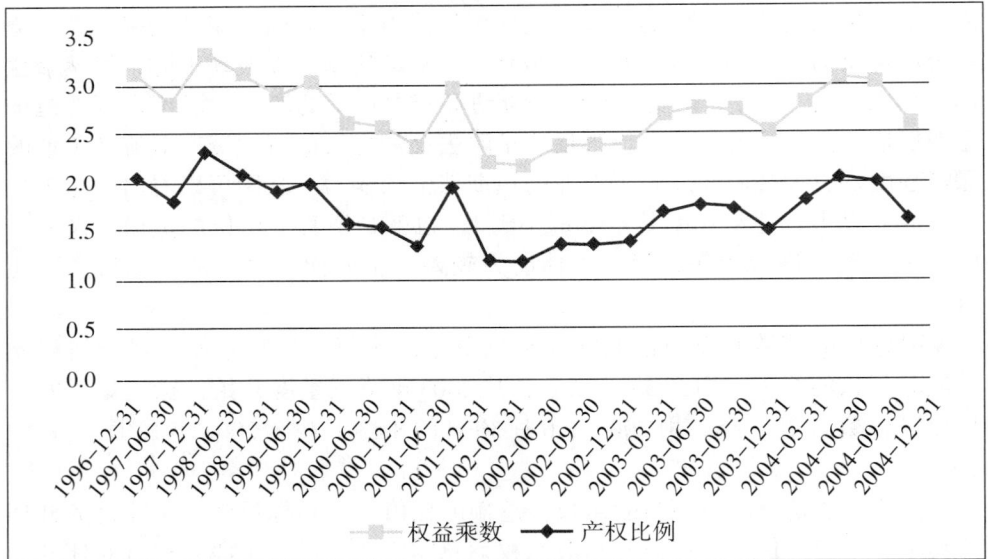

图5-3　徐工机械长期偿债能力趋势变化图

　　由图5-4①可以看出，2004年和2005年企业营运能力的四项指标都呈现下降态势，其中应收账款周转率和固定资产周转率的下降幅度最为明显。营运能力指标的下降反映了该公司资产运用效率的下降，营运资金回收速度变慢。

---

　　① 数据来源：国泰安数据库。

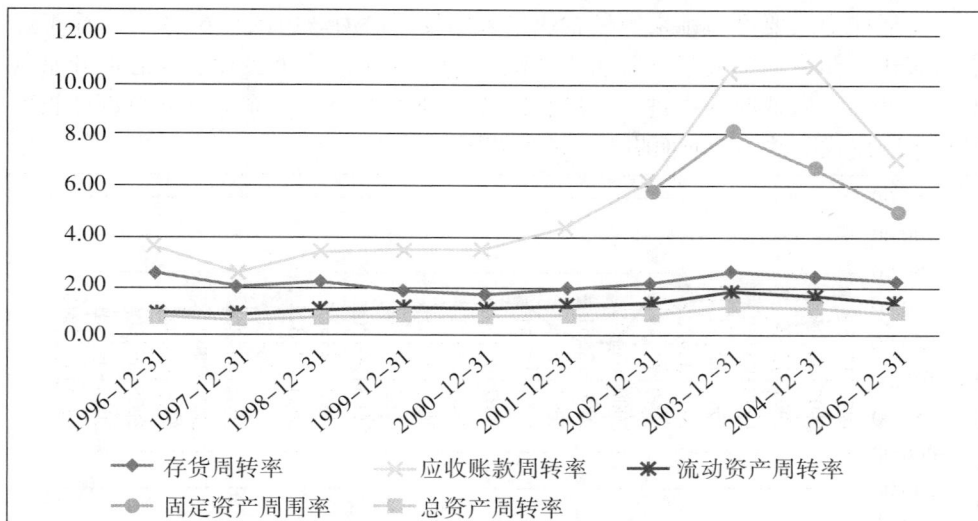

图5-4 徐工机械营运能力趋势变化图

由图5-5①中可以看出，企业盈利能力各项指标的变化呈现出明显的周期性。从2002年年初开始，各项指标波动下降，特别是从2005年第一季度开始，销售净利率、股东权益报酬率、总资产报酬率均为负值，这主要是由于2005年第一、二、四季度的营业利润、利润总额、净利润均为负值，在营业收入增加并不显著的情况下，营业成本、营业外支出却大幅上升，因而造成企业利润严重下滑。这表明，徐工的经济效益变差，盈利能力大幅下降。

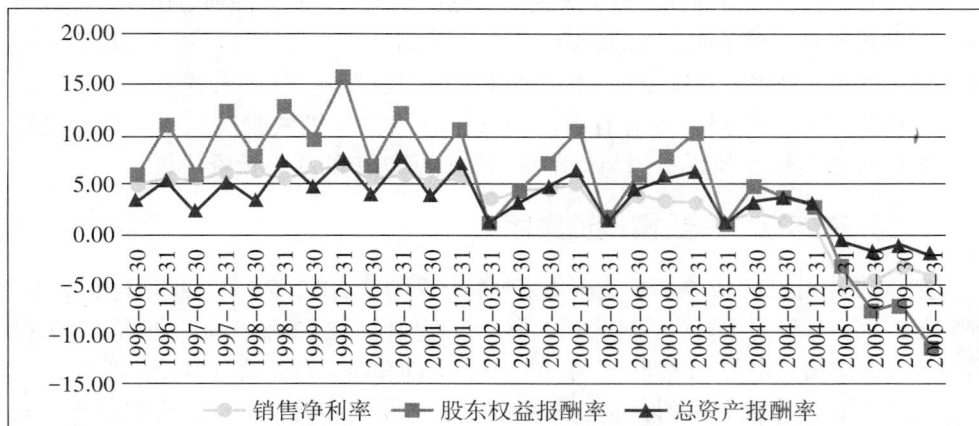

图5-5 徐工机械盈利能力趋势变化图

---

① 数据来源：Wind资讯。

发展能力主要可以用来衡量企业未来的发展潜力。由图5-6①来看，徐工谋求未来进一步发展的愿景面临重大挑战。2004年第二季度企业利润总额开始负增长，此后，营业收入也进入负增长阶段。进入2005年，企业利润总额增长率呈现出断崖式下跌，企业面临严重的经营困境。

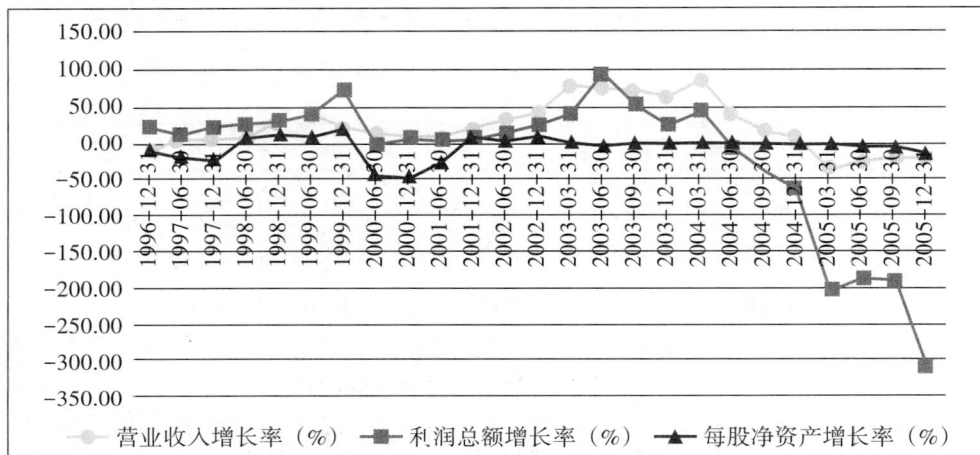

图5-6　徐工机械长期发展能力趋势变化图

综合以上分析可以看出，徐工的财务状况确实出现了严重恶化的情况，这说明企业发展已经严重缺乏活力，因包袱过重，经营效益日下。此外，随着市场化改革和国企改制的不断推进，徐工面临的市场竞争越来越激烈。但是，由于徐工财务风险过高，在国内找不到通畅的融资渠道，在这种情况下，就只能通过引入外国战略投资者的投资来获得企业急需的资金。从长远来看，引入外国投资者也有助于学习外国先进的生产技术和管理经验，推动徐工完成国企改制，增强发展动力。

2004年4月，徐州市政府有意出售其持有的徐工机械股权，引来大量投资者，最终通过竞标，凯雷集团与徐工集团签订了初步的战略投资协议。

（二）并购方——凯雷投资集团

凯雷投资集团于1987年在美国华盛顿特区创立，2012年5月在纳斯达克上市。凯雷是一家全球性另类资产管理公司，资产管理规模为2 120亿美元，拥有339个投资基金，在北美、南美、欧洲、中东、非洲、亚洲和澳大利亚设有31个办事处。

凯雷下设四大业务部门：企业私募股权——并购和增长资本；实物资产——房地产、基础设施以及能源和可再生资源；全球信贷——不良资产和特殊资产、

---

① 数据来源：Wind资讯。

直接借贷、能源信贷、贷款及结构性信贷和机会性信贷；投资解决方案——投资于广阔且复杂的另类投资领域、私募股权及房地产。

更为特别的是，凯雷集团在投资界一直被称为"总统俱乐部"。美国前总统乔治·布什出任凯雷亚洲顾问委员会主席，英国前首相约翰·梅杰担任凯雷欧洲分公司主席，菲律宾前总统拉莫斯、美国前证券与交易委员会（SEC）主席阿瑟·列维特担任其顾问。

在中国投资业务方面，凯雷于2010年1月与北京市金融工作局签署谅解备忘录，在北京设立凯雷人民币基金。凯雷在中国进行投资的基金主要包括：凯雷亚洲基金、凯雷亚洲增长基金、凯雷亚洲房地产基金、北京凯雷投资中心等。凯雷在中国重点关注消费零售、金融服务、医疗健康、科技、传媒等领域，其曾经投资的企业包括：麦当劳（中国内地和香港）、太平洋保险集团、海尔电器、分众传媒、特步国际、赶集网、搜房网、美年大健康、中建投租赁等。

凯雷收购徐工时正值其不断拓展全球投资业务的时期，而中国正处于迅速发展的阶段，存在大量的投资机会。此外，徐工作为中国机械行业的龙头企业，具有很大的投资价值。凯雷在2003年徐工回购股票时，便牵线花旗银行为徐工提供贷款，这也为其后来实施对徐工的收购埋下了伏笔。

（三）凯雷并购徐工的过程

凯雷并购徐工的整个过程长达三年多，中间经历了多轮谈判和协商，双方也就并购问题进行了合理让步，但最终还是没有获得商务部的批准。

下文中我们对这一并购过程进行一下简要介绍。表5-1列示了与凯雷并购徐工案相关的一些重要事件。

2004年，徐工集团实现营业收入150亿元，成为中国最大的工程机械开发、制造和出口企业。2005年起，企业面临严重的财务危机，运营能力、发展能力、盈利能力都逐年恶化。鉴于其在我国制造业中所占据的地位，若徐工被外资并购，意味着我国机械开发和制造行业的生产规模将失去半壁江山，我国机械行业面临被外资控制的风险。

基于国家安全、行业反垄断的考虑，商务部最终未批准凯雷并购徐工，所顾忌的问题主要在于：国有资产流失的问题，虽然徐工中途取消了对赌协议，新添了毒丸计划，但仍然存在巨大的风险；同时，此次并购计划虽然对应地制定了品牌保护条款、规避行业损害条款、表决权条款，但徐工企业规模庞大，引入外资仍会带来国家安全及行业垄断问题。

接下来我们简单介绍一些相关并购协议。

表 5-1 徐工集团及凯雷并购徐工大事记

日 期	事 件	明 细
1989年	徐工集团成立	徐州市政府对15家市属国有工程机械企业进行合并,组合成立大型国有企业
2002年	徐工集团以"债转股"为契机,整合旗下核心企业,成立徐工集团工程机械股份有限公司(徐工机械)	徐工集团持有51.32%的股权,华融、信达、东方、长城等四家资产管理公司合计持有48.68%的股权
2003年	信达等资产管理公司拟拍卖所持48%的股份	全球最大的机械设备制造商——卡特彼勒公司意欲收购,徐工集团爆发股权危机。徐工集团以溢价、全额回购股权,全部回购资金约6.8亿元
2004年4月	徐州市启动国际招标程序	徐工集团希望通过引入外国战略投资者摆脱财务困境
2005年2月	徐工集团为当年用于回购股权的数亿元贷款办理展期	如果不能解决债务问题,徐工集团将再次面临被美国花旗银行等放贷银行公开拍卖徐工机械质押股权的命运
2005年2月15日	凯雷在开曼群岛成立全资子公司——凯雷徐工机械实业有限公司	凯雷徐工将以2.55亿美元购买82.11%的徐工机械股权,剩余部分由徐工集团持有,剩余2.89%股权由对赌协议决定
2005年10月25日	徐州工程机械集团有限公司与凯雷在南京签订了《股权买卖及股本认购协议》和《合资协议》	凯雷集团凭借3.75亿美元约合人民币30亿元的巨额资金,拟收购徐工85%的股权
2006年2月	国家发改委核准了凯雷并购徐工方案,送交商务部审批	商务部外资司进行多轮的商谈,审批悬而未决
2006年3月	"两会"期间,相关部门人员发出"要谨慎对待垄断性跨国并购"的呼声	
2006年5月	徐工和凯雷在报送审批的材料中增加了"毒丸计划"	
2006年6月28日	《国务院关于加快振兴装备制造业的若干意见》出台	明确了加快振兴装备制造业的目标,细则中列出受限制的行业目录,再分行业拟定具有针对性的限制政策
2006年10月	对久未获批的并购方案进行了修订,徐工机械变更为中外合资经营企业	新方案约定凯雷以约18亿元人民币购买徐工机械50%的股权,同时取消"对赌协议",保留"毒丸计划"和惩罚性条款
2007年3月	凯雷再次降低收购方案的持股比例,至45%	凯雷入股徐工机械的方案仍然没有获得商务部的批复
2008年7月23日	凯雷收购徐工的计划以失败告终	徐工集团工程机械股份有限公司和凯雷投资集团共同宣布双方于2005年10月签署的入股徐工的相关协议有效期已过,双方决定不再就此项投资进行合作,徐工将独立进行重组

1.对赌协议

在介绍对赌协议前，首先介绍凯雷对徐工的收购路径：2005年2月，凯雷在开曼群岛成立全资子公司——凯雷徐工机械实业有限公司，意欲通过它实施对徐工机械的并购，而徐工科技是徐工机械的上市子公司。此次并购的路径示意图参见图5-7。

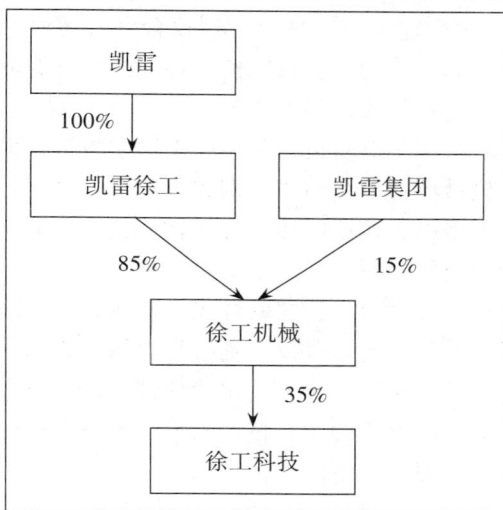

图5-7　凯雷并购徐工对赌协议模式图

对赌协议，实际上是一种期权，执行价格是以公司业绩等指标设计的约定，这种约定在收购方与出让方达成并购协议的同时达成。如果约定的条件出现，出让方可以行使一种权利；如果约定的条件不出现，则收购方行使一种权利。

2005年10月25日，凯雷收购方案正式出台，凯雷将以约20亿元人民币购买徐工机械82.11%的股权，而其余2.89%上则达成一份对赌协议。徐工机械一年后的经营业绩则相当于期权的执行价格，如果徐工机械2006年的经常性EBITDA（Earnings Before Interest，Tax，Depreciati on and Amortization，即息税折旧摊销前利润是扣除利息、所得税、折旧、摊销之前的利润）达到约定目标，则凯雷徐工的出资购股金额为1.2亿美元，增资额为2.4亿元人民币；如果达不到约定目标，则凯雷的出资额为6 000万美元，增资额不变。

此条款的设置，涉及大额股权对赌，实际上是以未来国有资产价值为赌注，如果徐工对赌失败，就会面临以较低价格出售股权的问题，从本质上来说，这是以低价出售国有资产，会造成国有资产流失。因此，在商务部的审批过程中，徐工多次调整协议方案，出于防范危及我国产业安全和收购定价过低的情况的考虑，后来特别取消了对赌协议条款。

2.品牌保护、规避行业损害的条款

为了杜绝国际同行业大型跨国公司通过股权转让的形式，垄断我国的机械工程行业，避免徐工成为大型跨国公司的中国工厂，失去我方的自主权，徐工在招标公告中明确提出以下几点：

（1）"徐工"品牌仍由徐工集团持有，授权合资公司使用。合资公司必须在其生产销售和出口的产品上使用，且仅能使用徐工集团拥有的商标。

（2）现有员工三年内裁员比例不超过5%。

（3）凯雷及其关联公司不能直接或间接在中国"投资任何工程机械项目（即在中国持有其他工程机械项目20%以上的股份）"。

（4）四年内凯雷不得以直接或间接的方式转让其持有的合资公司股权——四年后徐工集团具有合资公司股权。

（5）四年后徐工集团具有合资公司的优先回购权，如果凯雷向产业竞争者直接或间接地转让其持有的合资公司股权，则必须经徐工集团同意，否则为无效转让。如果凯雷公司向第三方转让，合资公司股份继承者须遵守本合同的约定。

（6）外资必须迅速提高徐工的核心技术水平，研究发动机生产项目，填补长期以来徐工不能生产核心部件的空白。

3.表决权相关条款

协议对未来可能出现的问题做了详细划分，不同重要程度的问题在未来的合资企业董事会进行表决时，所需得到的支持比例也各有不同。比如，凯雷最后的退出方式，需要董事会一致通过才可以实行；在股权转让等重大事项上，徐工有一票否决权。

2006年，并购协议再一次被修改，在董事会的构成上，徐工和凯雷各占一半，董事长由中方担任。在重大问题的决策上徐工仍拥有一票否决权。

虽然凯雷并购徐工后，其绝对控制人的地位对企业经营有很大的风险，但双方对于表决权的协议保留了徐工的一票否决权，这也是当时徐工选择凯雷的一大原因。

4.毒丸计划

毒丸计划，即"股权摊薄反收购措施"，它实际上是一种反收购条款。当一个公司遇到恶意收购时，公司为了保住自己的控股权，就会大量低价增发新股，让收购方手中的股票占比下降，摊薄股权，加大收购成本，以保护自身对企业的控制权。

本案中，为了防止凯雷退出徐工时，徐工被卡特彼勒（Caterpillar，CAT）这一类的竞争企业控制，在并购协议中设计了毒丸计划条款。条款规定，如果凯雷未来以公开发行股份上市的方式退出合资公司，一旦有与合资公司构成竞争的潜在投资者获得上市公司的股份达到或可能超过15%时，"毒丸计划"自行启动，上市企业就必须以人民币0.01元或等值外币的价格，立即向其他股东等比例增发新股，以增加该同业竞争对手获得公司控制权的股份收购成本，稀释竞争企业的股权比例。

毒丸计划的设计在一定程度上避免了投资者撤出时上市企业面临的被恶意收购的风险。一般企业在启动毒丸计划进行定向增发时，需要征求股东大会的同意，而在国有企业中只需要通过国资委的许可即可启动毒丸计划，从而避免了股东大会难以达成一致的风险。国资委出于保护国有资产控制权的考虑，往往会支持这一计划，使得必要时该计划能够顺利实施。毒丸计划保证了徐工机械在凯雷退出时，能够不被竞争企业控制，确保企业的自主经营。在凯雷收购徐工案中，毒丸计划得到了商务部和国资委认可。

5.惩罚性条款

凯雷承诺从收购完成之日起，三年内帮助徐工机械引进汽车底盘（美国GVW公司）以及发动机等项目，如果没有履行承诺，凯雷需支付1 500万美元的罚款。该条款显示，在引入外资的过程中，外来战略投资者能够为企业带来产品上的创新突破以及经营范围的扩张。

从条款本身来看，凯雷这一类的财务投资者，与卡特彼勒这一类的产业内投资者相比，不仅不会使企业失去控制权，而且能使企业的经营得到改善，而"承诺引进项目"是凯雷中标的重要因素之一。

三、案例分析

2005年10月徐工与凯雷签订并购协议，2008年7月由于商务部不予批复，凯雷与徐工所签合同失效，并购最终失败。历时近三年，基于国家安全的考虑，商务部最终没有批准该并购案。

随着经济不断向全球化方向发展，海外并购已成为企业发展壮大的重要途径，但是从被投资国政府的角度来看，外资并购也可能会对本国经济产生冲击。为了更好地保护本国的重点行业、维护国家利益，世界各国都对海外直接投资进行了一定的限制。

（一）对外资并购进行反垄断调查

造成凯雷收购徐工失败的一大原因是该并购行为可能会造成行业垄断。

我国商务部认为：凯雷收购徐工可能会导致我国机械工业市场集中度上升，外国资本对本国市场的控制力加强，进而导致其有能力、有动机从事排除和限制竞争的行为。此外，行业垄断会进一步造成消费者福利损失。在我国机械行业中，徐工机械处于行业前列，一旦被外资收购，意味着中国机械工业市场将有可能被外资所控制，从而造成市场垄断。由此可见，凯雷收购徐工带来的市场垄断风险也是收购最终失败的重要原因。

1. 案例中涉及的行业垄断问题

早在1995年，徐工即与美国卡特彼勒公司成立了一家合资公司，主要生产挖掘机。但这家合资公司成立后连年亏损，而徐工又缺乏资金用于追加投资，致使自己的持股比例不断下调，直到合资厂生产的挖掘机不再贴示徐工的牌子，徐工也永远失去了生产挖掘机的权利。2003年，卡特彼勒又想通过资产管理公司出让股份收购徐工，但此次收购由于徐工回购股权而以失败告终。

收购徐工失败后，卡特彼勒又将触角伸向国内其他机械企业。2009年2月，卡特彼勒收购了山东工程机械有限公司剩余60%的股权，随后，卡特彼勒公司又将并购延伸至三一重工、柳州工程机械集团、厦门工程机械有限公司、河北宣化工程机械股份有限公司等国内大型机械制造公司，其独霸我国机械工程行业的整体并购战略目标逐渐显现。

由此可见，卡特彼勒一直试图通过并购垄断中国机械市场。如果与卡特彼勒这样的产业内外国投资者合作，徐工很有可能变成其生产车间，失去自主研发、制造、销售的权利。并购被否决之后，徐工重整旗鼓，到2015年实现了营业收入3 000亿元，进入了世界工程机械行业的前五名。

回头来看，庞大的生产规模和企业体量，意味着如果徐工被收购，很大程度上会导致机械行业被外资垄断和控制。所以，拒绝并购是正确的选择。虽然徐工在并购协议中设置了关于股权转让、股东大会决策权、品牌保护等相关条款，但法律意义上凯雷拥有了企业大部分股票，属于实际控制人，因此，仍然令我国机械行业的发展处于巨大的潜在风险之中。如果凯雷成功收购了徐工，还存在着凯雷转让股权给卡特彼勒的风险，那么我国机械行业便可能被外资机械企业卡特彼勒所垄断。

2. 我国对外资并购的反垄断审查

2007年8月30日通过的《中华人民共和国反垄断法》，实质性地完善了我国的竞争法立法体系。我国的这部反垄断法所规定的垄断行为包括：经营者达成垄断协议；经营者滥用市场支配地位；具有或者可能具有排除、限制竞争效果的经营者集中。《中华人民共和国反垄断法》适用于中华人民共和国境内经济活动中的垄断行为，中华人民共和国境外的垄断行为对境内市场竞争产生排除、限制影响的。

外资并购的反垄断审查是防止外资过度冲击本国市场的又一层"防火墙"。

在我国，商务部会对影响中国市场正常竞争秩序和消费者权益的收购行为进行反垄断调查。收到经营者集中反垄断申报后，商务部会对该项目进行立案审查，审查过程从以下两个方面展开：

第一，界定相关的商品市场和地域市场，对参与者的相关市场份额、市场控制力、市场集中度、市场进入难易程度和对消费者和其他经营者的影响进行分析。

第二，如果该并购案可能具有排除、限制的竞争效果，商务部会要求并购方提交限制性条件的建议方案，并按照要求履行相应义务。

（二）中国对外商直接投资的限制

凯雷收购徐工案的失败与我国当时所处的经济社会发展阶段中实施的一系列发展战略、产业政策密切相关，而相应的宏观经济形势又进一步影响了我国对外商投资并购的审查与政策导向。

1.凯雷并购徐工时的外商直接投资限制

（1）限制外商投资者并购境内企业

2006年6月，国家发改委和商务部加快修改当时实行的2002年《外商投资产业指导目录》，受到凯雷收购徐工一案的影响，装备制造业成为率先出台限制性政策的行业。此外，在这新一批限制投资行业目录中还包括金融业、部分稀有金属的采掘业、能源业、石化业和汽车业等。

2006年9月8日，我国开始实施《关于外国投资者并购境内企业的规定》，该规定指出：外国投资者并购境内企业不得造成过度集中、排除或限制竞争，不得扰乱社会经济秩序和损害社会公共利益；商务部对外资并购享有反垄断审查权；外国投资者并购境内企业并取得实际控制权，涉及重点行业、存在影响或可能影响国家经济安全的因素或者导致拥有"驰名商标"或"中华老字号"的境内企业实际控制权转移的，当事人应进行申报。

（2）案例中涉及的国有资产流失、损害公共利益问题

徐工机械作为国有企业的特殊性，使得此次并购事宜存在国有资产流失的可能性，引发了国有企业能否引入外资的争论。徐工无论是体量还是行业占有率，都处于国内领先地位，而国有企业的运营本身就有委托代理问题，若由外资作为资产所有者，企业高层代为管理、决策，可能会忽略国家利益。所以，如果放任外资投资国有企业，不可避免地会面临国有资产流失、贱卖等损害公共利益的问题。

徐工并购案中对资产的估值采用的是国际上通行的折现法，而国有股权定价

方法本就存在诸多争议，公允价值更多是依赖谈判，并且股权转让的程序也未做详细规定。这些制度制定方面的不足给国有股权对外转让提供了相当大的运作空间，很可能存在令国有资产流失的巨大漏洞。

在本案的第三轮报价中，徐工放弃了摩根大通的4亿美元，而选择凯雷的3.75亿美元，声明是出于综合考虑。同时，在并购开始时，协议中还设有对赌协议，明显凯雷的实际出资额具有不确定性。

在随后经修订的新方案里，凯雷拟以约18亿元人民币收购徐工机械50%的股权，这与原方案相比凯雷对徐工的企业总体估值并没有改变，但实付金额却提高了，可见股权定价存在着很大的操作空间，而之前双方商定的价格确实存在企业价值被低估问题。

由此可资借鉴的是，在国有企业引入战略投资者方面，必须采用更加严格、透明的方式进行股权的定价、转让。

2. 目前我国对外商直接投资的限制不断放宽

到2020年新冠肺炎疫情暴发之前，随着改革开放的不断深入，我国对外商投资的限制是逐渐放宽的，为的是鼓励外商进入相关领域以推动行业的进步和发展。作为外商投资行业的指导性文件，《外商投资产业指导目录》也在不断修改和完善，从2016年起，对该《目录》的修改又一次开始，并自2017年7月28日起施行。新的《外商投资产业指导目录（2017年修订）》集中体现了以下三个特点：

（1）推进重点领域开放

推进重点领域的开放具体体现在取消了对一些行业的准入限制，如表5-2所列示的。

表5-2　　　　《外商投资产业指导目录（2017年修订）》中
取消准入限制的行业和增加鼓励准入的行业

取消准入限制的行业	
服务业	公路旅客运输、外轮理货、资信调查与评级服务、会计审计、农产品批发市场
制造业	轨道交通设备、汽车电子、新能源汽车电池、摩托车、食用油脂、燃料乙醇
采矿业	非常规油气、贵金属、锂矿

增加鼓励准入的行业
特殊医学用途配方食品、虚拟现实（VR）/增强现实（AR）设备、3D打印设备关键零部件、城市停车设施

新的指导目录坚持开放发展的原则，积极主动扩大开放，进一步放宽服务

业、制造业、采矿业的外资准入，旨在进一步提高我制造业、服务业、采矿业的发展水平。此外，也增加了鼓励准入的行业，多为新兴技术行业。

（2）进行结构的调整优化

提出外商准入负面清单，在负面清单之外的领域，原则上不得实行对外资准入的限制性措施，外商投资项目和企业设立实行备案管理。

（3）保持鼓励政策的稳定

继续坚持鼓励外商投资符合我国产业结构调整和优化领域的大方向，实施支持外资广泛参与我国的创新驱动发展的战略，促进引资、引技、引智相结合，能够更好地发挥外商投资企业对促进实体经济发展的重要作用。

通过以上分析可以看出，我国目前仍处于扩大开放阶段，对外开放水平不断提高，对外商投资的限制政策有所减少，特别是在制造业方面的开放力度在不断加大，一些新兴产业领域也鼓励外资进入。

当然，新的指导目录也列出了一些限制和禁止外商投资的行业和领域，如表5-3所示的。

表5-3　《外商投资产业指导目录（2017年修订）》限制和禁止外商投资的行业

农业	农产品新品种选育和种子生产（中方控股）
自然资源开采	石油、天然气、石墨、稀土
通信	电网的建设、经营（中方控股）、卫星电视广播地面接收设备及关键部件生产、电信公司
公共交通运输	铁路干线路网的建设、经营（中方控股）、通用航空公司
金融业	银行、保险公司、证券公司、期货公司
大众传媒	新闻机构、图书、报纸、期刊的出版业务
地理测绘	大地测绘、海洋测绘、测绘航空摄影
细胞生物	人体干细胞、基因诊断与治疗技术开发和应用

通过以上表格列示的内容我们可以看出，我国新的《外商投资产业指导目录》主要的限制领域是涉及国家安全的重点行业和重点领域。

总而言之，近年来我国的对外开放水平不断提高，积极履行入世承诺。此外，由于经济发展的阶段不同，国家在不同发展时期选择的产业政策和发展战略也有所不同，与之对应的外商直接投资政策也会存在差异，这将影响外商在中国的直接投资活动。

（三）美国对外国直接投资的限制

与中国逐渐扩大开放不同的是，美国对外国投资的限制逐渐趋严，特别是针对新兴技术行业的外资投资审查日渐严苛。

1.美国出台相关法案对外国投资进行审查

美国外国投资审查委员会（Committee on Foreign Investment in the United States）是美国管理外国投资的专管部门，主要对来自外国的投资的合格性进行审查，以确保外国投资不会威胁美国国家安全。

2018年8月13日，经美国总统特朗普签署，《外国投资风险评估现代化法案》（Foreign Investment Risk Review Modernization Act，简称FIRRMA）正式生效。该法案扩大了美国外国投资审查委员会（简称CFIUS）对来自外国投资的审批权限。

在CFIUS的审查范围中，被格外关注的交易类型之一是"外国人对涉及关键技术、关键基础设施、保存或搜集美国个人信息的美国公司的交易"。新一期的FIRRMA将关键技术从原来的"对美国国家安全必不可少或重要的科学技术"扩展至包含"新型基础技术"，这导致外国对美国高科技公司的投资受阻。美国对外国的投资在27个行业实行严查，其主要限制行业大类如表5-4所示。

表5-4 美国对外国投资限制行业大类

主要类别	限制行业大类
航天航空	飞机制造；飞机发动机零件制造业；推动装置和推进装置零件制造业；搜索，检测，导航，指导航空航天系统和航空系统仪器制造
半导体等高端材料、器械制造	滚珠轴承制造；粉末冶金零件制造；其他基本无机化学制造业；发电、配电和专业变压器制造业；原电池制造业；半导体及相关设备制造业；半导体机械制造；蓄电池制造；光学仪器和镜头制造
矿业冶炼、能源	二次冶炼与合金化铝；氧化铝精炼和原铝生产；核电发现；石化制造业
军事安全	军用装甲车、坦克和坦克组件制造；导弹和空间飞行制造业；导弹和空间飞行器；其他制导导弹和太空飞行器零件和辅助设备制造业
计算机	计算机存储设备制造；电子计算机制造
生物医药	研究与发展纳米技术；生物技术研究与发展（纳米技术除外）

数据来源：泽平宏观。

2.总统享有对外商投资审查的最终决定权

从美国总统在CFIUS中扮演的角色来看，尽管他并非该委员会的成员，但可以控制进入CFIUS的成员，并且对CFIUS审查的交易具有最终决定权和组织交易的自由裁量权。委员会时刻关注对国家安全构成的威胁，根据CFIUS出版的年度报告可知，2015—2017年，在所有审查的交易中，中国收购方的申请所占比例最大，CFIUS开始集中关注中国收购方和技术领域发生的交易。

结合当前的时代发展背景我们可以发现，美国对外国投资特别是对于来自中国的投资将会采取更多的限制性举措，特别是目前中美关系陷入较为困难的境地的情况下，未来中国企业的美国并购之路可能会变得更加坎坷。

（四）国有企业融资方式——兼顾国家安全与企业发展

1.对内资企业与外资企业并购徐工机械的争议

很多员工和企业高管呼吁内资企业并购徐工机械，保护民族自主品牌。但进入第二轮并购的七个机构，全部为国际财团。

在内资企业中，虽然徐工原本有意与内资企业德隆合作，但后来因德隆曝出舞弊事件无法继续合作。而三一重工意欲并购徐工机械一事曾经轰动一时，且双方各执一词。2006年6月6日，三一重工总裁向文波在博客中表示，愿在凯雷出价的基础上加价30%替换凯雷做成此次并购。随后，向文波又在博客里表示，三一重工很早就与徐工方面接触了，但失去了进入第二轮的资格，而徐工方面称，三一重工出价太低，第一轮就被淘汰出局。

我们认为，国际财团的资金实力、国际资源都要强于内资企业。而徐工为了弥补其高额的负债，需要引入实力较强的财团为其注资，盘活低质资产。除了财务上的帮助外，凯雷也承诺引入管理、销售资源，给徐工带来拓展海外市场的机会。因此，在引入财务投资者的决策中，徐工最终选择外资，是当时企业层面比较合适的选择。同时，2003年资产管理公司拟拍卖所持股票时，其回购所用的6.8亿元资金大多是由凯雷投资集团牵线，以股权质押的方式向花旗银行贷得的款项，双方已经有过合作，因此，凯雷是徐工乐于引入的财务投资者。

虽然从企业层面考虑，凯雷是比较合适的投资者。但是，正如前文所述，并购完成后，凯雷是否会出售徐工机械给其他行业竞争者有很大的不确定性，而且并购定价确实存在不合理性，会损害公共利益。因此，对于行业龙头企业的并购仍然需要国家把关。

2.徐工的后续融资情况

企业在面临股权丢失和债务清算的双重风险时，很容易选择不安全的融资方式。2005年9月，徐工集团和徐工机械公司分别召开职工代表大会，并购、改制的方案在两个职代会上均以高票数通过：徐工集团的无记名投票结果为219人同意、2人反对、1人弃权；徐工机械公司则是全票通过。

在我国，国有企业、地方政府、中央政府之间存在着较为复杂的关系，企业基于自身生存的考虑可能会选择较激进的方式，此时就需要商务部、发改委基于国家整体利益的角度进行严格谨慎的审核。国有企业在选择融资方式时，一般会使用配股增发和国有银行信贷融资的方式，融资方式较为单一。而国有企业负债率高、偿债能力较差的特点，使得国有企业面临很大的债务负担和财务杠杆。此外，由于国有资产的特殊性质，国有企业在进行融资、特别是股权转让时，还应该特别关注对国有资产的合理定价，防止国有资产的低价转让流失。

本案中，在与凯雷结束合作后，徐工不仅没有发生破产、股权拍卖等恶性事件，反而通过资产重组、多元化渠道融资，使企业业绩开始不断转好。

凯雷并购徐工失败两个月之后，徐工开始资产重组，将优质资产注入上市公司——徐工科技。徐工科技于2008年9月25日发布公告，徐工集团旗下公司以其股权及资产认购徐工科技增发的普通股，徐工开始整体上市。2009年8月，徐工科技定向发行购买集团资产宣告完成。上市公司经营业绩转好，为徐工重获了证券市场再融资的能力。

2010年10月，徐工完成了49.27亿元的定向增发，帮助企业做大做强主营业务，提升工程起重业务，拓展混凝土机械业务。企业资产负债率由70%降至56%，资本结构也得以改善。

从2010年8月开始，徐工陆续不断地发行中期票据；2011年12月，徐工获批发行公司债券，缓解外部融资压力；2011年1月，徐工机械赴港上市，H股成功发行。

从图5-8①可以看出，徐工机械在2005年到2007年的股价为历史低点，而后股价开始回升。徐工在资本运作能力还比较弱的时候引入外资，风险要远大于收益。当然，最重要的还是企业盈利能力的改善，以及对徐工科技这一融资平台的有效利用，让徐工得以摆脱危机，并不断巩固了其行业地位。

---

① 数据来源：雅虎财经。

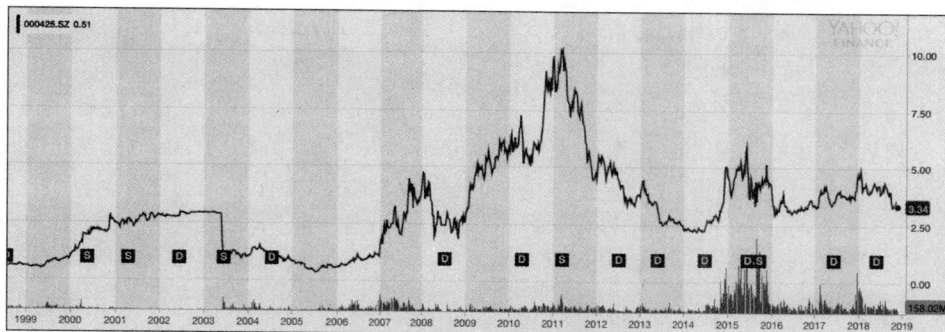

图5-8　徐工机械股价图（影印）

四、案例拓展——国企改制下的融资途径创新

凯雷并购徐工的时代大背景是中国国有企业改制。

在市场经济日益成熟的前提下，我国传统的大型国有企业的经营模式已经不能适应社会发展的需要。体制约束多、包袱重、激励机制不够完善，企业缺乏活力、经济效益差等一系列问题制约了大型国有企业的发展。同样，徐工机械也遭遇了发展困境，于是希望通过引进外国战略投资者的方式来解决企业未来发展的一系列问题。虽然这次并购以失败告终，但是也为国有企业的改制提供了可以借鉴的思路。

凯雷收购徐工实质上是外资收购问题。国有企业通过引入外国投资者的方式，一方面可以获得充裕的资金，另一方面也可以引入外国先进的技术和科学的管理经验，并推动企业自身与国际接轨。对于长期受到体制制约、经济效益低下的国企来说，引入外国投资者是一个很好的选择。但是，对于国有企业来说，在采取外资并购方式时必须注意以下几个重要问题：

1. 正确看待国家安全与外商投资的关系

凯雷收购徐工这一案例的实质是国家经济安全与引入外资的关系。商务部经审查认为，凯雷收购徐工威胁到了中国的国家安全，凯雷通过控制徐工会间接控制我国整个的机械行业，形成对中国市场的操纵。所以，在考虑引入外资时，要将企业经济利益和国家安全相结合，更重要的是要依靠大数据进行理性的实证分析，将可能产生的风险与收益进行量化对比，从而做出科学正确的决定。

2. 充分考虑外国收购对国家安全的影响

外国投资者投资于一些关键行业，如农业、资源开采以及通信信息等，可能会触及国家安全问题。对于可能威胁国家经济安全的收购计划，商务部应该进行充分审查，以保证外国投资者的投资行为不会损害到我国的国家安全。

3.要对外资并购进行反垄断调查

商务部在进行反垄断调查时要界定相关商品市场和地域市场，通过量化指标对参与者的相关市场份额、市场控制力、市场集中度、市场进入难易程度进行分析，确保不会因为外资并购造成市场垄断，坚决维护本国市场的公平竞争环境。

4.对国有资产价值要进行合理定价，防止国有资产流失

避免国有资产流失的重要途径之一就是采用科学公正合理的资产定价方法。国有企业要与外国投资者就国有资产的价格进行磋商协议，在不破坏国有资产完整性的前提下，在保障国有资产安全有效的基础上进行交易。

5.坚持发展本土品牌

国有企业引进外资的目的在于获得大量资金支持，学习先进的管理理念和方法，引入先进技术。但是，国有企业必须始终坚持品牌的独立自主性。

案例思考

1.杠杆收购和管理层收购的含义是什么？

2.在凯雷收购徐工的案例中使用的是哪种收购方式？起到了什么作用？

3.解释"毒丸计划"及其作用。

4.本案例中的"对赌协议"是指什么？起到了什么作用？

5.凯雷收购徐工计划没有完成的主要原因是什么？

6.在外资收购国有企业时，需要防止哪些问题的出现？

第六章

私募股权基金投资
以鼎晖投资南孚电池为例

一、背景知识

（一）私募股权投资的定义

私募股权投资起源于美国，至今已有100多年的历史。在美国，它有严格的定义：广义的私募股权投资可以涵盖企业首次公开发行前（Pre-IPO）各阶段的权益投资，即在种子期、初创期、发展期、扩展期、成熟期和首次公开发行前各个时期对企业所进行的投资，相关资本按照投资阶段可划分为风险投资、并购基金、夹层资本、重振资本，以及其他如上市后私募投资、不良债权和不动产投资等等。

（二）私募股权投资的特点

首先，由于私募股权投资主要是对非上市公司的股权进行投资，没有现成的市场供非上市公司的股权出让方与购买方直接达成交易，所以其流动性较差，这决定了私募股权投资的投资周期较长，一般在3～5年，属于中长期投资。同时，私募股权投资的期限长，导致投资的不确定性因素增加，投资风险较大。另外，由于被投资的公司没有上市，所以其受到监管的程度和信息披露的质量都比较低。基于这三方面原因，私募股权投资者要求的复合收益率往往高于公开市场的回报率，其一般要求年复合收益率达到30%以上。

其次，私募股权投资者一般会积极参与被投资企业的经营管理和重大事项的决策。他们不仅会把自己看成投资者，还会把自己看成投资对象的基金管理者。私募股权投资者参与企业经营管理的方式有很多，包括策划追加投资和上市、帮助制订企业发展策略和营销计划、协助处理企业危机事件、监控财务业绩和经营状况等等。

最后，私募股权投资是一种在交易实施过程中就附带考虑将来的退出机制的投资。在项目选择上，私募股权投资者坚持的基本原则就是"无退不入"，所以，在决定投资项目之前，私募股权投资者就会对被投资企业未来可能的退出方式及退出效应进行充分的评估。私募股权投资的退出渠道多种多样，有上市（IPO）、售出（Trade Sale）、兼并收购、标的公司管理层回购等。

（三）私募股权投资者作为财务投资人应具备多方财务能力

对于所投资的公司而言，私募股权投资者除了对公司有资金支持外，还会在公司的长期战略、市场开发、渠道建设等战略方面对公司有直接的帮助。通常，私募股权投资的投资主体为私募投资基金或风险投资人。

理论上，企业通过引进战略投资者，可以在公司治理结构、管理体系、产品开发以及市场开拓等方面利用其先进的经验和能力，为企业的进一步发展引入良好的治理机制。

引进战略投资者有利于公司的股权结构多元化，明晰董事会、监事会和公司经理层之间的权责关系和制约机制，推动企业快速、有效地建立科学的治理体系。

利用战略投资者所具备的先进管理技术和经验，有利于解决企业发展中面临的瓶颈问题，提高企业的管理控制能力。战略投资者不仅是资金的提供者，更是管理平台升级的促进者。

（四）私募股权基金投资对被投资企业的影响

私募股权基金投资可以帮助企业解决内部现金流问题，帮助其进行投资以提升企业的成长性。当企业拥有发展潜力时，私募股权基金可以及时向资本市场释放信号，帮助企业吸引更多的低成本资金。

私募股权基金除了可以给企业带来所需的资金外，更重要的是其具有后续的增值服务能力。私募股权基金可以积极向企业提供切实可行的建议，提供必要的管理经验，帮助企业改善其股权结构，提高其治理能力，降低企业的运营风险。

私募股权基金还能联合其他的私募股权基金，为企业带来更多的资源。一家私募股权基金的能力相对有限，当私募股权基金家数较多时，可以更好地帮助企业提高其管理能力等，同时也向资本市场释放更加积极的信号，表明企业在资本市场受到了认可。

二、案例资料

本案例着重介绍私募股权基金——鼎晖投资，如何投资运作于一个成熟的企业——南孚电池，先与外资争夺股权，后在新三板上市套现并成功盈利。

（一）投资方——鼎晖投资简介

鼎晖投资基金管理公司（简称鼎晖投资或鼎晖）的前身是中国国际金融股份有限公司（即中金公司，China International Capital Corporation Limited，简称CICC，中国最早开展直接投资业务的投资银行）的直接投资部。在其隶属中金公司期间，管理团队在5年的实践中，取得了令人瞩目的投资业绩，主导投资的总额达到1.2亿美元，投资的年均收益率超过30%，并培养了一支有丰富经验的管理团队。2001年，中国证监会发布了禁止证券公司从事风险投资业务的规定，中金公司决定将旗下的直接投资部及投资业务进行分拆，适时，鼎晖投资基金管理公司由CICC的管理团队与新加坡政府投资公司（Government of Singapore Investment Corp，简称GIC）、苏黎世投资集团（Capital Z）和中国经济技术投资担保公司共同发起成立。时过境迁，发端于私募股权投资业务的鼎晖投资已经是中国最大的另类资产管理机构之一了。截止到2016年12月，鼎晖投资管理的资金规模达1 200亿元人民币。

鼎晖投资拥有私募股权投资、创新与成长、证券投资、地产投资、夹层投资、财富管理六大业务板块；陆续在零售及消费品、工业制造业、金融机构、高科技服务业、医疗/健康、房地产等行业投资了180多家企业，其中50多家已经在国内外上市；培育了一批行业领导品牌，如正海生物、口碑网、丰巢、百丽集团、蒙牛、万洲国际（双汇集团）、美的集团、晨光文具、奇虎360、汉庭酒店、南孚电池、本来生活、房多多、慈铭体检、康弘药业、链家地产、商汤科技、分众传媒、一嗨租车、和美医疗等。

在私募股权投资方面，鼎晖私募股权基金（投资）成立于2002年，是鼎晖投资旗下的主力基金。鼎晖私募股权基金目前管理着5只美元基金和2只人民币基金，管理资金规模达650亿元人民币。

（二）被投资方——南孚电池简况

1.南孚电池成立

1988年，福建南平电池厂与福建兴业银行、中国出口商品基地建设福建分公司、香港华润集团百孚有限公司基地福建公司的子公司合资组建福建南平南孚电池有限公司（简称南孚电池或南孚）。其中：华润百孚当时持有南孚电池25%的股份；基地建设福建分公司持股20%；南平电池厂以280万元左右的固定资产投入，占有40%的股份；而兴业银行则投了90万元人民币，获得了10%的股份。

南孚电池设立伊始具体的股权结构情况列示在表6-1中。南孚电池被称为当时我国电池行业第一家合资企业，到1998年，南孚电池的固定资产已经达到4亿元。

表6-1　　　　　　　　南孚电池1988年设立时的股权结构

序号	股东名称	认缴出资额（人民币万元）	实缴出资额（人民币万元）	出资比例（％）	出资方式
1	南平电池厂	373.92	373.92	40.00	实物/货币
2	华润百孚	233.70	233.70	25.00	货币
3	福建中基	186.96	186.96	20.00	货币
4	福建兴业银行	93.48	93.48	10.00	货币
5	建阳外贸	46.74	0.00	5.00	货币
	合计	934.80	888.06	100.00	—

2.外资控股，股权控制权旁落

1999年，我国开始出现大规模引进外资的热潮。当年，正值南孚电池的黄金时期，在福建南平市政府吸引外资的要求下，南孚电池引入了摩根士丹利等国外战略机构。

1999年9月8日，在中国厦门举办的第三届投资贸易洽谈会上，南平市政府找来了中金公司，此后，中金公司与南孚签约，南孚原来的数家股东以企业存量资产评估后的25%出资，与摩根士丹利、荷兰国家投资银行、新加坡政府投资公司合资组建控股公司——中国电池有限公司（中国电池），总股本1万股，其股东结构为中方各股东占51%、外方投资机构占49%。当时中金公司为南孚和国外企业牵线的正是后来鼎晖投资的总裁——焦树阁。

2000年，华润百孚在香港炒金亏损了几千万美元，为了偿还债务，将其持有的中国电池20%的股份转让给了基地总公司（中国出口商品基地建设总公司，下同）的另外一个子公司，并将余下的股份卖给了摩根士丹利，这次的股份出让，意味着中方已经失去中国电池的控股权。

2001年，基地总公司的子公司将其持有的20%的中国电池股份，以7 800万元的价格转让给了富邦控股集团，之后，摩根士丹利以1 500万美元的价格从富邦控股集团手中买回了这些股份。

2002年，外方股东又收购了多达1 000万美元的中国电池股份。至此，中国电池有限公司的绝大部分股份基本上都已转入外方股东手中，而它们对南孚的控股也已达到了72%，另外28%的股份分别由南平国投、中国出口商品基地建设总公司和大丰电器公司持有。

由于各种原因，中国电池迟迟未能上市，令外方股东无法套现获得收益，随后，他们以1亿美元的价格将中国电池的全部股份出售给了美国吉列公司（Gillette）并获利5 800万美元。

2003年8月11日，美国吉列公司宣布，已经买下中国电池生产商——南孚电池的多数股权——南孚成了它的子公司了。而这时的南孚电池，以近8亿元人民币的销售收入占据着中国电池市场的半壁江山，在世界碱性电池生产商中位列第五。而吉列公司下属的美国金霸王电池是全球最大的电池生产商，在中国内地，金霸王和南孚一直是竞争对手。面对南孚的强劲竞争，虽已进入中国10年，但吉列公司的金霸王电池始终无法在市场上打开局面，市场份额还不及南孚电池的10%，然而，借着这次股权投资，吉列公司得以利用南孚电池在全国的营销渠道，使得金霸王电池有机会在中国内地销售。

此前一年，中金公司将其直接投资部及投资业务分拆，吴尚志、焦树阁等人成立了鼎晖投资。

2005年，宝洁公司（Procter & Gamble，简称P&G）以570亿美元的价格并购了吉列，南孚又成了宝洁公司的子公司。宝洁原本盘算着将南孚吸收到金霸王的业务中，借机垄断中国的电池市场。当时，全球电池行业的龙头是金霸王，但是它在中国的销路却没有打开，如果金霸王的产品上注有"经福建南孚电池授权销售"的字样，其产品便可以借助南孚遍布全中国的经销商网络，实现销售目的，甚至不惜"同室操戈"，击垮南孚。

南孚电池1999—2008年之前历次股权变动的情况见表6-2。

表6-2　　　　南孚电池1999—2008年之前历次股权变动的情况

时间	注册资本	股权转让	投资总额	控股股东	实际控制人
1999.9	增至2 725.5万美元	第3次	增至2 995.5万美元	中国电池	摩根士丹利、荷兰国际投资银行、新加坡政府投资公司、鼎晖投资等共同控制
1999.12	注增至3 997万美元	第4次	增至4 707.5万美元	中国电池	
2002.9		—	增至5 704.5万美元	中国电池	
2003.3		第5次		中国电池	美国吉列集团
2005.7		第6次	增至9 704.5万美元	中国电池	美国宝洁公司
2006.8		第7次		中国电池	

曾几何时，不少民族品牌就是以这样的方式被舶来品"抹除"的。在这种情况下，福建省政府找到了鼎晖投资，希望鼎晖能想出办法阻止这件事的发生，并将南孚电器"迎接回来"。

3. 南孚重新"回家"

2007年，鼎晖投资开始运作夺回南孚电池的控股权。在福建省政府的协助下，鼎晖实际控制了大丰电器，当时大丰电器持有5.53%的南孚电池的股权，其第一大股东陈永心不仅仅是南孚公司的主要创始人之一，同时还是南孚电池的总工程师，而大丰电器正是南孚公司的员工持股平台。此后，大丰电器成为鼎晖运作南孚电池的内资公司平台。

鼎晖投资因为了解了南孚公司的股东名单，有便利成功"搅局"了宝洁公司主导的同业竞争，使得金霸王电池借助南孚电池的销售网络进行销售的计划始终无法顺利推行下去。

2012年，鼎晖投资控制下的大丰电器向福建省南平市中级人民法院提出诉讼，状告宝洁、南孚损害大丰电器的利益。这实际上就是一起"自己状告自己"的无解诉讼。旷日持久的商战，加上电池业似乎已经走进了夕阳产业的行列，令宝洁公司终于下定决心"割肉"。

2014年，雷富礼执掌宝洁后，宝洁开始实施收缩战略，出售非核心业务，旗下200多个品牌被削去了一大半，甩卖式地出售资产，其中就包括电池部分。经过激烈的角逐，吴尚志、焦树阁控制的鼎晖投资以5.8亿美元的价格收购了南孚电池78.775%的股权，按交易价格估算，南孚电池估值47亿元人民币。

鼎晖收购的具体方式是：在香港成立Giant Health（HK，简称"香港大健康"），并与中国电池签署协议，受让了后者持有的南孚电池78.775%股权。鼎晖收购资金的主要来源是与其合作关系深厚的中国银行。

在完成此次对南孚电池控股权的收购后，中国银行与鼎晖投资联合在澳门举行了"欢迎南孚回家"的庆祝活动，激动之情洋溢在每个人的心中。

在获得对南孚电池的绝对控制权后，鼎晖投资即对南孚电池的股权架构进行了调整，将香港大健康所持的南孚电池54.469%的股权转让了大丰电器，使后者在南孚电池的持股比例上升到60%，南孚电池的这一股权架构一直保持至借壳亚锦科技增发之时。

南孚电池的股权经过多次变化（参见表6-2），到此时，其股东及持股情况如表6-3所示。

表6-3　　　　　　　　　　截至2014年11月南孚电池的股权架构

序号	股东名称	持股比例	备　注
1	香港大健康	24.306%	焦树阁、吴尚志通过鼎晖投资控制
2	南平实业	12.344%	前身是南平市国有资产投资管理有限公司
3	大丰电器	60%	原为南孚电池员工持股平台，后于2007年被焦树阁、吴尚志所设立的Gorgeous（由鼎晖投资100%控制）收购
4	北京中基	3.35%	所持股权从南平电池厂（南平实业）受让而来

4.借壳新三板上市

作为已经占据全国品牌碱性电池市场70%销售量的龙头企业，南孚电池的经营状况颇多可圈可点之处，下面我们通过表6-4列示的南孚电池2013—2015年的财务数据加以分析。

表6-4　　　　　　　　　　南孚借壳前经审计的财务数据概况

时间点	2013-12-31	2014-12-31	2015-06-30
利润表摘要（万元）			
营业收入	198 119.54	185 607.66	106 807.53
营业利润	57 927.67	48 441.60	33 779.40
利润总额	58 684.88	48 460.39	33 781.21
净利润	43 948.12	36 259.95	25 283.98
资产负债表摘要（万元）			
资产合计	243 720.61	157 438.93	148 720.20
负债合计	26 910.13	57 113.47	23 110.76
股东权益	216 810.48	100 325.46	125 609.44
现金流量表摘要（万元）			
经营活动现金净流量	43 516.81	41 900.69	28 196.36
投资活动现金净流量	-937.99	2 319.29	-86.64
筹资活动现金净流量	-32 242.86	-143 492.14	-12 214.33
现金及现金等价物净增加额	10 328.36	-99 264.30	15 894.59
期末现金及现金等价物余额	154 652.26	55 387.96	71 282.55

数据来源：全国中小企业股份转让系统网站，http://www.neeq.com.cn。

从财务数据可以看出，南孚电池近几年的资产负债率非常低，不到20%，2013年最低时一度只有11.04%，并且几乎没有银行借款，财务风险很低。在经营上，南孚电池每年的销售收入保持在接近20亿元的水平，毛利率则高达将近50%，每年均可获得5亿元左右的净利润。干电池是持续消耗品，市场需求非常稳定，这使南孚的经营情况和现金流都非常稳定。良好而稳健的经营状况，为南孚电池的股东提供了不菲的回报，这也为后来南孚电池上市新三板提供了必要条件。

南孚电池是干电池市场的龙头，但过去十几年间，以锂电池、铅酸蓄电池为代表的动力电池已经成为电池行业的风口。从整个行业来看，干电池已过了产业爆发期。根据中国轻工业联合会的数据，全国平均每月碱性电池的产量4 000万只左右，零售价在2.5元左右，估算下来碱性电池市场的规模约为数十亿元，未来再次大幅增长的可能性已经不大。但同期，锂电池的出货量每月达到了大概3.5亿只，远远超出了碱性电池的产销量。显而易见的是，干电池的应用范围正在逐渐缩小，很多曾经需要用到干电池的小家电如收音机、手电筒等已经消失了，南孚的发展必须有新的突破。

这时，鼎晖投资选择将南孚上市融资就不难理解了。

一方面，南孚在全国有180万个销售网点，如果能够发挥渠道优势，未来在南孚电池的销售渠道上可以卖的东西将不限于干电池，鼎晖投资将其运作上市，想必也是看中了这一点。

另一方面，虽然鼎晖购回南孚让人欢庆不已，但作为一家专业的私募投资机构，获利退出才是其根本，况且还要偿还收购南孚电池背负的债务。根据相关报道，在鼎晖投资收购南孚电池股权所花费的5.8亿美元中，以设立基金方式募得的有2亿美元，剩余约3.8亿美元采取借款方式解决，而每年从南孚电池获得的分红难以覆盖这笔贷款每年所产生的利息，及时退出成为鼎晖投资必须解决的问题，或者至少要解决大部分并购贷款的偿还问题。

2015年9月30日，亚锦科技发布公告称，拟向大丰电器定向发行26.4亿股（1元每股）购买其持有的南孚电池60%的股份。交易完成后，亚锦科技实控人彭利安持有亚锦科技0.10%的股份，大丰电器持有亚锦科技99.81%的股份。鼎晖投资通过定增借壳ST亚锦，将南孚电池送上了国内资本市场，一举成就了2016年新三板最大的借壳案（2016年2月19日，亚锦科技宣布完成对南孚电池的收购）。

2016年2月24日，鼎晖投资控制的亚锦科技宣布了新一轮融资计划，亚锦科技拟以2.5元/股的价格发行18亿股，发行对象为亚锦科技在册股东和不超过

35名的合格投资者，计划募资45亿元，主要用于电池行业的并购以及补充流动资金。

2016年4月1日至2016年4月21日，共有64名合规的投资者进行了上述认购，认购股份11.05亿股，认购资金27.63亿元，完成了计划募资额的61.4%。在这次定增收购中，鼎晖按照每年5亿利润、20倍市盈率进行估值，估值达到100亿元。完成股票发行后，亚锦科技的总股本由26.45亿股增加到37.5亿股，大丰电器的持股比例由99.81%下降到70.39%。

亚锦科技脱胎换骨，鼎晖投资也获得了不菲的账面收益。亚锦科技的估值也是南孚电池60%股权的市值。如果按股票发行时2.5元/股的价格计算，南孚电池60%股权价值也是94亿元，较当初鼎晖以约6亿美元价格从宝洁公司手中收购78.775%的股权而言，南孚电池的股权价值得到大幅提升。可以说，鼎晖的设想正在一步步变成现实：选择一家股本小的新三板公司进行合作，低价注入南孚电池股权，然后再以相对高的价格进行募资，解决鼎晖的退出需求。这一过程虽然曲折，但结果却很"美好"，其所凭借的就是南孚电池不错的基本面。

2017年5月，亚锦科技耗资15亿元收购香港大健康所持有的南孚电池14%的股权，收购完成后，亚锦科技将持有南孚电池74%的股权。按照这一收购对价，亚锦科技对南孚电池的估值达到了107亿元，高于当初收购60%股权时的44.3亿元的整体估值，但却低于股票发行时的156.7亿元（94/60%）的整体估值。

香港大健康当年耗资5.8亿美元收购了南孚电池78.775%的股权，此次转让应是其在获得南孚电池控股权后的第一次变现。如果考虑到南孚电池2014年、2015年合计约17亿元的分红，再加上此次15亿元转让所得，鼎晖投资已从南孚电池获得了32亿元的收入。这与当初耗资近6亿美元的收购代价相差已经不多，但此时的吴尚志、焦树阁等人仍控制着南孚电池84.306%的股权，从权益口径计算，吴尚志、焦树阁仍享有南孚电池62.395%（70.39%×74%+10.306%）的权益，仅比借壳亚锦科技前的84.306%下降了约22%。相关股权结构的情况参见表6-5和表6-6。也就是说，吴尚志、焦树阁只让渡了南孚电池约22%的权益，就几乎偿还了收购78.775%股权所付出的代价，现在拥有的股份权益几乎全部是投资收益了。若不考虑吴尚志、焦树阁获得大丰电器所持南孚电池5.531%股权所付出的成本，按照南孚电池107亿元估值计算，吴尚志、焦树阁的投资收益已接近68亿元，翻了近两番。

表6-5 截至2017年6月南孚电池的股权结构

序号	股东名称	持股比例	备 注
1	香港大健康	10.306%	焦树阁、吴尚志通过鼎晖控制
2	南平实业	12.344%	前身是南平市国有资产投资管理有限公司
3	亚锦科技	74%	焦树阁通过鼎晖控制
4	北京中基	3.35%	所持股权从南平电池厂（南平实业）受让而来

表6-6 截至2017年6月亚锦科技的股权结构

序号	股东名称	持股比例	备 注
1	大丰电器	70.39%	鼎晖100%控制，出资26.4亿元
2	其他合格投资者	29.61%	出资27.63亿元

从这个结果来看，南孚电池借壳亚锦科技以及后续的一系列动作，从借壳到股票发行的每一步都是关键，不仅有效解决了吴尚志、焦树阁面临的资金压力，实现了预期效果，而且也减轻了南孚电池的分红压力，为其未来发展奠定了比较好的基础。

5.上市后的发展

虽然南孚成功上市，但其发展之路仍然崎岖。

从2016年2月19日南孚电池成功借壳亚锦科技上市后，亚锦科技的股票价格就一直在下跌，最高达到7.65元/股的亚锦科技，截至2018年12月18日，股价已经跌到1.240元/股。曾经估值过百亿的南孚电池，现在只有61亿的估值了，那些在增发时按2.5元/股认购股份的投资者们，在短短两年间，已经损失了一半的本金。但即使这样计算，鼎晖投资持有的南孚电池的股份估值仍在38.06亿元，算上2017年5月套现的15亿元和2014年到2018年的分红总计19亿元左右，累计获得的资产价值为72.06亿元。若不计2008年鼎晖收购大丰电器所持南孚5.531%的股权和贷款3.8亿美元的利息，比起2014年鼎晖花费2亿美元（共5.8亿美元实付金额，贷款3.8亿美元，自筹2亿美元；当时美元兑人民币汇率是6.2）收购宝洁所持南孚78.775%的股权，鼎晖投资的收益率在55.2%左右。

上市之后的南孚电池财报也并不亮眼。亚锦科技持有74%的南孚股权，比对表6-4，从表6-7亚锦科技的年报中我们可以看出，借壳上市后，尽管南孚的营业收入高于前几年，但净利润却在逐年下滑，2016年的营业收入更是有所下降。借壳上市以来，虽然营业收入增加，但净利润并没有增加，而是维持稳定。由此可见，鼎晖投资将南孚电池运作上市，套现的目的太过明显。

表6-7 借壳上市之后的亚锦科技年报

	2016年	2017年
每股收益（元）	0.09	0.08
营业收入（万元）	218 877.10	237 455.88
净利润（万元）	30 709.08	30 937.04
每股经营现金流（元）	0.13	0.14
净资产收益率（%）	19.81	9.81

三、案例分析

回顾南孚电池的经营历史，有很多地方值得我们反省。

（一）警惕金融资本并购的投机性和短期性

仔细回顾南孚电池1999年的并购一案，之所以出现这样的后果，风险投资大鳄——摩根士丹利起了很大的破坏作用。摩根士丹利入主南孚是看中了南孚潜在的市场价值，其目的显然带有很大的投机性，它希望中国电池有限公司能够在海外上市，从而从股票升值中赚取巨额利润。但是，由于各种原因中国电池迟迟未能上市，使它的这一愿望没能实现时，它就等不及了，遂以1亿美元的价格将中国电池的全部股份出售给了吉列公司，这又体现了金融资本的短期性。市场经济发展到今天，金融资本固然显示了其存在的合理性，但是其投机性和短期性的行为方式对被并购企业的破坏作用也是显而易见的。因此，值得警醒的是，我们在引入外资并购的同时一定要警惕金融资本的投机性和短期性行为，避免出现又一个"南孚"。

（二）要完善管理机制和产业政策

"南孚其实并不缺乏资金，相反，我们的资金很充裕，"南孚当时是被迫合资的，南孚与摩根士丹利的合资是主观促成的……这是知情者的观点。一些部门和机构，为了各自的利益，以"招商引资"为名，从"小局"出发而不是从大局出发，为了获得短期回报，把一些经营得比较好的合资企业或国内企业出售给外商，拱手让出国内市场和未来的收益，造成了国有资产的变相流失，而国家又缺乏相应的机制对责任人进行追究，这显然是我们在引进外资过程中真实存在的弊端。由南孚电池的案例，我们须认识到完善相应的管理机制和建立责任追究制度的必要性，并切实做好这方面的工作。

（三）私募股权基金的逐利性

从 1999 年外资收购南孚到南孚借壳上市，都少不了鼎晖投资的影子。私募股权基金特有的逐利性的局限，注定了鼎晖想的更多的是如何将企业价格炒高找到接盘人后退出，而不是与企业共同成长。

作为私募股权投资机构，鼎晖投资协助南孚借壳上市的目的，是希望将自己手里南孚的实体筹码变成新三板的龙头企业，提高其流动性便于售出。在这种目的下，虽然鼎晖投资将南孚电池借壳上市，但结果无法尽如人意，因为整个过程更像是一个将股票价格炒高随后寻找接盘者的骗局。ST 亚锦转做市的第二个交易日，股价大跌 14.58%，较前一个交易日市值蒸发了 16.12 亿元。截至当日收盘，市值为 96.01 亿元，仍低于增发时 100 亿元的估值。从 2016 年 1 月 21 日的每股 6 元到每股 1.16 元，借壳上市的南孚电池并没有给投资者交出一份完美的答卷。2017 年 5 月认购南孚电池股权的合格投资者们，在两年内亏掉了 50% 的账面价值，而对比看来，鼎晖投资用最初募集的两亿美元，在短短 4 年间，就换回了 70 多亿元的收益，获得了 55% 的收益率。

（四）私募股权基金对民族企业的影响

虽然鼎晖投资是将南孚作为一个资本增值的工具了，但站在维护民族企业利益的立场来看，鼎晖也确实对南孚有所帮助。

前面在介绍南孚电池的基本情况时已经提到，南孚电池前期由于国有资本运营不当，导致民族企业沦为了外资的控股企业。

2005 年南孚电池成为美国宝洁公司的控股子公司后，宝洁公司为了其本土品牌（金霸王）的利益，将收购来的我国民族品牌（南孚电池）已建立好的营销渠道，全部嫁接到了自己的主打品牌上，而并购时承诺的技术支持、资本投入也未兑现，甚至有将南孚电池资产转移至金霸王的嫌疑，由此，南孚电池发展受阻。

2007 年 12 月，被鼎晖投资收购的大丰电器首度发难起诉宝洁，理由是宝洁公司利用南孚电池的销售渠道代工、销售金霸王电池，4 年后大丰电器胜诉。之后，北京中基再次起诉宝洁公司利用其南孚电池实际控制人的地位，令南孚电池在"雅典娜项目"的设备采购中多支付了千万元的费用，宝洁应承担赔偿责任。

两次诉讼中，宝洁公司均遭败诉。股东之间频发的"内部战争"，无疑对南孚电池的发展产生了巨大的负面影响。

2014年11月鼎晖投资控制南孚电池后，宝洁公司的枷锁不复存在，鼎晖在各方面支持南孚电池的自主经营。鼎晖控股南孚后提出的积极的发展战略具体内容大致如下：（1）在保持碱性电池的优势地位的同时，开发多元化产品；（2）将电子商务模式作为新的营销渠道；（3）开拓海外市场；（4）利用原有营销网络优势拓展非电池业务，并希望利用国内新兴资本市场平台进一步拓宽融资渠道、优化资本结构、完善公司治理，从而进一步提升企业的竞争优势和行业地位。

现在，南孚电池也开始覆盖个人储能领域的产品，其产品线已经拓展到碱性电池、纽扣电池、充电宝、数据线、插排、感应灯等众多方面，拥有稳定的经营态势和现金流，配之以强大的销售网络，南孚电池的未来发展依旧可期。

四、案例拓展——鼎晖投资的选择与南孚电池的上市前景

（一）鼎晖选择新三板的原因

在对南孚电池的投资运作过程中，要获得一个退出通道，对当时的鼎晖投资而言，可能的选择不外乎以下几种：

一是采取IPO的方式。从基本面来看，南孚电池是一个很好的IPO标的公司。作为碱性电池行业的龙头企业，其盈利能力强且具备很强的持续性和稳定性（参见表6-4）。但若采取这种方式，南孚电池在当时肯定要面临拟IPO企业的"堰塞湖"情况；而且，因其在2014年刚完成实际控制人的变更，还没有进行股份制改造，也不具备IPO的条件，除非鼎晖投资能够再等待三年，如若等待，则还要面临未来IPO市场的不确定性。对此，鼎晖显然并没有太多的时间和耐心。

二是借壳上市。按照借壳上市与IPO审核标准一致的政策规定（主要是实际控制人的规定），此条路也行不通。

三是直接卖给某家公司后退出。但这样做的话，会令鼎晖丧失对南孚电池的实际控制权，并且受让方如果是上市公司，其中的利益博弈更加复杂。

四是在新三板挂牌。选择这条路，同样需要首先完成对南孚电池的股份制改造，并通过股转系统公司的审核，时间上仍存在不确定性。

五是借壳新三板企业。鉴于当时的新三板对并购重组采取了比较宽松的标

准，这种方式无疑是最便捷快速的。

经过上述分析和推测，就不难理解鼎晖投资为何要把南孚电池推向新三板，并且选择亚锦科技这家公司了。尽管新三板的融资能力远不如A股，但终究是一个资本运作平台，只要企业资质好，也可以融得所需的资金，之前已经有九鼎投资等企业作为样本和先例，如今质地不错的南孚电池想必也能获得投资者的青睐。而之所以选择亚锦科技这家公司，是因其只有500万股的初始股本，借壳完成之后，它对鼎晖所持南孚电池股本的稀释程度会很小，实际上只稀释了0.19%，对利益的影响甚微。从退出压力的角度来看，鼎晖投资选择了一条相对较优的道路。

（二）南孚电池是否会在A股上市

2018年3月，亚锦科技现金出资15亿元对鹏博实业增资，增资完成后，亚锦科技持有鹏博实业40%的股权。

鹏博实业是一家以信息产业为主的公司，拥有一家A股上市公司——鹏博士。鹏博士主要从事宽带运营业务，是国内排名第四的宽带运营商，鹏博实业及其实际控制人合计控制鹏博士12.91%的股权，其中鹏博实业自身拥有鹏博士10.72%的权益。按鹏博士已获证监会审核通过的非公开发行方案，鹏博实业将出资7.2亿~12亿元认购鹏博士新增发股份的15%~25%，这就意味着，在非公开发行完成后，鹏博实业在鹏博士的控股比例还将进一步得到提升。

鹏博实业拥有鹏博士10.72%的权益，亚锦科技在耗资15亿元占股40%后，将会享有鹏博士4.29%的权益；而鹏博士总股本为14.3亿股，当时的市值在200亿元左右，4.29%股权对应的权益市值约8.6亿元。也就是说，亚锦科技若要获得鹏博士4.29%的股份权益，既可以按照现在15亿元入股鹏博实业的方式取得，也可以采取在二级市场上耗资8.6亿元直接购股的方式获得。

发生这一切，是因为鹏博实业未上市的其他产业具有足够的吸引力吗？

截至2016年底，鹏博实业合并口径实现销售收入113.3亿元、净利润9.5亿元。同期，鹏博士实现销售收入88.5亿元、净利润7.6亿元，分别占鹏博实业收入和净利润的比例为78.11%、80%。显然，鹏博实业未上市的其他产业估值应远低于鹏博士，亚锦科技要获得这部分产业40%的权益所付出的代价要远低于6.4亿元。或者说，如果仅为了享受鹏博实业40%的权益，亚锦科技大可不必花费15亿元的资金，况且这笔资金还是以质押南孚电池74%股权的方式获得的，资金成本较高。焦树阁耗资15亿元获得鹏博实业二股东地位的根本原因，或许只是为了实现亚锦科技在 A 股的上市。

　　补充阅读资料二：产业投资基金（长电科技收购星科金朋案例）。请扫码阅读。

────────────────── **案例思考** ──────────────────

1.私募股权投资对企业产生的影响有哪些？

2.在鼎晖投资南孚的案例中，几次股权结构的变动反映出了什么问题？

3.私募股权投资企业退出的渠道有哪些？

4.鼎晖投资南孚的案例有些什么启示？

第七章

互联网消费金融下的资产证券化
京东白条应收账款证券化

一、背景知识

资产证券化是指将现金流支持的基础资产进行结构化处理，再将打包的金融资产出售给投资人，证券持有人通过服务条款或者合适的分配程序获得收入。

（一）资产证券化基本介绍

资产证券化的基本过程为：发起人将自己的资产"真实出售"给特殊目的载体（SPV），特殊目的载体将资产池中的基础资产打包，由信用增级机构提高基础资产的信用等级，再由法律服务机构、会计服务机构提供法务及会计咨询服务，最终，由承销人发行证券。在投资者购买证券产品后，将资产托管给托管银行，计划管理人用认缴资金购买资产池中的基础资产，委托资产服务机构管理基础资产并进行资金的划付，以基础资产带来的现金流向证券持有人偿付证券。

资产证券化作为一种新的融资渠道，随着其不断发展，优势更加明显。资产证券化有利于增强资产的流动性，将相对缺乏流动性、个别的资产转变成流动性高、可在资本市场上交易的金融商品；帮助发起人降低融资成本，发起人通过资产证券化发行的证券具有比其他长期信用工具更高的信用等级，付给投资者更低的利息，从而降低了筹资成本；将风险资产从资产负债表中剔除出去，有助于发起人改善各种财务比率，有效地将资产与负债加以匹配；同时，也丰富了投资品种的风险收益结构，不同级次的证券具有不同的偿付次序，为投资者提供了更多的投资品种上的选择。

（二）资产证券化的模式

资产证券化起源于20世纪70年代的美国。1985年，全球首个住房抵押贷款资产支持证券在美国诞生，美国ABS市场开始全方位发展。1988年，CDO产品的盛行助推了美国资产证券化市场的高速发展。根据美国惯用的基础资产划分方法，资产证券化产品主要可以划分为图7-1所示的几类。

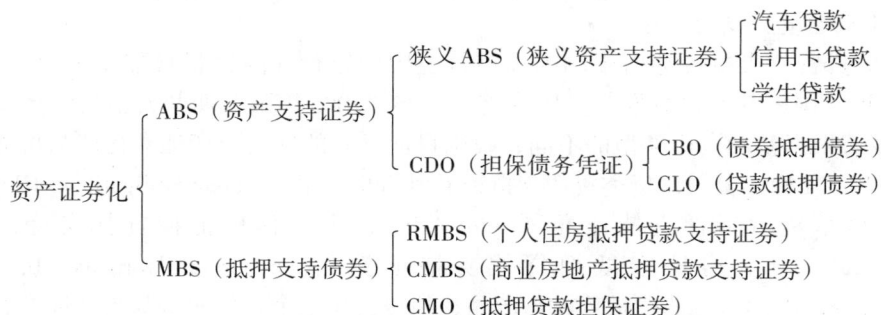

资产证券化
- ABS（资产支持证券）
  - 狭义ABS（狭义资产支持证券）
    - 汽车贷款
    - 信用卡贷款
    - 学生贷款
  - CDO（担保债务凭证）
    - CBO（债券抵押债券）
    - CLO（贷款抵押债券）
- MBS（抵押支持债券）
  - RMBS（个人住房抵押贷款支持证券）
  - CMBS（商业房地产抵押贷款支持证券）
  - CMO（抵押贷款担保证券）

图7-1 按照基础资产划分的资产证券化主要模式

根据美国2018年第二季度期末未结清资产证券化产品的报告来看，其中贷款类、公司和外国债券类、抵押贷款类资产证券化产品分别占比29%、33%、24%，而从其衍生出的CDO产品仍然是美国ABS市场上最大的品种。参见图7-2①。

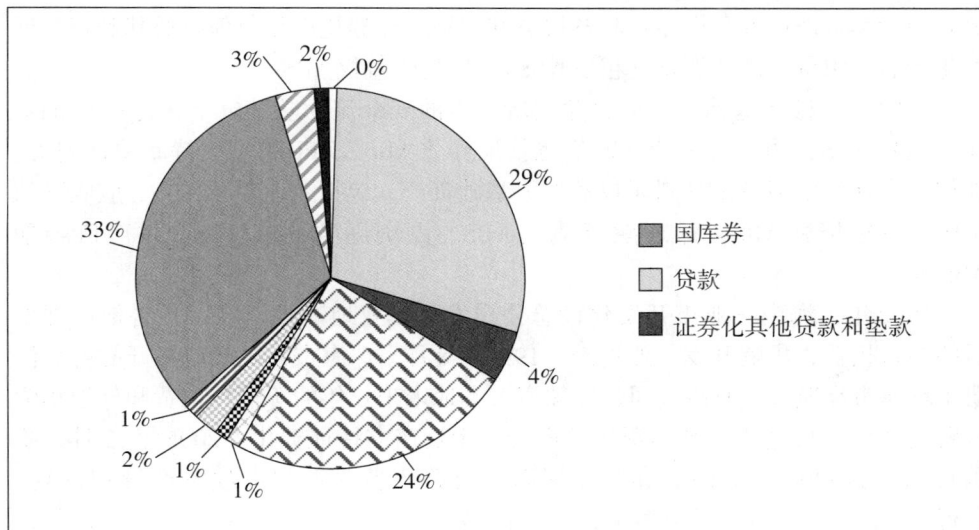

图例：
- 国库券
- 贷款
- 证券化其他贷款和垫款

图中占比：3%、2%、0%、29%、4%、24%、1%、1%、2%、1%、33%

图7-2彩图

图7-2 美国2018年第二季度期末未结清资产证券化产品结构

我国资产证券化的发展起步较晚，不同资产证券化产品的监管部门不同，从

---

① 数据来源：美国联邦储备系统。

这个角度，我们将中国资产证券化的模式主要分为信贷资产支持证券、资产支持专项计划、资产支持票据、资产支持计划四类。接下来对这四种模式进行简单介绍：

1.信贷资产支持证券

信贷资产支持证券由中国人民银行、中国银行保险监督管理委员会主管。2005年，国家开发银行发行了国内首只ABS"2005年第一期开元信贷资产支持证券"。根据基础资产类型的不同，我国目前已有的这类资产证券化产品可大体分为以下几种：公司信贷类资产支持证券（Collateralized Loan Obligation，CLO）、个人汽车贷款抵押支持证券（Auto-ABS）、个人住房抵押贷款支持证券（RMBS）、商业房地产抵押贷款支持证券（Commercial Mortgage-Backed Securities，CMBS）、消费贷款ABS产品、住房公积金个人住房贷款支持证券、不良资产证券化产品（NPAS）。

2.资产支持专项计划

资产支持专项计划，也叫企业ABS，由中国证券监督管理委员会主管。目前我国对于资产支持证券的发行仅进行形式审查，对于收益权类基础资产仅通过列举"负面清单"的方式加以监管，由投资人自行选择、评估资产。企业ABS主要有四大类资产证券化产品：收益权类基础资产证券化产品、债权类基础资产证券化产品、租赁资产证券化（租赁ABS）、信托受益权ABS。

其中收益权类基础资产以收益权所产生的现金流为基础资产，包括REITs、住房租赁ABS、物业管理费和购房尾款证券化ABS、PPP项目支持专项计划等。债权资产项目以债权及其附属权益作为基础资产，包括企业债权ABS、应收账款ABS、小额贷款ABS、保理融资债权ABS、融资融券债权ABS、供应链金融ABS等。

1992年，海南三亚市开发建设总公司发行三亚地产投资券，预售地产开发后的销售权益，集资开发三亚地产。1996年8月，珠海市人民政府在开曼群岛注册了珠海市高速公路有限公司，以珠海市本地未来三年的车辆登记费和外地车辆过路费产生的现金流为基础资产，进行离岸资产支持证券化。2005年12月，我国首只收益权资产支持证券"莞深高速公路收费收益权专项资产管理计划"发行。

3.资产支持票据

资产支持票据（Asset-Backed Notes），简称ABN，由中国银行间市场交易商协会主管，发行方主要是城投企业或市政收费企业，基础资产类型主要包括市政收费权、租金收益权、BT应收款、应收租金。

2017年，首单消费金融类 ABN "北京京东世纪贸易有限公司 2017 年第一期京东白条资产支持票据"、首单绿色 ABN "北控水务（中国）投资有限公司 2017 年第一期绿色资产支持票据"、首单采用批量发行模式的信托型 ABN "民生 2017 年度第一期企业应收账款资产支持票据"、首单商业地产抵押贷款支持票据（CMBN）"上海世茂国际广场有限责任公司 2017 年度第一期资产支持票据"、首单长租公寓 ABN "飞驰-建融招商住房租赁资产支持票据" 成功发行。

4. 资产支持计划

资产支持计划（Asset-Backed-beneficiary Certification），简称 ABC，由中国银行保险监督管理委员会主管，是指以保险资产管理公司等专业管理机构作为受托人设立支持计划，以基础资产产生的现金流为偿付支持，面向保险机构等合格投资者发行受益凭证的业务活动。

2016 年 11 月 10 日，"长江养老-太平洋寿险保单贷款资产支持计划" 在上海保险交易所正式挂牌发行并交易，是保交所自 2016 年 6 月成立以来的第一单产品，基础资产为太平洋寿险以保单现金价值为质押的短期贷款，采用循环购买的模式，注册规模 50 亿元，首期发行 10 亿元。保交所首单保单贷款 ABS 的发行，标志着银行、证券交易所、保交所三大资产证券化平台的形成，我国资产证券化市场格局趋于完整。

（三）中国资产证券化之路回顾

我国资产证券化之路起步于 20 世纪 90 年代初，最早是以市场机构自主探索为主。2004 年，资产证券化试点工作起步。2005—2008 年是我国第一轮信贷资产证券化试点和扩大试点阶段，资产证券化从信贷资产证券化和个人住房抵押贷款证券化开始，首轮试点的成功为后续发展积累了很多成功的经验。2009—2011 年受到金融危机影响，我国资产证券化进程中止，2012 年又重新启动。2014 年以后，我国资产证券化的发展进入快车道，基础资产种类不断增加，发起机构、投资者日益多元化。随着时代的发展，一批批新型资产证券化产品不断涌现，如互联网消费金融产品证券化、绿色信贷证券化、PPP 业务证券化、长租公寓抵押贷款证券化等等，都是最近几年随着资产证券化的迅速发展而出现的。

二、案例资料

2015 年 10 月 28 日，京东白条应收账款债权资产支持专项计划在深圳证券交易所正式挂牌，开启了互联网消费金融产品证券化的历程。

本案例中的京东金融-华泰资管【9】号京东白条应收账款债权资产支持专项计

划是其后续开发的产品。该计划由华泰证券资产管理公司发起，京东世纪贸易有限责任公司作为原始受权益人，以"京东商城"销售商品时提供"京东白条"服务所产生的应收账款收益权为基础资产。资产服务机构是京东金融科技股份有限公司，计划管理人委托南京银行股份有限公司作为托管银行。该计划的总募集规模是150 000万元，安排了优先A档资产支持证券、优先B档资产支持证券和次级资产支持证券。其中，次级资产支持证券由北京京东金融科技控股有限公司全额认购。

（一）应收账款证券化发展状况

2018年上半年"企业ABS"发行3 447.77亿元，同比增长22.79%，占发行总量的50.21%；存量为12 054.17亿元，同比增长56.22%。其中应收账款类ABS产品上半年发行规模为980.09亿元，占企业ABS发行量的比重最大。参见图7-3[①]。这里，我们选取京东白条应收账款债权资产支持专项计划进行案例分析，它是市场上第一单基于互联网消费金融的资产证券化产品，同时也是我国首单以电商平台为核心的应收账款资产证券化产品。而京东白条所代表的互联网消费金融作为一种新兴行业，有很广阔的发展空间，但往往面临着资金占用等问题，京东白条资产证券化对于我国互联网消费金融低成本融资有启发意义。

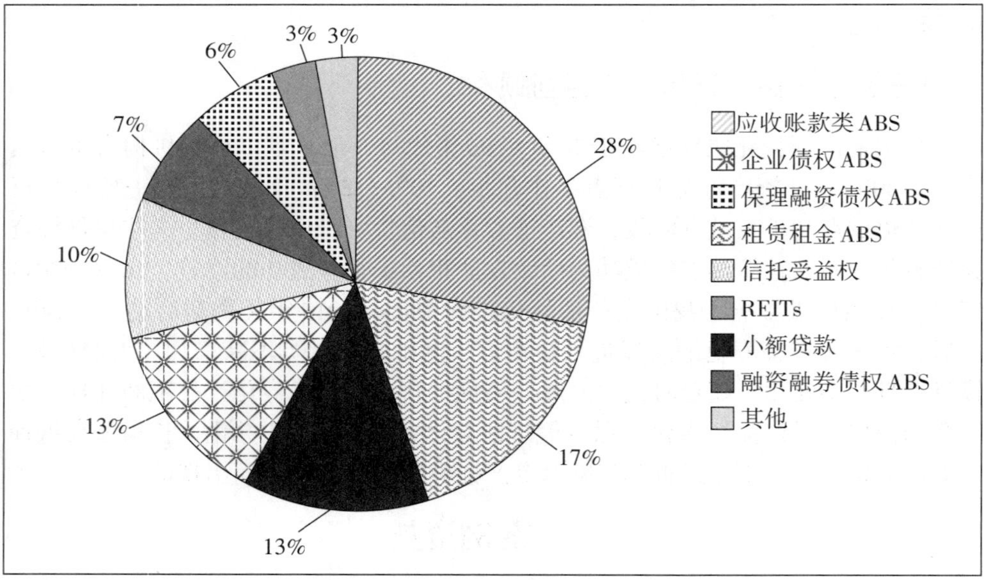

图7-3 彩图

图例
应收账款类ABS
企业债权ABS
保理融资债权ABS
租赁租金ABS
信托受益权
REITs
小额贷款
融资融券债权ABS
其他

饼图数据：28%、17%、13%、13%、10%、7%、6%、3%、3%

图7-3 我国2018年上半年"企业ABS"发行结构

① 数据来源：李波. 2018年上半年资产证券化发展报告 [J]. 债券，2018（7）.

（二）互联网消费金融发展前景

互联网消费金融是指借助互联网进行线上申请、审核、放款及还款全流程的消费金融业务。这种消费信贷期限较短，一般是 1 ~ 12 个月，消费金额一般在 20 万以下，通常不包括住房和汽车消费贷款，专指日常消费品如日耗品、衣服、房租、电子产品等小额信贷。

我国互联网消费金融从 2013 年发展至今，放贷规模不断扩大，业务规范不断加强。互联网消费金融有两大特点：一是，利用大数据进行经营管理与风险控制；二是，强调多元化场景和用户体验。

该专项计划是以"京东商城"销售商品时提供"京东白条"服务所产生的应收账款收益权，包括应收账款、服务费和其他应收款的债权为基础资产，是互联网消费金融的产物。同时，这种资产证券化的方式，也推动了互联网消费金融的发展，为电商提供了充足的流动资金，更好地满足了消费者短期借贷的需要。同时，应收账款支持证券也为投资者提供了更多的投资选择。

（三）专项计划主要参与主体介绍

1. 原始权益人——北京京东世纪贸易有限公司

京东公司于 1998 年 6 月 18 日成立，北京京东世纪贸易有限公司隶属京东集团旗下，其原始法定代表人为刘强东，是继阿里巴巴之后的第二大电商平台。2004 年 1 月，京东商城的前身"京东多媒体网（域名 www.jdlaser.com）"开通。2005 年，京东的主要产品领域在于 3C 产品（计算机类、通信类和消费类电子产品的统称）和家电，专攻网上零售。2008 年 10 月，京东商城上线日用百货类商品，成为中国最大的自主式 B2C 网站，开始向综合型电商转型。2014 年 5 月 22 日上，京东集团在美国纳斯达克挂牌上市（股票代码：JD）。

2013 年 4 月，京东的注册用户正式突破 1 亿户；2014 年，淘宝和京东商城分别推出了"蚂蚁花呗"和"京东白条"，为用户在电子商城购物提供了一种全新的支付方式，这极大地刺激了用户的消费能力。摘取京东 2011—2017 年的年报营业收入数据，通过整理（参见图 7-4①），可以看出京东的营业收入呈指数型增长。

但是，消费金融在刺激消费额大幅上涨的同时，也带来了应收账款的回收问题。这里，截取京东 2013—2015 年的年报数据，分析企业资金的周转情况。参见表 7-1。

① 数据来源：Wind 资讯。

（亿元人民币）

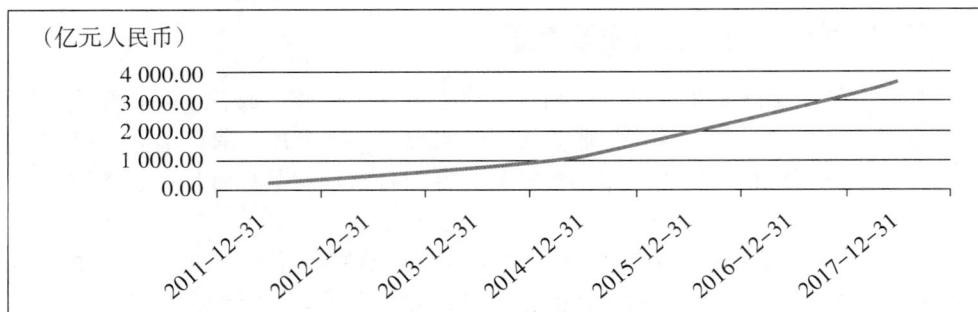

图7-4　京东2011—2017年营业收入

表7-1　　　　　　　2013—2015年京东运营能力相关指标

	2013-12-31	2014-12-31	2015-12-31
营运周期	34.63	37.50	49.38
存货周转天数	32.09	32.90	37.52
应收账款周转天数	2.55	4.60	11.86
应收账款周转率	141.33	78.28	30.35
存货周转率	11.22	10.94	9.59
流动资产周转率	3.63	3.18	3.34
固定资产周转率	42.50	34.85	30.63
总资产周转率	3.16	2.49	2.39

数据来源：Wind资讯。

　　应收账款周转率反映的是企业应收账款的变现速度。2013—2015年的年报数据显示，京东的应收账款周转率逐年减少，流动性越来越差，存货周转率不断下降，存货占用的资金比率变大，企业的销售能力、存货管理能力也相对变差。营运周期呈逐渐上涨的趋势，流动资产周转率、固定资产周转率、总资产周转率逐年下降，生产效率变低，资产的利用效率不断变差。

　　通过对京东营运能力的分析我们可以得出一个结论，京东迫切需要新的融资方式来提高其资金的流动性。而通过下面的表7-2、表7-3，可以了解到京东基本的资本结构和偿债能力情况。

　　从资本结构来看，2011—2015年京东的流动资产占比逐年下降，非流动资产占比逐年上升，显示其资产的流动性变差，而2011—2014年京东的企业负债几乎均为流动负债，没有很好地匹配流动资产与流动负债，说明企业资产越来越缺乏流动性。

表7-2 京东资本结构

	2011-12-31	2012-12-31	2013-12-31	2014-12-31	2015-12-31
流动资产/总资产	93.42	87.66	86.43	75.11	68.65
非流动资产/总资产	6.58	12.34	13.57	24.89	31.35
流动负债/负债合计	100.00	100.00	100.00	100.00	89.98

数据来源：Wind资讯。

表7-3 京东偿债能力相关指标

	2011-12-31	2012-12-31	2013-12-31	2014-12-31	2015-12-31
流动比率	2.13	1.37	1.34	1.72	1.19
速动比率	1.53	0.95	0.96	1.30	0.77
货币资金/流动负债	1.35	0.63	0.64	0.58	0.36
经营活动产生的现金流量净额/流动负债	-0.02	0.12	0.21	0.04	-0.04
资产负债率	43.91	64.20	64.48	43.61	63.98
权益乘数	1.78	2.79	2.81	1.77	2.78
产权比率	0.78	1.79	1.81	0.77	1.78

数据来源：Wind资讯。

分析京东的短期偿债能力可见，京东的流动比率、速动比率整体呈现不断下降的趋势，虽然2014年京东在纳斯达克的上市令这些指标回暖，但在接下来的2015年再度下降，说明股票市场的融资没有满足京东的资金需求，企业偿还流动负债的能力仍继续变差。货币资金对流动负债的偿还能力逐年变差，而同时企业的经营活动产生的现金流又使流动负债的偿还能力相对好转，但由于企业从2014年到2016年借债规模大幅扩张，经营活动产生的现金流还是难以满足债务清偿的需求。

分析可见，就京东的长期偿债能力而言，其资产负债率在64%附近波动，虽然2014年因上市资产大增，但2015年年末资产负债率重新回到了曾经的水平。权益乘数、产权比率从2011年上涨至2013年，2014年由于股东权益总额的提高，权益乘数下降，之后，权益乘数、产权比率继续上升，说明京东的负债比率不断扩大，企业财务风险变大，偿还长期债务的能力变弱。

偿债能力的财务指标，也显示京东财务风险在不断增大，但是，其盈利能力却在逐年走强，这预示着通过经营规模的不断扩大，其偿债能力会有好转。因此，京东需要新的融资方式来支持其企业运营，在改善其财务指标的同时，降低其财务风险。

2.计划管理人——北京京东金融科技控股有限责任公司

2012年10月，京东收购了第三方支付公司"网银在线"，正式开始布局自己的支付体系。2014年4月2日，京东集团正式进行分拆，京东金融开始独立运营。2015年10月，"京东白条应收账款债权资产支持专项计划"于深圳证券交易所挂牌。2016年4月，京东金融于上海证券交易所发行国内首单互联网保理业务ABS。2018年9月17日，"京东金融"更名为"京东数科"。

到目前为止，京东金融已建立起十多个大业务板块——企业金融、消费金融、财富管理、支付、众筹众创、保险、证券、农村金融、金融科技、海外事业、城市计算。

在数据获取能力方面，京东金融背靠京东集团[①]超过2.4亿的活跃用户，拥有几十万供应商和合作伙伴数据以及相关交易数据；同时，通过投资和合作的形式，不断丰富数据资源。在数据技术能力方面，京东以大数据为基础，进行学习、人工智能、图像识别、图谱网络、区块链等技术的应用。在数据模型产品能力方面，京东开发出风险量化模型、营销模型以及用户洞察模型等。

京东金融通过领先的大数据应用技术，建立起风控体系、支付体系、投研体系、投顾体系以及DaaS（数据即服务）平台、SaaS（软件即服务）平台等一整套金融基础设施，为京东白条资产证券化风险控制、基础资产挑选打包奠定了基础。

资产结构方面，京东金融资产大部分为非流动资产。2017年年末京东金融非流动资产为135.45亿元，占资产总额的50.41%。京东金融非流动资产主要为长期股权投资，可供出售的金融资产及持有至到期的投资的规模相较年初亦有一定程度的上升。2017年年末，京东金融流动资产为133.23亿元，是由持有次级

---

① 2020年6月18日，京东集团在香港再一次上市，这是京东在继纳斯达克上市后的第二次上市。

资产支持证券规模增加所致，其他应收款规模占流动资产比重为98.33%，规模增长也很快。

本专项计划由京东金融科技控股有限责任公司担任资产服务机构，2015年至2017年该公司的经营状况良好，资产规模逐年增长，营业收入大幅增加。京东金融科技是京东集团旗下最为重要的组成部门，致力于发展大数据、人工智能、云计算、区块链、物联网等新兴科技，在风险控制理念、全流程风控体系方面具有独特优势。

3.托管银行——南京银行股份有限公司

南京银行成立于1996年2月8日，是一家具有独立法人资格的股份制商业银行，实行一级法人体制。在全国城市商业银行中，南京银行率先启动上市辅导程序并于2007年成功上市。南京银行近年来加快布局金融科技和大数据战略，通过持续升级直销银行、发布"鑫云+互金开放平台"、拓展外部跨界合作等方式，不断延伸服务半径，为广大互联网用户提供涵盖投资、融资、支付、账户管理等在内的一揽子金融服务。此外，为了适应互联网金融的发展，南京银行不断探索研发金融科技创新产品，持续提升互联网用户体验，其直销银行平台成立以来获得了"最佳交互体验""最佳互联网创新平台"等奖项，在互联网周刊、新浪财经等第三方媒体评测排名中也位居前列。

2018年2月，南京银行正式宣布入驻京东金融，成为江浙沪地区首家（全国第六家）开立京东金融"银行+"旗舰店的城市商业银行。

4.互联网消费金融产品——京东白条

"京东白条"是2014年京东金融推出的一款新兴消费金融借贷产品，主要运作模式是通过京东客户进行注册申请，在京东大数据平台分析之后为符合申请条件的客户确定可申请额度，这样，客户在京东电商平台进行消费时，可以借用此额度选择延期或者分期付款的消费方式。在一段时间内及时还款，对于客户来说是没有利息和手续费的，超过一定期限则会加收一定的利息和手续费。2015年，白条开始走出京东，2016年白条开始去京东化策略，9月底正式推出线上线下均能"任性"使用的"白条闪付"产品。

2015年京东白条发展迅速，交易额度同比增长了600%，消费金融客户同比增加了700%。将没有使用白条之前和使用白条之后的同期前后5个月的交易数据进行对比，发现月均订单的比例提升了25%，月均消费金额增长了97%，并且其中有60%来自手机移动交易。国内自营电商应收账款的相关数据（参见表7-4）反映出"京东白条"对互联网消费的促进作用。

表 7-4 　　　　　　　　　　国内自营电商应收账款相关数据比较

证券代码	证券简称	每股收益（EPS）	净资产收益率（ROE，%）	营业总收入（亿元）	收入增长率（%）	应收账款（亿元）	应收账款周转率（次）	总资产周转率（次）
JD.O	京东	-3.33	-26.76	1 810	57.42	81.94	34.06	150.64
VIPS.N	唯品会	2.75	52.18	402	73.82	3.514	204.66	165.60
002024	苏宁易购	0.12	2.87	1 355	24.44	7.056	218.18	1.59

数据来源：东方财富网。

目前，国内电商主要分为自营和平台两大模式。阿里巴巴采用的电子商务模式是"平台模式"，拼多多则采用"流量+平台模式"，而京东集团采用的是以自营为主导的"自营+平台"模式，唯品会采用的是"精选品牌+深度折扣+限时抢购"的正品特卖自营模式，苏宁易购在采用自营模式的同时对家电品牌提供本地化售后服务。在自营模式下，电商会有更大的应收账款周转问题，这里列举和对比的是2015年国内三家大型电商（京东、唯品会、苏宁易购）的年报数据。

数据显示，京东的营业总收入最多、企业规模最大，但由于迅速扩张也带来了高昂的成本，到2015年仍然没有实现利润数据的"转正"。在三家自营电商中，唯品会收入增长率最高，京东次之。京东的应收账款是苏宁易购的11倍还多，而苏宁易购的营业总收入与京东相差并不悬殊。京东的总资产周转率较高，但应收账款周转率远低于另外两家，所以，急需资产证券化手段来提高应收账款的流动性。

在京东白条资产证券化之前，阿里巴巴已经对其小额贷款进行了资产证券化。阿里小贷与东方证券资产管理公司于2013年7月合作推出了小额贷款资产证券化产品——"东证资管-阿里巴巴专项资产管理计划"。2013年9月18日，阿里小贷资产证券化产品在深交所正式挂牌交易，是第一个互联网信贷资产证券化产品，这也给京东白条的资产证券化提供了借鉴。

（四）专项计划主要流程介绍

图7-5[1]显示了京东白条应收账款债权资产支持专项计划的主要流程。

---

[1] 资料来源：京东金融-华泰资管【9】号京东白条应收账款债权资产支持专项计划成立公告。

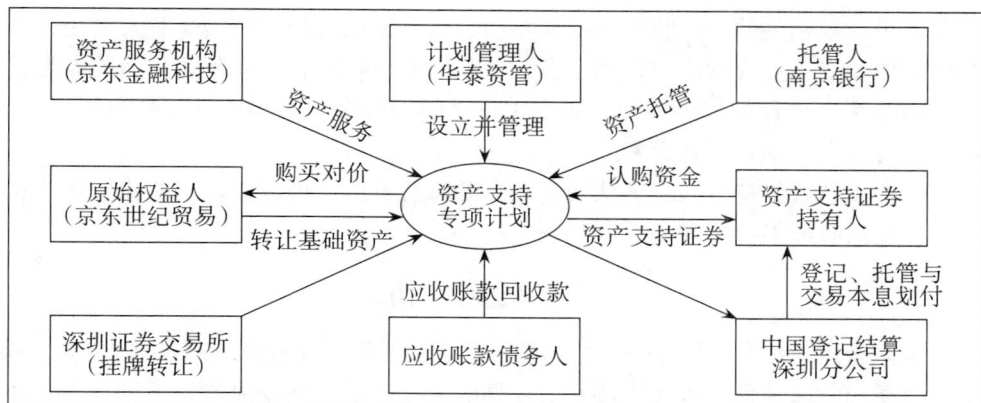

图7-5 专项计划主要流程

由图可见：

计划管理人（华泰证券资产管理公司）销售应收账款支持证券，将认购人缴付的认购资金用于购买基础资产。在计划存续期内定期监控、汇报基础资产状况，并向应收账款支持证券持有人分配本息，定期收取管理费。此外，计划管理人可以将托管银行专项计划账户中的剩余资金用于在存续期内继续购买基础资产或者进行合格投资。

资产服务机构（京东金融科技）负责管理京东白条客户的信用体系、监控基础资产回收情况和应收账款的催收。利用用户的注册信息以及消费、支付等金融行为，对消费者的信用情况进行评估。发放贷款之后，采用系统识别方式对白条用户进行批量风险检查和控制。最终通过账户额度管理，建立白条用户的评分模型，并及时进行更新。京东白条应收账款的催收综合使用短信催收、信函催收、电话催收、上门催收、委外催收和债务重组的方法，在确保催收流程合规的前提下，减少损失和催收成本。

原始权益人（京东世纪贸易）首先通过本"应收账款债权资产支持专项计划"这一融资渠道获得资金，在计划存续期内及时将收回的应收账款、服务费和其他应收款划拨到专项计划账户，并随时披露基础资产回收情况等相关信息，接受计划管理人的监督。同时，在循环购买期内，不断提供合格的基础资产。

计划管理人的委托托管人（南京银行）负责保管专项计划账户中资金，确保资金的独立和安全。托管银行配合计划管理人对资产服务机构、原始权益人和基础资产情况进行检查。计划管理人在托管银行设立专项计划账户和计划推广账户；计划推广账户是计划管理人专门用于接收、存放推广期间投资者交付的认购资金的账户；专项计划账户是计划管理人在托管银行开设的人民币资金账户。一切和专项计划相关的货币收支活动都要通过这个账户进行。原始受益人在托管银行设立原始受益人收款账户，用于存放已收回的应收账款、服务费和相关应收款项。在整个专项计划存续期间，各个主体之间的资金往来都通过托管银行完成，托管银行收取专项计划托管费。

资产支持证券持有人缴纳认购金额，并持有资产支持证券，定期获得利息收益，摊还期收回本金。

三、案例分析

京东金融-华泰资管【9】号京东白条应收账款债权资产支持专项计划，是京东白条应收账款债权资产支持专项计划的后续产品，该专项计划于2017年4月25日成立，其发行结果、资金回收情况如下。

（一）发行结果

1. 募集规模

该专项计划实际收到的认购金额为15亿元，其中优先A档资产支持证券、优先B档资产支持证券募集总规模分别为人民币10.5亿元、0.75亿元，次级资产支持证券募集规模为人民币3.75亿元，专项计划于2017年4月25日成立。参见表7-5。

表7-5   资产支持专项计划募集结果

产品	期限（月）	预期收益率	发行规模（亿元）	面值（元）	还本付息方式
优先A档资产支持证券	24	5.2%	10.5	100	循环期按季付息，摊还期每月过手还本付息
优先B档资产支持证券	24	5.5%	0.75	100	循环期按季付息，摊还期每月过手还本付息
次级资产支持证券	24	无	3.75	100	于优先A档和优先B档资产支持证券本金清偿完毕后获得按照约定的到期年化收益率计算的收益和全部本金
信用评级	专项计划资产支持证券优先A档获得中诚信证券评估有限公司给予的【AAA】评级，优先B档获得【AA-】评级				
推广对象	中华人民共和国境内具备适当的金融投资经验和风险承受能力，具有完全民事行为能力的合格投资者，合格投资者应当符合《管理办法》规定的条件（法律、法规和有关禁止参与者除外）专项计划投资者人数不得超过200人				
托管银行	南京银行股份有限公司				
登记机构	中国证券登记结算有限责任公司深圳分公司				
流动性安排	深圳证券交易所综合协议平台进行转让				

资料来源：京东金融-华泰资管【9】号京东白条应收账款债权资产支持专项计划成立公告。

2. 专项计划派息情况

该专项计划的派息情况参见图7-6①。

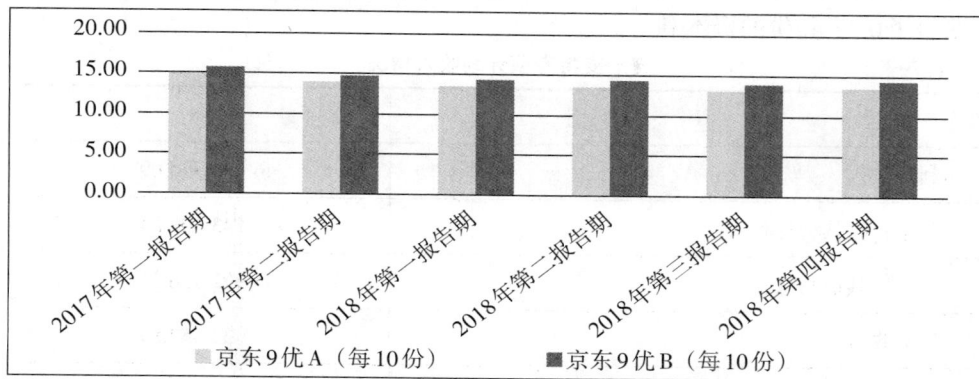

图7-6　资产支持专项计划派息情况

图7-6反映了从2017年第一报告期到2018年第四报告期优先A、B档资产支持证券每10份的派息情况。按照计划说明书的规定，京东9优A、京东9优B以固定利率计息，循环期内按季度付息，票面利率分别为5.2%和5.5%。由图7-6可知，自成立以来，该计划的利息分配十分稳定，能够保证为投资者带来稳定的利息收入，由于到2018年第四报告期，该计划还处在循环购买期，因此不涉及本金的偿还。此外，由于优先A档资产支持证券信用评级高、风险小，对现金流的求偿权优先于优先B档，因此，支付的利息少于优先B档。

3. 专项计划收益情况

该专项计划的收益情况可参见表7-6、表7-7。

表7-6　　　　　　　　　资产支持专项计划份额净值

所有者权益	
实收基金	1 500 000 000.00
未分配利润	12 308 299.27
所有者权益合计	1 512 308 299.27
负债和所有者权益总计	1 530 090 712.38
专项计划总额（份）	15 000 000.00
专项计划份额净值（人民币元）	100.82

数据来源：京东金融-华泰资管【9】号京东白条应收账款债权资产支持专项计划年度审计报告。

_____

① 数据来源：京东金融-华泰资管【9】号京东白条应收账款债权资产支持专项计划收益分配公告。

根据计划说明书可知，京东9优A和京东9优B的面值为100元。但截止到2017年12月31日，专项计划份额的净值为100.82元（见表7-6），说明证券持有人获得了0.82元/份的资本利得。

表7-7 资产支持专项计划收入情况

收入	
利息收入	46 136 346.09
其中：存款利息收入	143 409.84
其他利息收入	45 992 936.25
投资收益	33 452.89
其中：基金红利收入	33 452.89
收入合计	46 169 798.98
减：费用	
管理人报酬	2 250 000.00
托管费	206 301.92
其他费用	31 568.67
费用合计	2 487 870.59
净利润	43 681 928.39

数据来源：京东金融-华泰资管【9】号京东白条应收账款债权资产支持专项计划年度审计报告。

从以上表中专项计划的财务数据可知，该专项计划有稳定的现金流流入，为原始受益人、计划管理人、托管银行和投资者都带来了较好的收益，由此确保了资产证券化的各个环节相互支持、相互依赖，推动了资产支持专项计划的顺利实施。

仅从收入角度来看，存款利息收入主要是由托管银行保管的银行存款余额产生的当期利息收入。其他利息收入是京东白条利息收入，即应收账款的债务人承担的利息。收入减去管理人报酬、托管费和其他费用后，用于为优先A档资产支持证券和优先B档资产支持证券支付预期收益，如有剩余，可用于循环购买或者进行合格投资。

4. 跟踪信用评级

该项资产支持专项计划的跟踪信用评级结果可见表7-8。

表7-8　　　　　　　　　资产支持专项计划跟踪信用评级

资产支持证券	发行规模（万元）	预期收益率	上次评级结果	跟踪评级结果
京东9优A（116 566.SZ）	105 000	5.20%	AAAsf	AAAsf
京东9优B（116 567.SZ）	7 500	5.50%	AA-sf	AAAsf
京东9次（116 568.SZ）	37 500		N/R	N/R
上次评级日	2017年4月18日			
设立日	2017年4月25日			
预期到期日	京东9A——2019年5月8日 京东9B——2019年5月8日 京东9次——2019年5月8日			

数据来源：京东金融-华泰资管【9】号京东白条应收账款债权资产支持专项计划年度审计报告2018年度跟踪评级报告的提示性公告。

2018年8月22日，中诚信证券评估有限公司通过对该专项计划在2017年4月18日—2018年6月30日的表现进行信用跟踪分析后，决定维持京东9A的信用评级为AAAsf，上调京东9优B的信用评级至AAAsf。

跟踪评级结果基于以下几方面的考虑：在跟踪期内，专项计划资产支持证券能够按期进行兑付，共完成4次兑付，合计兑付收益为6 097.74万元。截至2018年6月30日，基础资产未逾期应收账款余额占发行总规模的94.88%，资产池信用质量稳定。原始权益人收入持续增长，盈利能力稳定；资产服务机构运营能力稳定；计划管理人和托管银行经营稳定，履约能力强，仍能为计划的顺利实施提供良好的保障。

（二）资产证券化产品对公司经营改善的作用情况

从2015年10月第一只应收账款资产证券化产品发行以来，京东世纪贸易已经成功开展了多期京东白条应收账款债权资产支持专项计划，这种新的融资方式和应收账款运营模式也从多方面改善了公司的经营状况，如应收账款迅速变现，融资成本降低，盈利能力、偿债能力、发展能力增强。

1. 应收账款迅速变现

应收账款证券化改善了原始权益人的经营状况，并且通过这种新型融资方式以较低成本获得资金，为企业扩大生产规模提供了资金保障。2015年京东白条开始资产证券化后，京东营业总收入及应收账款的总额逐年攀升，但应收账款增长率相对于营业总收入的增长率却出现了明显的下降趋势，京东白条资产证券化使得一部分沉淀的应收账款迅速变现，使财务状况好转。参见表7-9。

表7-9　　　　　京东应收账款增长率与营业总收入增长率的比较

	2012-12-31	2013-12-31	2014-12-31	2015-12-31	2016-12-31	2017-12-31
营业总收入（亿元）	211.29	413.81	693.4	1 150.02	1 812.87	2 601.22
营业总收入增长率		95.85%	67.56%	65.85%	57.64%	43.49%
应收账款（亿元）	4.791	5.021	24.36	81.94	161.4	163.6
应收账款增长率		4.80%	385.16%	236.37%	96.97%	1.36%

数据来源：Wind资讯。

2. 降低融资成本

2014年以前，京东主要是通过股权融资获得企业发展的营运资金，而2014年5月22日京东正式登陆纳斯达克之后，一直没有进行增发，直到2020年6月在香港再次上市。从2015年开始，京东的融资方式逐步由股权融资转向债权融资：2015年10月28日，成功发行京东白条应收账款债权资产支持专项计划；2016年8月5日，又成功发行了国内第一单互联网保理业务资产证券化产品——京东金融-华泰资管2016年1期保理合同债权资产支持证券；2016年4月24日，成功发行10亿美元境外债券，成为继阿里巴巴、腾讯、百度外的第四家成功发行美元债券的中概股公司。参见图7-7[①]。

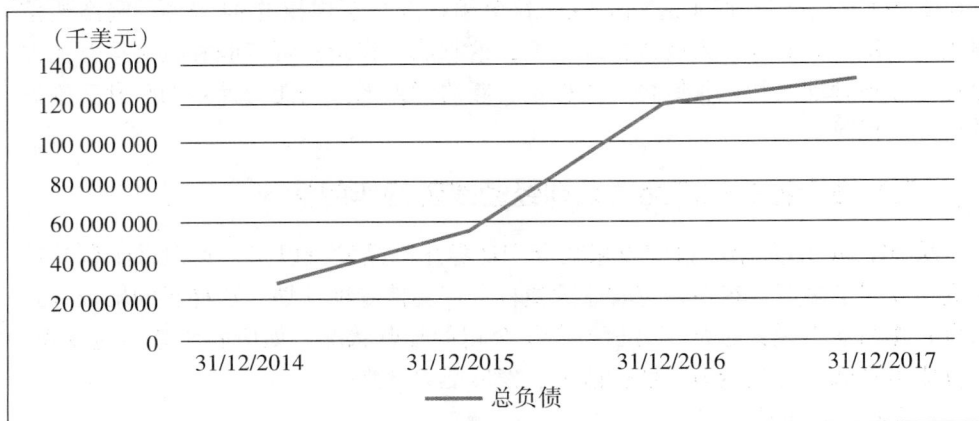

图7-7　京东2014年至2017年的总负债

---

① 数据来源：雅虎财经。

　　京东的资产证券化始于2015年，随着资产支持证券发行规模的不断扩大，债务规模也迅速增加。2017年年末，京东世纪贸易的总债务为352.69亿元，主要是一年内到期的非流动负债、应付票据和长期应付款中的京东白条资产支持证券。相比于传统的融资方式，资产证券化不仅盘活了京东已有的资产，融资成本也相对较低。

　　到2016年8月12日，京东成功发行了第六期京东白条应收账款资产支持证券，综合融资成本降到了3.89%。当时的两年期银行贷款基准利率为4.75%，也就是说，即使京东集团能够从商业银行拿到最低的基准利率贷款，仍然比通过京东白条应收账款资产证券化融资高出了86个基点（BP，Basis Point，一个基点等于0.01%），融资成本的优势明显。

　　应收账款证券化和互联网消费金融的结合为原始权益人（京东世纪贸易）开辟了一条新的融资途径，帮助互联网融资平台充分利用互联网消费金融服务所产生的大量应收账款，将其打包出售，进而获得了具有更高流动性的现金。

　　3. 盈利能力向好

　　由于互联网企业前期投入大、回报慢，京东在2012年以来的营业总成本一直大于营业总收入，虽然营业收入是逐年上涨的，但利润一直没有扭亏为盈。乐观的是，其净资产收益率、总资产报酬率、投入资本回报率、销售净利率从2015年开始转好，企业利用经济资源获取报酬的能力越来越强，管理者的资产配置能力越来越好。参见表7-10。

表7-10　　　　　　　　　　　京东盈利能力相关指标

	2018-06-30	2017-12-31	2016-12-31	2015-12-31	2014-12-31	2013-12-31	2012-12-31
净资产收益率	-2.49	-0.35	-11.82	-27.57	-21.38	-0.64	-28.04
总资产报酬率	-0.02	0.63	-2.42	-12.29	-10.70	-0.19	-12.05
投入资本回报率	-0.84	-0.10	-3.80	-16.07	-15.43	-0.39	-23.06
销售净利率	13.79	14.02	15.16	13.39	11.63	9.87	8.41
营业总成本/营业总收入	100.67	100.50	100.92	102.09	105.07	100.85	104.74

　　数据来源：Wind资讯。

　　但是，资料显示，企业销售毛利率在持续几年的增长后，从2017年又开始下降，而营业收入净额中营业成本所占的比例呈先减少后增加的态势，说明企业通过销售获得利润的能力在变差。

　　在对京东白条进行资产证券化后，京东的盈利能力以及获现能力不断向好，财务状况持续稳定，但应适当控制销售所带来的成本。

　　4.发展能力强且持续

　　2015年京东白条应收账款资产证券化的首单产品推出后，京东营业总收入的增长率开始放缓，但每年40%以上的增长率仍然非常可观。2016年京东发行了10亿美元债券，当年总资产大幅增加，整体而言企业资产规模逐年扩大。随着企业规模的不断扩大，企业营业成本也快速攀升，但成本的增长率是逐年放缓的。与此同时，京东的营业利润保持了30%以上的增长率，利润总额、每股收益的增长率逐年快速增长，且利润总额的增长速度超过了营业利润的增长速度，可见相比于主营业务，其他业务的扩张得更为迅速。

　　总体而言，京东的各项发展能力指标整体上呈不断上涨的趋势，成长性、盈利能力变强且持续。参见表7-11。

表7-11　　　　　　　　　　　　京东发展能力相关指标

同比增长率（%）	2017-12-31	2016-12-31	2015-12-31
营业总收入	40.28	43.50	57.64
收益成本	39.76	40.85	56.16
营业利润	33.25	42.35	36.07
利润总额	106.43	64.58	-88.90
每股收益-基本	96.32	60.35	35.89
净资产收益率（摊薄）	11.46	15.75	-6.19
相对年初增长率			
每股净资产	52.67	7.28	-18.86
资产总计	14.77	88.31	28.08

　　数据来源：Wind资讯。

　　5.总体偿债能力较强

　　2014年京东在纳斯达克上市，资产大幅扩充，财务杠杆变小，当年资产负债率、权益乘数都大幅下降。但京东从2015年开始资产证券化，企业转向采用债务融资方式，债务总规模不断扩大，因而资产负债率再度上升，2015年之后的财务杠杆不断加大，资产负债率、产权比率也不断上涨，权益乘数不断增加，财务风险重新变大。直到2017年，京东借债规模的增速大幅放缓，资产负债率、产权比率、权益乘数逐渐下降，企业的长期偿债能力才开始不断增强。参见表7-12和表7-13。

表7-12 京东长期偿债能力相关指标

	2011-12-31	2012-12-31	2013-12-31	2014-12-31	2015-12-31	2016-12-31	2017-12-31	2018-06-30
资产负债率	43.91	64.20	64.48	43.61	63.98	74.30	71.54	66.43
权益乘数	1.78	2.79	2.81	1.77	2.78	3.89	3.51	2.98
产权比率	0.78	1.79	1.81	0.77	1.78	2.89	2.51	1.98

数据来源：Wind资讯。

表7-13 京东短期偿债能力相关指标

	2011-12-31	2012-12-31	2013-12-31	2014-12-31	2015-12-31	2016-12-31	2017-12-31
流动资产/总资产	93.42	87.66	86.43	75.11	68.65	66.68	62.50
流动负债/负债合计	100.00	100.00	100.00	100.00	89.98	87.90	89.81
流动比率	2.13	1.37	1.34	1.72	1.19	1.02	0.97
速动比率	1.53	0.95	0.96	1.30	0.77	0.74	0.62

数据来源：Wind资讯。

从2011年至今，企业流动资产在总资产中的占比不断减少。截至2017年年末，京东世纪贸易有限公司存货408.31亿元，占流动资产的16.48%；其他应收款229.43亿元，占流动资产的25.75%，主要属于与关联方——京东金融和北京京邦达贸易有限公司的往来交易，回收风险较小；应收账款212.31亿元，占流动资产的24.60%。京东整体负债中应付账款及其他应付款占比较大，符合贸易类企业的业务特征。同时，京东负债中存在部分关联方往来款、供应商保证金以及预收账款等非刚性负债，负债规模尚可；另外，得益于利润留存，京东自有资本的实力提升亦很明显。

京东的负债主要以流动负债为主，从2016年开始流动负债在总负债中的占比不断增加。截至2017年年末，京东世纪贸易负债总额为1 401.23亿元，其中流动负债占比为96.05%，应付账款和应付票据合计746.04亿元，占流动负债的55.17%，主要为业务规模增长导致商品采购款项增加所致；其他应付款370.47亿元，占京东世纪贸易流动负债的27.40%，主要是应付关联方北京京邦达贸易有限公司等的往来款、供应商保证金及其他保证金和应付其他款项；预收款项104.40亿元，占京东世纪贸易流动负债的7.72%。

2015年后，京东的流动比率逐年降低，流动负债的偿还保障变弱；速动比率也逐年降低，且2015年到2017年的速动比率小于1，除去存货的流动资产不足以偿还流动负债，但因京东对白条应收账款进行了资产证券化，使其应收账款的变现能力远远强于一般企业。参见图7-8①。

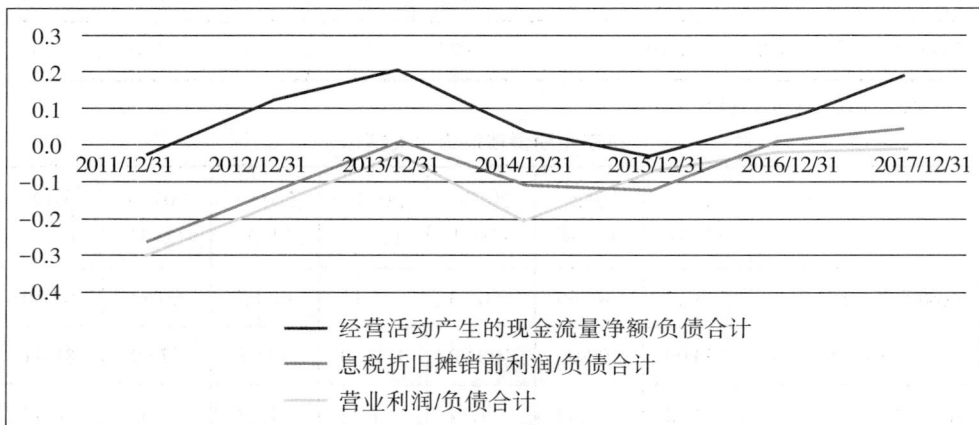

图7-8 京东偿债能力相关指标

图7-8
彩图

总的来看，从2015年开始，京东的负债偿还能力开始提升，企业总体偿债能力变强，但财务杠杆比率仍处于较高水平，债务结构有待进一步优化。

（三）案例设计的优点

通过以上分析可以看出，京东白条应收账款债权资产支持专项计划进展顺利，现金流稳定，基础资产信用状况较好，能够按期兑付收益。此外，应收账款证券化的方式也推动了应收账款的迅速变现，为原始权益人提供了成本更低的融资渠道，获得了一定的投资收益。而该专项计划的成功进行有赖于各个参与主体的相互配合和各种内部机制作用的发挥。

① 数据来源：Wind资讯。

1.基础资产

（1）基础资产的构成

基础资产是"京东商城"销售商品时提供"京东白条"服务所产生的应收账款收益权，包括应收账款、服务费和其他应收款债权。该基础资产是权属明确且可以特定化的财产权利，由于其具有应收账款债权的属性，有明确的到期金额和到期日，因此可以产生独立、可预测的现金流。此外，该基础资产不存在任何担保权、优先权或者第三方抗辩权、抵消权或者其他权利主张，符合基础资产的要求。

（2）基础资产产生的现金流

基础资产在未来所带来的现金流主要是用户在未来支付的赊购商品的货款以及因为赊销而产生的服务费。所说的服务费主要是由赊销服务给原始权益人（京东世纪贸易有限公司）带来的一部分应收账款的管理成本。

2.风险控制

（1）大数据画像降低基础资产违约风险

为了保证入池基础资产的质量，资产服务机构和原始权益人需要对京东白条用户质量进行严格监控，确保应收账款的及时收回。

京东商城为每一位用户建立个人诚信档案，包括用户购物偏好、消费记录、历史还款情况等，作为京东进行风险防范的重要组成部分，随着新订单的完成动态地更新数据。京东集团完善的风控管理模型体系，从风险控制、量化运营、用户洞察以及大数据征信等四个环节，监控应收账款债务人的信用情况和进入资产池的基础资产的质量。

（2）置换机制保障入池基础资产质量

当计划管理人或者资产服务机构发现"灭失基础资产"或者资产池中原有基础资产的性质发生变化时，原始权益人会以其持有的应收账款置换资产池中的基础资产，以保证入池基础资产的信用质量。

从图7-9①的数据可知，京东资产支持专项计划的合同置换数量在2017年第二报告期达到最小值，2017年第一报告期达到最大值。从2017年年末到2018年年末，当期合同置换量较为稳定。由图可以看出，合同置换情况具有明显的季节性，每年的10月至次年的4月合同置换总额较多，这可能是受到"双11"购物节、春节等特殊因素的影响，人们的消费需求激增，同时资金偏紧，使得一些应收账款不能按时收回，导致一部分基础资产质量下降，不再符合入池规定，因此

① 数据来源：京东金融-华泰资管【9】号京东白条应收账款债权资产支持专项计划资产服务机构报告。

需要提供新的基础资产，并将不合格的基础资产置换出局。

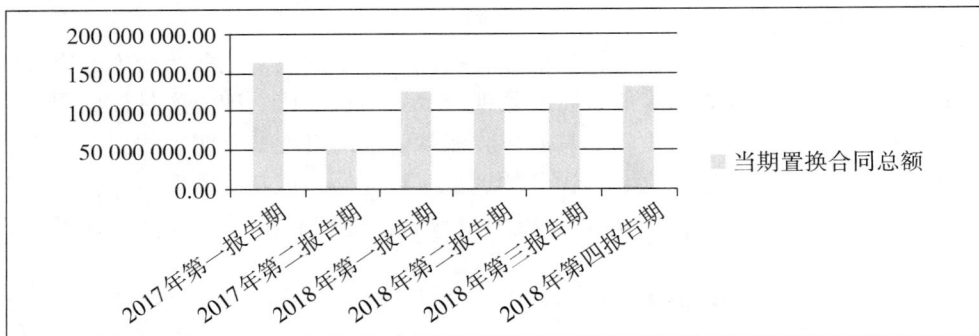

图7-9　京东资产支持专项计划合同置换情况

接下来我们看一下在这种风险控制手段下，京东白条应收账款实际的逾期情况。

图7-10[①]反映了该计划设立以来的基础资产逾期情况。6个月以内应收账款逾期金额占期末资金的比重经历了先上升后下降的过程；但是，6个月以上应收账款的逾期情况从2017年年末开始不断恶化，从2018年4月开始，6个月以上逾期应收账款成为基础资产逾期的最主要组成部分。不过从占比来看，所有期限的逾期基础资产总和占比稳定在5%左右，所占比例较小。此外，逾期基础资产中的一部分将会在未来收回，即现金流产生的时间延后，这并不意味着完全的资产损失。还有，从整个资产池来说，这部分资金规模较小，对资产池中基础资产的质量影响不大。但正因此，作为资产服务机构，应该更加关注6个月以上基础资产的逾期情况。

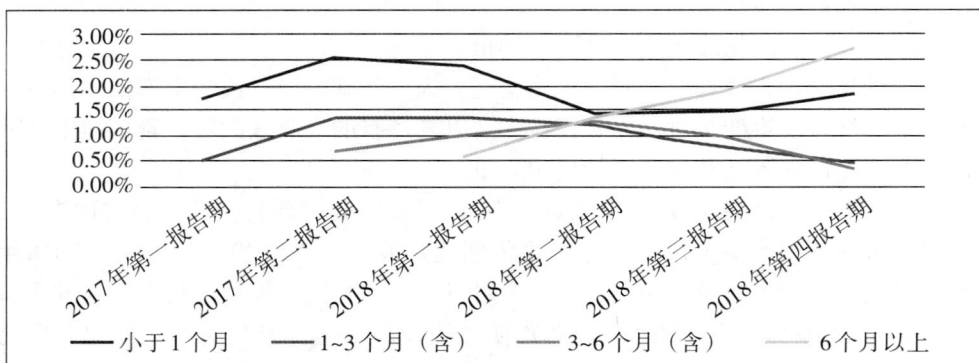

图7-10　京东白条应收账款实际的逾期情况

---

① 数据来源：京东金融-华泰资管【9】号京东白条应收账款债权资产支持专项计划资产服务机构报告。

　　表7-14反映的是京东白条应收账款债权资产支持专项计划成立以来其基础资产的违约情况。由于数据有限，我们只能获得从2017年4月25日到2018年4月25日的数据。从表中数据可以看出，从2017年4月到2018年年初，各报告期间的新增违约基础资产笔数大幅上升，未偿贷款余额也不断上升，报告期间新增违约基础资产的笔数基本稳定在80 000多笔，其间未偿贷款余额突破2 200万元也是合乎预期的。当然，我们也可以看到，违约基础资产的回收情况有明显改善，特别是2017年10月26日—2018年01月25日这个报告期间的回收率几乎为上一个报告期间回收率的5倍。而且，在随后的报告期间，回收率也有小幅上升。

表7-14　　　　　　　　　　京东白条应收账款违约情况

报告期间	新增违约 基础资产笔数	未偿 贷款余额	违约基础资产 的回收情况	回收率
2017年4月25日— 2017年7月25日	136.00	61 082.47		
2017年7月26日— 2017年10月25日	41 941.00	11 458 605.70	838 906.67	7.32%
2017年10月26日— 2018年01月25日	89 904.00	22 038 006.80	8 043 155.59	36.50%
2018年01月26日— 2018年04月25日	89 845.00	22 892 361.64	9 389 902.35	41.02%

　　数据来源：京东金融-华泰资管【9】号京东白条应收账款债权资产支持专项计划资产服务机构报告。

　　3.信用增级方式与信用触发机制

　　（1）内部增信

　　内部增信是指利用不同层次的交易风险进行资产配置，资产池自身可以为信用风险的防范提供一定的保证。内部增信的方式主要有优先与次级结构、储备金账户、超额抵押、超额利差等，而该专项计划采用的是优先与次级结构相结合的方式，通过内部证券分层和设置信用触发机制的方式来完成增信。优先与次级结构的设立一方面能够满足不同风险偏好的投资者的需求；另一方面，与外部增信相比，内部增信可以有效降低成本。

　　资产支持证券安排了优先A档资产支持证券、优先B档资产支持证券和次级资产支持证券。这种分层结构决定了资产支持证券的本息分配顺序、风险承担顺序和清偿时的现金分配顺序。发生违约时，由次级资产支持证券承担最初的损失，然后由优先B档资产支持证券承担损失，最后由优先A档资产支持证券承担剩余损失。通过这种方式，降低了高级别的资产支持证券的信用风险。

此外，京东白条各款产品的次级证券持有人为京东金融，京东金融需要首先承担应收账款无法偿付带来的损失，通过这种"优先级/次级"的设计，完成对于ABS产品的内部信用增级。此外，京东金融享有剩余资产收益，能够使原始权益人获得杠杆收益。同时，通过此种高风险、高收益的次级产品设计，激励原始权益人积极管理基础资产。

（2）信用触发机制

当发生加速清偿事件或违约事件被触发时，原有的现金支付机制将会被重新安排，以保证投资者的本金和利息收益。专项计划账户内的资金不再用于购买新的基础资产，原始受益人收到的任何资金都会被划拨到专项计划账户，并用于对资产支持证券持有人进行利益分配。

4.循环购买模式

（1）循环购买的含义

循环购买是指在各方明确入池基础资产的筛选标准以后，在特定期限内基础资产收回款项产生的现金流不完全用于向投资人进行分配，而是用于持续购买新的满足合格标准的基础资产，从而使得基础资产池形成一个动态的循环，直至特定期间结束。

（2）循环购买与期限错配

互联网消费金融应收账款债权资产证券化与其他一般企业应收账款证券化相比，基础资产的期限更短，而投资者更愿意购买期限长的证券（一般为一年以上），因此，传统的静态资产池就会产生期限错配问题。循环购买机制的出现使得资产池中的基础资产不断更新，为一些期限较短、稳定性较强的资产提供了资产证券化融资的可能。因此，循环购买结构更适合互联网消费金融应收账款债权的证券化。

（3）循环购买流程

在循环购买的模式下，专项计划存续期分为摊还期和循环期。该专项计划的期限是24个月，采用"18+6"的期限安排，正常情况下的循环购买期为18个月，摊还期为6个月。在循环期内，专项计划账户中的资金可以用来购买新的基础资产，但在摊还期内则停止购买新的资产，将专项计划中的资金用于支付投资者的本金和利息。

在本案中，资产服务机构（京东金融科技）将前一日已经收回的应收账款和服务费划转到计划管理人（华泰资管）在托管银行（南京银行）开设的专项计划账户。原始权益人（京东世纪贸易）通过京东白条资产证券化ERP模型系统自动筛选符合标准的应收账款资产，并向计划管理人发送拟购买的应收账款清单。计划管理人向托管银行发出循环购买指令，并以专项计划账户的剩余款项作为循环购买基础资产的购买资金。托管银行收到指令之后，将这部分循环购买资金划至原始权益人账户，完成循环购买。

（4）循环购买的实际情况

当期实收应付货款总额反映了基础资产的回收情况即基础资产带来的现金流状况。自2017年4月25日该计划设立以来，每个季度的基础资产回收情况均表现良好，有独立稳定的回收款现金流和充足的基础资产回收款。原始权益人收到回收款后，将其转付到专项计划账户，为计划管理人进行循环购买与合格投资提供了源源不断的资金支持。

单日循环购买金额均值反映了循环期内计划管理人进行循环购买的情况。从2017年4月25日该计划设立以来，每个季度的循环购买金额都较为稳定，而且与当期实收应付货款总额保持一致趋势。计划管理人收到原始权益人转付的款项之后，将回收款依次按照税收、费用和收益的顺序计提，然后将剩余款项用于下一期的循环购买。循环购买的稳定进行，能够有效避免专项资产账户中的资金闲置问题，合理规避再投资收益率下降风险。参见表7-15。

表7-15　　　　　　　　　　资产支持专项计划循环购买实际情况　　　　　　　　单位：元

报告期间	当期实收应付货款总额	单日循环购买金额均值
2017年4月25日— 2017年7月25日	1 596 339 566.43	26 421 231.58
2017年7月26日— 2017年10月25日	1 391 057 510.67	24 049 602.69
2017年10月26日— 2018年01月25日	1 558 096 866.83	25 695 601.29
2018年01月26日— 2018年04月25日	1 506 382 150.16	27 689 217.14
2018年04月26日— 2018年07月25日	1 139 000 172.72	18 685 973.05
2018年07月26日— 2018年10月25日	1 510 097 425.24	25 168 034.39

数据来源：京东金融-华泰资管【9】号京东白条应收账款债权资产支持专项计划资产服务机构报告。

四、案例拓展——短期资产证券化的新思路

京东白条应收账款债权资产支持计划将互联网消费金融和应收账款证券化有机结合起来，在扩大经营规模的同时，提高了资产的流动性，减少了营运资金的占用。在资产证券化过程中，运用互联网大数据创新风险控制方式，监控基础资产质量；运用循环购买机制，解决了期限错配问题，为短期资产证券化提供了思路；内部信用增级方式降低了信用增级的成本，同时也为优先级证券提供了偿还保障。

但同时，该计划也存在一些不足之处。

首先，该计划的实施没有解决流动性较差的资产的占用问题。从衡量营运能力的各项指标来看，京东的营业周期仍延续了之前的不断延长的趋势，固定资产周转率、总资产周转率、流动资产周转率在资产证券化后并没有得到彻底改善。在企业规模不断扩大的背后，资金占用问题仍然比较严重。

其次，京东白条ABS只能在深圳证券交易所综合协议交易平台进行转让和交易，其他平台尚不支持，因此，产生了资产流动性不足的问题。

最后，我国的信用评级体系并不完善，缺乏对互联网消费金融证券化产品进行评级的客观标准与经验，传统的评级方法可能并不适用于互联网消费金融产品。因此，该专项计划在评级的客观性和准确性上可能存在一些问题。

我国的资产证券化发展之路仅仅经历了十余年，各种产品还在不断涌现，随着经济社会的发展，新的资产证券化产品会不断地被开发出来以适应不同主体的投融资需要和不同经济形势下企业发展的需要。从最近两年的情况来看，不良贷款证券化试点还会继续扩大，个人信贷资产证券化将会成为主流，互联网金融信贷资产证券化、绿色信贷资产证券化、PPP项目资产证券化、房地产信托基金等新型资产证券化发展模式将会在未来一段时间得到更加充分的发展。随着产品的不断丰富，资产证券化这种方式将会吸引更多的发行主体和投资者，朝着更加多元化的方向发展，整个市场的规模也会逐渐扩大。此外，相关制度规则也会进一步完善，监管也会逐渐加强，从而有效地进行风险控制。

──────────────── **案例思考** ────────────────

1.如何理解应收账款证券化？

2.京东白条应收账款债权资产支持计划是如何将互联网金融和应收账款证券化有机结合起来的？

3.本案例中提到的信用增级方式有哪些？起到了什么作用？

4.该案例提到的循环购买计划是如何操作的？可以起到怎样的作用？

对冲基金
索罗斯的量子对冲基金

一、背景知识

（一）对冲基金

1.定义

一直以来人们对对冲基金都没有一个统一的定义，对冲基金的鼻祖阿尔弗雷德·琼斯起初将对冲基金定义为 Hedged Fund，也就是风险对冲后的基金。[①]这说明这种基金所投资的不同标的的风险是被相互对冲的，或者说是被加以管理的。后来对冲基金被直接叫作 Hedge Fund。对冲基金本身也是一种投资工具，一种基金产品，它所投资的标的范围较为广泛，包括股票、债券、外汇、商品以及其他衍生产品。现如今对冲基金泛指各种类型的私人投资合伙制机构。所以综合起来看，我们可以将对冲基金定义为：无论是否采用对冲或者卖空技术的、以私人合伙形式组建的、无须在证券监管部门登记的投资基金[②]。

2.特点

对冲基金的特点主要有：第一，对冲基金的管理建立在业绩收费的基础之上，普通合伙人一般收取业绩鼓励费用，一般为基金净收益的 20%，同时他们也会每年收取一次管理费用，通常是该年净资产值的 1%。第二，对冲基金经理需要将自己的资金投资于所管理的基金中，而传统的共同基金经理一般不会将自己的资本投入到管理的基金中。对冲基金的第三个特点是杠杆交易，应用杠杆交易被认为是对冲基金能够获得高额回报的最重要原因。此外，由于对冲基金受到的

① 伍军. 国际对冲基金的行业轮动投资：理论与实践［D］. 上海：上海社会科学院，2005.
② 曹华. 另类投资［M］. 厦门：厦门大学出版社，2014.

监管较少，因而基金经理在选择运用投资策略时有很大的自由度，对冲基金的投资标的范围广阔，既可以是传统的股票、债券，也可以是外汇、商品、期货期权等金融衍生品。

3. 交易策略

对冲基金的交易策略具有多样化的特点，几种典型的策略为：市场中性型对冲基金、事件驱动型对冲基金、价值型对冲基金、宏观对冲基金和新兴市场基金等。表8-1揭示了2018年HFN指数收益率[1]最高的10项投资策略。

表8-1　　　　2018年HFN指数收益率最高的10项投资策略表

HFN 单策略指数	年化收益率
HFN 技术行业对冲基金指数	6.22%
HFN Asset Based Lending Index（资产证券化对冲基金指数）	4.96%
HFN 抵押贷款对冲基金指数	2.24%
HFN 统计套利对冲基金指数	2.00%
HFN 并购/风险套利对冲基金指数	1.71%
HFN 固定收益（无套利）对冲基金指数	0.28%
HFN 医疗行业对冲基金指数	0.11%
HFN 固定收益套利对冲基金指数	−0.45%
HFN 全球宏观对冲基金指数	−0.55%
HFN 可转换套利对冲基金指数	−0.93%

资料来源：https：//www.evestment.com/resources/indices/（Evestment官网）。

根据2019年1月18日Eurekahedge数据库收录的全球主要对冲基金数据可知，各种对冲基金策略占比如图8-1[2]所示。

下面介绍对冲基金目前发展的区域特点，Eurekahedge数据库收录了截止到2019年1月18日存活的13 078只对冲基金，图8-2是按照对冲基金管理者所在地为依据展示的对冲基金国家及地区分布情况。由图8-2[3]可知，前五大国家及地区分别是美国、英国、瑞士、中国香港和卢森堡。

为了更好地了解对冲基金的业绩情况，下面将对冲基金业绩和传统投资方式进行对比，图8-3[4]反映了2000—2018年Eurekahedge对冲基金指数月度收益率[5]和标普500月度收益率的数据。

---

[1]　HFN指数收益率是依据HFN数据库中给定策略的对冲基金的收益率加权计算得到的。
[2]　资料来源：http：//www.eurekahedge.com/（英为财经、Eurekahedge数据库）。
[3]　资料来源：http：//www.eurekahedge.com/（英为财经、Eurekahedge数据库）。
[4]　资料来源：http：//www.eurekahedge.com/（英为财经、Eurekahedge数据库）。
[5]　Eurekahedge对冲基金指数收益率是将Eurekahedge数据库中包含的对冲基金年化收益率加权得出。

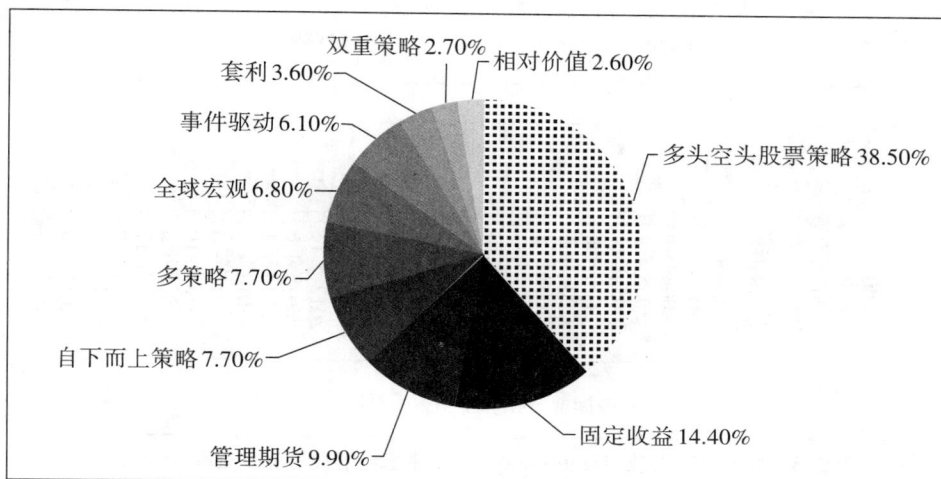

图 8-1　对冲基金策略分布

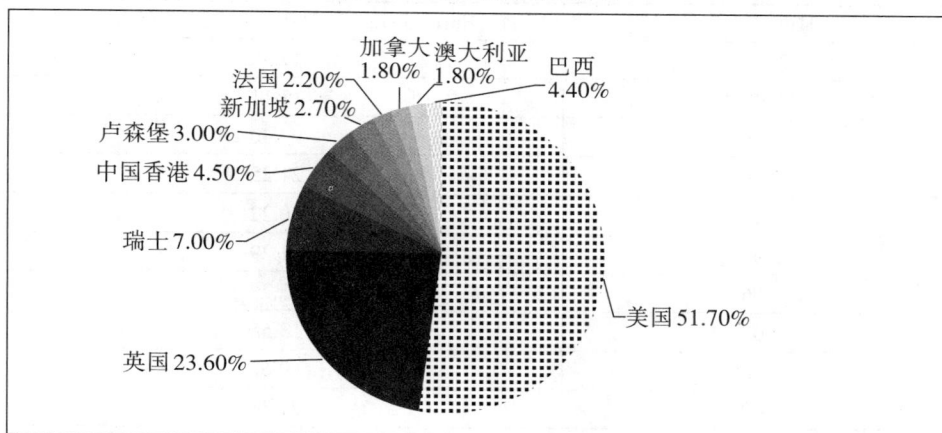

图 8-2　对冲基金国家及地区分布

从图 8-3 可以看出，标普 500 指数收益率的波动性远大于 Eurekahedge 对冲基金指数波动性。因此从整体上来看，对冲基金的风险远小于股市投资的风险，这与对冲基金使用的风险对冲策略密切相关。很多市场风险通过多市场同时操作，买空卖空相结合等策略实现了对冲。表 8-2 是从 Eurekahedge 数据库获取的 2000—2018 年 Eurekahedge 对冲基金指数年化收益率情况，Eurekahedge 对冲基金指数年化收益率最高可达 21.31%，最低为 -9.62%。18 年间，三次出现负值的情况分别是 2008 年的 -9.62%、2011 年的 -1.72% 和 2018 年的 -3.98%。这与当时的宏观经济情况密切相关。

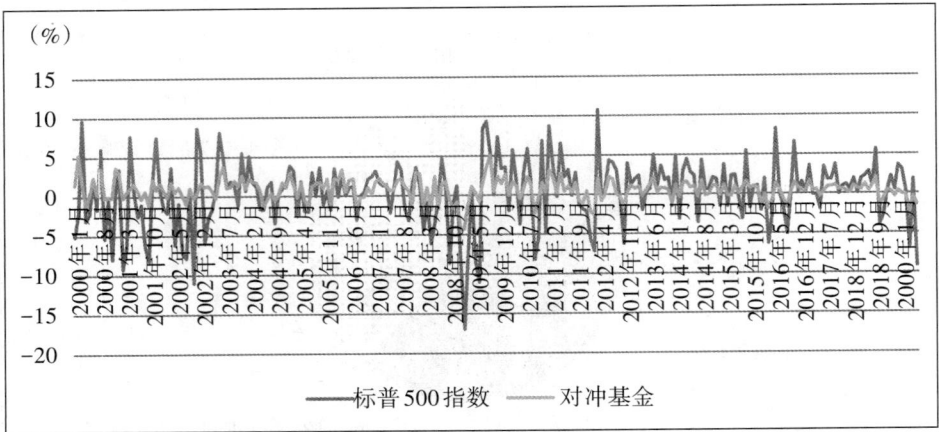

图 8-3　标普 500 指数和 Eurekahedge 对冲基金指数月度收益率变动情况

表 8-2　　　　　　2000—2018 年 Eurekahedge 对冲基金指数收益率情况

时间（年）	Eurekahedge 对冲基金指数收益率（%）
2000	17.92
2001	11.11
2002	7.40
2003	21.25
2004	10.22
2005	11.29
2006	13.78
2007	13.55
2008	−9.62
2009	21.31
2010	11.55
2011	−1.72
2012	7.39
2013	9.14
2014	5.15
2015	2.27
2016	4.79
2017	8.52
2018	−3.98

资料来源：http://www.eurekahedge.com/（Eurekahedge 数据库）。

目前世界上著名的对冲基金公司见表8-3，这些对冲基金在管理中会综合使用各种投资策略，但是也体现出不同的投资策略重点。

表8-3　　　　　　　　　世界著名对冲基金及其主要策略

对冲基金	主要策略
Bridgewater Associates 桥水联合基金	以全球宏观策略为主，提出了全天候投资策略
AQR Capital Management AQR 资本管理公司	投资策略广泛，包括长短仓、全球宏观、绝对收益、量化投资等
Millennium Management 千禧管理公司	投资策略注重分散化和全球化，包括统计套利、固定收益和商品投资
Soros Fund Management LLC 索罗斯量子基金	全球宏观对冲
Winton Capital Management 元盛投资公司	通过对历史数据进行统计分析和数学建模寻找获利机会
D.E. Shaw& Co. 德劭基金	量化交易
Renaissance Technologies LLC 文艺复兴科技	利用大数据分析价格走势，量化交易策略
Paulson & Co. 鲍尔森基金	事件驱动套利、依赖自下而上的基本面分析

资料来源：作者根据公开资料整理。

（二）全球宏观对冲策略

Macro是全球宏观对冲策略的缩写，它是指基金经理根据宏观经济情况、立足全球经济动态制定的投资策略。这类基金通常同时在汇市、股市、债市混合期货市场上发力，通过所持有的头寸的市场价格变动来获取利润。全球宏观对冲基金的代表有：老虎基金、量子基金和都铎基金等。

宏观对冲策略可以分为若干个子策略，其中最基础的四个分支是主观交易、系统交易、高频交易和商品交易顾问。

（1）主观交易就是指依赖交易者的经验智慧和知识，在不同市场上进行交易从而获得Alpha收益，这类交易通过探究全球信息、经济数据以及央行的相关措施，从整体上对产业、行业、国家以及宏观经济形式进行分析，进而做出合理的投资决策。

（2）系统交易是指交易者采用模型方法以各种经济指标为变量，将其纳入模型之中，通过大量的数据建立量化交易模型，利用计算机捕捉能够获取Alpha收益的机会，系统交易能够避免交易受到投资者主观情绪的影响，使得配置的安全性和可预见性有了更多的保障。

（3）高频交易是另外一种全球宏观对冲策略，它主要是利用高端的计算机设备和技术，抓取可能存在于市场中的短时间波动的交易方式，在高频交易中，获利的决定因素是交易速度。

（4）商品交易顾问可以是个人或组织，其主要工作是为他人提供估价和建议，用以买卖期货、期货期权以及单独的场外外汇合约。大多数CTAs（管理期货值）采用的是高度自动化的趋势跟踪策略，在某些方面类似于系统交易。

全球宏观对冲基金经理会在全球范围内的各个市场进行套利交易，但是也有很多专门投资于单一市场，例如北美、亚洲和新兴市场国家等。从投资工具来看，全球宏观对冲基金经理会综合使用期货期权、远期互换等多种衍生金融工具进行套利。

Eurekahedge数据库公布的Eurekahedge宏观对冲指数收益率的数据见表8-4，从2005年到2018年，宏观对冲基金指数年化收益率最高可达18.81%，最低为−6.04%，平均年化收益率为3.31%。

表8-4　　　　　　　2005—2018年宏观对冲基金指数收益率情况

时间（年）	年化收益率（%）
2005	−1.08
2006	3.43
2007	17.17
2008	−6.04
2009	18.81
2010	6.39
2011	−1.05
2012	3.77
2013	−0.33
2014	1.44
2015	−1.18
2016	2.35
2017	2.25
2018	0.47

资料来源：http：//www.eurekahedge.com/（Eurekahedge数据库）。

二、案例资料

（一）量子基金

乔治·索罗斯（Gorge Scoros）1930年出生于匈牙利的一个犹太家庭。1949年，索罗斯进入伦敦政治经济学院学习。1979年索罗斯成立量子基金，该对冲基金主要采用宏观对冲策略，狙击英镑、攻击比索、沽空泰铢都是索罗斯的突出战绩。2015年1月22日，索罗斯在达沃斯经济论坛晚宴上宣布日后他将退出投资领域，全力推动慈善事业。索罗斯是一位出色的投资专家，他对金融市场有独到的理解，在他的投资哲学指导下，量子基金也创造了投资领域的传奇。

索罗斯的典型投资理念主要有：反身性、盛衰理论和生存保本思想。索罗斯对反身性的理解是：参与者对资本市场的认知缺陷是与生俱来的，这种认知缺陷会造成市场参与者的预期偏差，进而对未来市场的走向产生影响，而这种有缺陷的认知与事件的实际过程之间的双向因果关系叫作反身性。索罗斯认为：因为市场经常处于波动和不稳定的状态，所以"繁荣—萧条"序列易于产生，而这中间的转换时机就为投资者提供了良好的投资机会。索罗斯在每次投资之前都会先给自己设定一个退出路径，为自己留后路，绝不会孤注一掷，及时止损也是索罗斯的重要投资策略。

双鹰基金由索罗斯和吉姆·罗杰斯于1969年创立，资本额为400万美元；1973年改名为索罗斯基金，资本额约1 200万美元；1979年，索罗斯将公司更名，改为量子公司。2000年4月28日，索罗斯宣布关闭旗下两大基金"量子基金"和"配额基金"，将基金的部分资产转入新成立的"量子捐助基金"继续运作，新基金主要从事低风险、低回报的套利交易。2011年7月26日索罗斯宣布对外部投资者关闭索罗斯基金，并向他们返还资金，基金专门为索罗斯家族管理资产，不受美国金融监管机构的监管。

量子基金（quanta fund/quantum fund）是全球著名的大规模对冲基金，是索罗斯旗下经营的五个对冲基金之一。量子基金是高风险基金，主要采取私募方式筹集资金，在世界范围内投资于股票、债券、外汇和商品。

1.收益情况

在量子基金30多年的历史中，累计收益率为4 000倍，平均年复合收益率为31%，而量子基金在货币市场的几次狙击战让索罗斯成为金融市场的风云人物。量子基金1980—2000年投资大事及收益情况见表8-5，我们将在后文选取狙击泰铢、港币的两个案例进行具体介绍。

表 8-5 1980—2000 年量子基金投资大事及收益情况

年份	投资大事及收益情况
1980 年	量子公司成立后的第一年，量子基金增长 102.6%，资金规模达到 3.81 亿美元
1981 年	索罗斯所持公债每股损失了 3～5 个百分点，量子基金的利润首次下降，幅度高达 22.9%。大批投资者带走将近 1.93 亿美元，相当于公司减少近一半的资产
1982 年	美国贷款利率下降，股票不断上涨，量子基金上涨 56.9%，净资产增至 3 028 亿美元
1985 年	投机马克和日元成功，量子基金获利 1.5 亿美元，索罗斯成为华尔街收入排名第二的富豪
1992 年	狙击英镑成功，两周获利 20 亿美元
1994 年	攻击比索，引发墨西哥金融危机
1997 年	狙击泰铢，触发东南亚金融危机，量子基金规模达到 60 亿美元
1998 年	狙击港币，遭受中国香港特区政府反击，做空港币失败，损失 8 亿美元；同时，俄罗斯金融动荡，美国国库券利率下跌，LTCM（美国长期资本管理公司）发生危机，量子基金在"黑色 8 月"再度亏损；俄罗斯外汇与证券市场发生大幅度动荡，量子基金发生债务危机，亏损 20 亿美元；日本股市坚挺，量子基金对其基本面预测错误
2000 年	高位买入科技股，美国股市网络股大幅下跌，量子基金大亏，1998 年以来量子基金损失总数达近 50 亿美元

资料来源：作者根据公开资料整理。

2. 策略

1980 年由于管理思想的分歧，罗杰斯离开量子基金。而 1981 年量子基金首度亏损，索罗斯将剩余资产委托给其他投资者，暂别华尔街。1984 年索罗斯回到华尔街，改变曾经多空选股的方式，开始了改变世界的宏观对冲投资策略。

（1）趋势投资——把握反转点

索罗斯的反身性思想认为，趋势是市场内部的参与者对于市场的认识与市场的实际情况之间的偏差推动的。因而，市场趋势不是随机漫步，可以被人们猜测和利用。趋势在于其不断加强后，通过"预期"的反射性发生变化。

基于这种思想基础，索罗斯认为投资者应该把握反转点，避免在不利情况下加仓或者进行随大流式投资。这种投资策略与索罗斯的投资风格相似——不会频繁交易，而是分析世界各国的经济和市场状况，等待时机，逐步吸入目标资产，减少短期借入资产的成本，在基本面出现转折时予以狙击。

（2）宏观对冲——立体布局

全球宏观策略对冲基金拥有全球视角，根据对全球经济趋势的判断（包括利率和汇率的变化趋势、资金流向、政策变化和政治事件等因素）来预测金融产品的价格走势，从而进行投资或投机买卖。全球宏观策略的对冲基金一般会持有金融衍生产品或证券，采用高杠杆交易，通常基金规模非常庞大。立体投机是指利用三个或者三个以上的金融工具之间的相关性进行金融投机。

量子基金收集和研究世界各国的宏观经济情况，当发现一国的宏观经济偏离正常的情况，便会开始在各个市场上立体布局，即在股票、利率和外汇市场分别建立头寸，利用羊群效应触发该国的宏观经济形势和资本市场发生转折，操作手法如图8-4所示。一旦量子基金投机成功即可全面丰收，为承受的投机风险匹配高收益。"立体布局"使投机家的风险暴露相互加强，更令杠杆投机威力和收益大增。

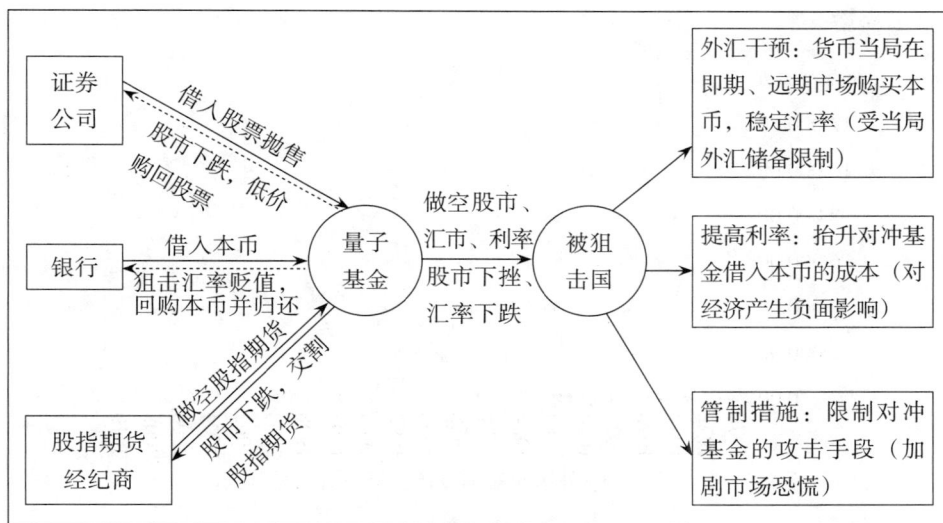

图8-4 量子基金操作手法

（3）杠杆投资

量子基金可利用一切可操作的金融工具和组合，最大限度地使用信贷资金，以牟取高于市场平均利润的超额回报。如索罗斯所述，他以自有资本做抵押，从银行借款购买证券，再以证券抵押继续借款，迅速扩大了债务比率。当然，杠杆投资在放大利润的同时，带来了巨大的风险。而全球宏观策略对冲基金的交易组合非常集中，且大量运用高杠杆交易，一旦出现政策逆转、政策干预或主权债务违约等情况，其利润就极易大幅回挫。

（二）索罗斯狙击泰铢

1997年年初，以索罗斯量子基金为代表的各种对冲基金就潜伏到了泰国的金融市场，在泰国银行资金流动性问题暴露出来之后，对冲基金开始对泰铢正式狙击。最终，泰国宣布放弃固定汇率制，索罗斯狙击成功。

1.狙击前泰国经济基本面情况

泰国在被狙击之前，泰国经济已经岌岌可危，下面我们将从多个维度分析索罗斯选择泰铢的原因，分析如何选取宏观对冲的狙击目标。

（1）热钱流入带来通货膨胀

1986年以后泰国以油价、利率和汇率"三低"政策吸引外资，适逢日本、韩国等国家积极拓展海外投资，泰国发展快速。由图8-5[1]可以看出，1986年后外国对泰国直接投资快速上涨，直到金融危机后的1998年，外资出于恐慌纷纷从泰国撤资。

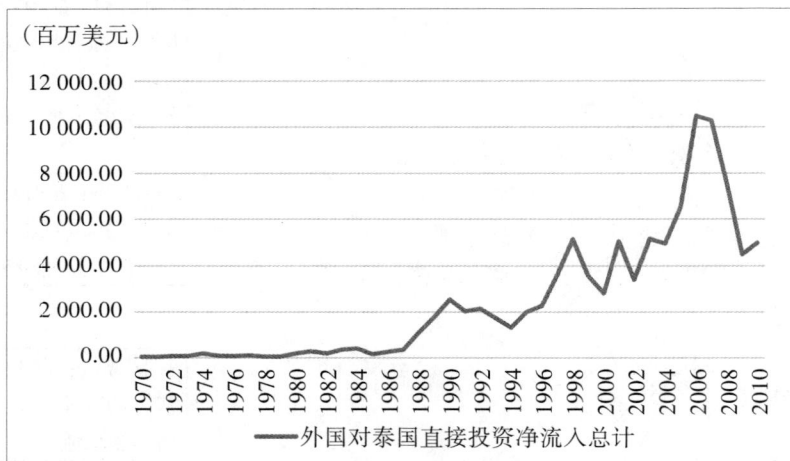

图8-5　外国对泰国直接投资净流入总计

1984年泰国达到通货膨胀年增长率的低点，但是由于1986年以来的"三低"政策使热钱流入泰国，泰国的通胀年增长率开始不断上升，1997年达到5.63%。参见图8-6[2]。

---

① 资料来源：Wind资讯。
② 资料来源：新浪财经。

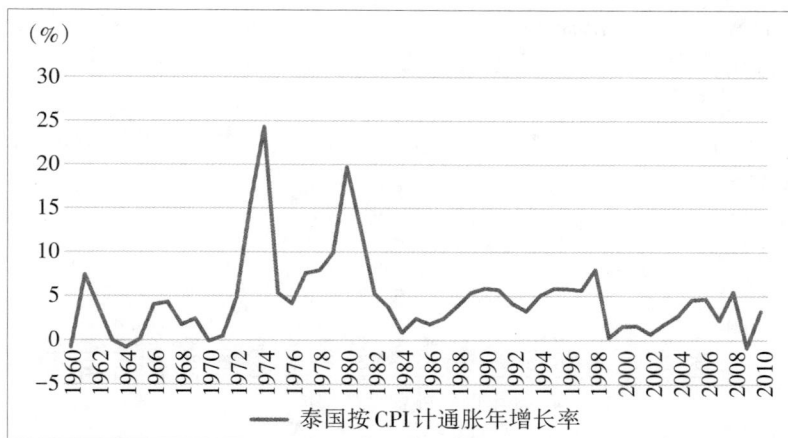

图8-6　泰国按CPI计通胀年增长率

（2）经济增长过度依赖外贸

1984年泰国政府宣布实行"一篮子货币"的外汇制度，美元占一篮子货币的80%以上，日元占11%～13%。由于美元在1995年之前持续贬值，泰铢的有效汇率不断下降，泰国出口收入快速增长。

然而，泰国的经济增长过度依赖于外贸，这里我们以商品贸易占GDP的比例来描述经济体对外依存程度。从图8-7①可以看出，1997年泰国商品贸易占GDP的比例达到了79.68%，而从2000年开始这个比例一直超过100%。据WTO和IMF的数据测算，1960年全球外贸依存度为25.4%，1970年为27.9%，1990年升至38.7%，2000年升至41.7%，2003年已接近45%。从20世纪90年代开始，泰国贸易依存度开始远超全球水平，泰国对出口的依赖为之后的危机埋下了祸根。

同时，由于东南亚国家未能完成产业结构升级换代，泰国出口产品主要以大米、纺织品和电子产品为主，而且品种单一，出口的竞争力主要来源于廉价劳动力和贬值的泰铢带来的汇率竞争力。一旦泰铢升值，泰国外贸的国际竞争力就会下降，进而导致贸易赤字激增。

另一方面，泰国高度依赖于出口的经济模式，导致其容易受到其他国家的经济周期影响。下面以日本为例，分析出口国经济对泰国产生的影响。

从图8-8②可以看出泰国的出口结构，逐渐将重点从北美、日本、欧洲转至东南亚。而在20世纪90年代，泰国向日本这一国家的出口几乎与其向欧洲这一

① 资料来源：Wind资讯。
② 资料来源：泰国中央银行。

图8-7　泰国对外贸易依存度

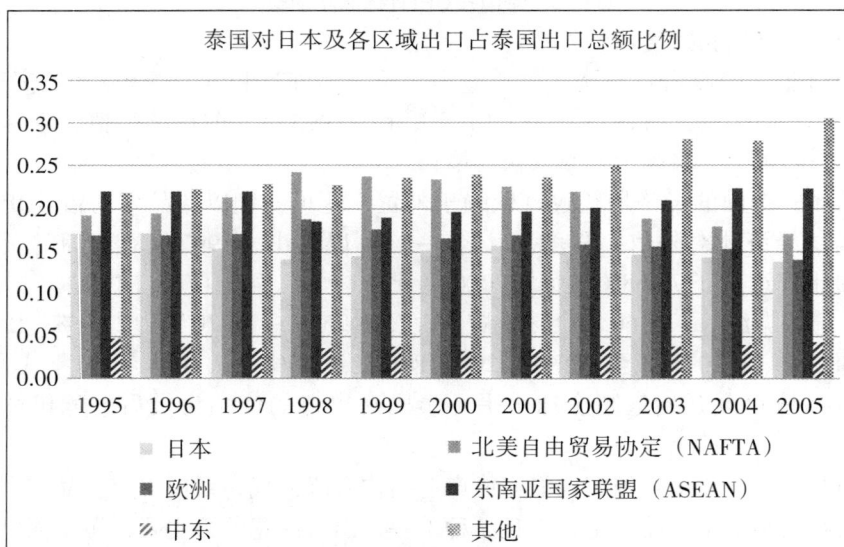

图8-8　泰国对日本及各区域出口占泰国出口总额比例

区域的出口相当。然而，在20世纪90年代初日本股市和房地产泡沫相继被刺破，导致经济增速缓慢，甚至出现负增长，导致了泰国的出口增速放缓，泰国的高GDP增长率在1989年开始了第一阶段的下降（如图8-9[①]所示）。

---

① 资料来源：新浪财经。

图8-9 泰国人均GDP年增长率

1995年日本主动选择贬值日元，而1995年后美元进入升值通道，泰铢有效汇率随之上升，泰国由贸易顺差国转为贸易逆差国，由图8-10①可以看出，1996年9月开始，泰国国际收支总余额由正转负。而从8-9可以看出，泰国GDP增速在1992年达到一个平衡点后，在1995年又再次出现了大幅下跌。

图8-10 泰国国际收支总余额

（3）金融市场开放速度过快

在芝加哥经济学派的新自由主义影响下，东南亚国家在20世纪90年代以来盲目与国际接轨，陆续开放了金融市场。泰国在1989年开始推行金融体制改革和开放金融市场；1991年泰国开始减少对资本项目交易的外汇限制；1992年泰

---

① 资料来源：Wind资讯。

国加快了金融自由化的步伐，放松了对货币供应量、利率和私营部门向外贷款、对境外投资等方面的管理，同时组建了曼谷国际银行，允许国内投资者通过该机构从国外获得低息贷款；1994年泰国进一步放松了外汇管制，放宽了出入境时可携带的外币限额，允许非居民较为自由地参与本地金融市场的交易活动，允许外国银行和货币投机者利用离岸业务和多种形式的外汇交易在外汇市场进行投机。而在案例分析等部分我们也将会看到，提早进行金融开放的国家在泰国宣布放弃固定汇率制后，纷纷陷入了汇市、股市的危机。

（4）外债规模膨胀，偿债能力不足

随着泰国金融市场的迅速开放，外国短期资本大量流入泰国的房地产、股市，泰国人开始轻率地大量借贷，房地产价格膨胀、银行呆账增加。1992年泰国的外债仅为200亿美元，1995年则增至659亿美元，1997年年初则达到惊人的900亿美元，占泰国国内生产总值的40%。如图8-11[1]所示，泰国外债占GDP比率逐年上升，在1999年达到历史最高点。同样，其他东南亚国家也是长期执行高利率政策，在不同程度上放松资本项目的管制，外资从而大量涌入。

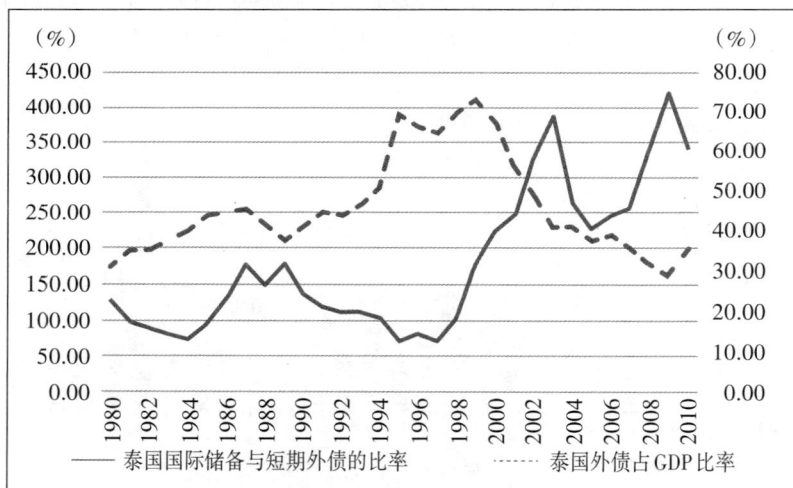

图8-11 泰国外债情况及偿债能力分析

从图8-11可以看出，1997年泰国国际储备与短期外债的比率为70.4%，创下历史最低点，国际储备不足以偿还短期外债，短期外债偿付能力令人担忧。政府外债余额与当年GDP的比率，是衡量经济增长对政府外债依赖程度的指标，国际通常使用的控制标准参考值为20%，而泰国1997年外债占GDP的比率高达

① 资料来源：Wind资讯。

64.8%，泰国政府债台高筑。在这种情况下，政府若提高利率将维护本币，则还债成本上升；如果被迫贬值本币，那么对外贸易将持续赤字状态。

（5）经济泡沫明显

除此之外，泰国产业结构失衡，经济泡沫严重。泰国靠引进和发展劳动密集型产业取得了跳跃性的发展和高增长速度，大量流入的外资流向了盈利快的行业，导致产业结构失衡，经济泡沫四溢。泰国许多银行将近30%的贷款投放到房地产业，房地产严重过剩。1996年，曼谷建成的60万平方米办公楼中有一半无法出售，出现连续四年的房地产低潮，房地产业几乎无钱可赚。房地产业的不景气和积压资金无法收回，坏账严重。1996年年底泰国商业银行和金融机构的房地产贷款分别为总贷款的8.8%和24.4%[1]，房地产泡沫已经非常明显。1997年年初，泰国银行坏账、呆账高达200亿美元之多。不良贷款急剧增加往往先于危机的爆发，为金融系统的崩盘埋下祸根。由于数据缺失，这里只获得了2000—2017年泰国银行的不良贷款率，但是不良贷款的抹平需要比较长的时间，从图8-12[2]可以看出，甚至危机过后银行不良贷款率仍一直处于高位，直到2012年以后才稳定在较低位置，可以想象出1997年泰国银行不良贷款率非常高。

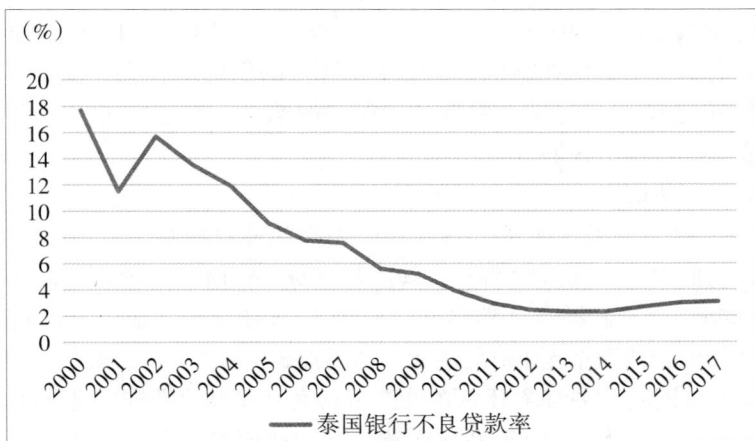

图8-12 泰国银行不良贷款率

在这种经济背景下，如果政府想保卫汇率，就必须维持高利率以吸引资金；而若要解决泰国贸易赤字，就必须使货币贬值；若想防止银行发生危机，就必须维持低利率。显然，泰国的固定汇率并不稳固。

---

① 新浪财经. 亚洲金融危机十年祭 [J]. 资本市场，2007（6）.
② 资料来源：Wind资讯。

（6）股票市场波动剧烈

1996年5月以后，泰国股指下跌幅度超过60%（如图8-13[①]所示），银行不良资产率达到35.8%，经济状况恶化、金融市场波动，都加剧了泰铢的贬值预期。

图8-13　泰国SET（影印）

（7）政治腐败与政局不稳

泰国在过去的10年中产生过8任内阁，经济政策朝令夕改，缺乏连续性。1988年，泰国历史上第一位经选举的平民总理产生，但在1991年的一次政变中这位平民总理被推翻。1992年川的民主党组阁，但川因一起土地丑闻而被推翻，随后班汉政府上台。班汉在泰国人记忆中最腐败的任期结束后下台。差瓦立领导的联合政府在花费了10亿美元的选举费后开始掌权，在这次泰铢被狙击的危机中，差瓦立又不得不引咎下台。

2.狙击泰铢的过程

1997年年初，以索罗斯量子基金为代表的各种对冲基金就潜伏到了泰国的金融市场，它们大量买入看跌期权，以掉期交易方式借入大量泰铢，同时卖出泰铢期货和远期，分阶段抛空远期泰铢。同年2、3月对冲基金在银行间市场借入的远期泰铢外汇合约激增至150亿美元。参见图8-14。

2月14日，国际对冲基金开始在外汇市场大规模抛售泰铢，造成了汇率市场泰铢大幅下挫，泰铢跌至10年来最低点。泰国政府当月买入20亿美元的泰铢，泰铢的利率在2月显著提高。这样虽然暂时稳住了汇率市场，但此次冲击大量地消耗了泰国的外汇储备。同时，高利率增加了银行和企业的坏账，企业向国际金融市场寻求低成本资金，外债规模进一步扩大。

---

① 资料来源：东方财富网。

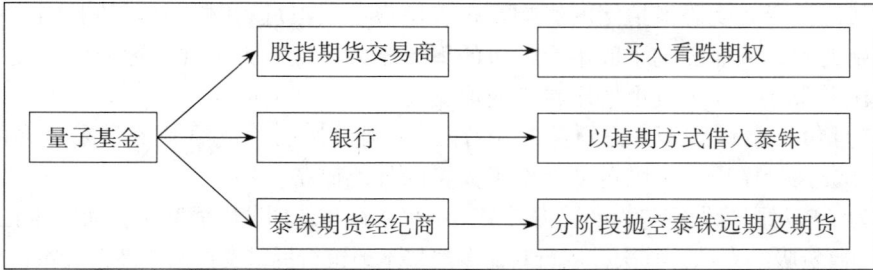

图8-14 量子基金狙击泰铢初期准备示意图

3月3日泰国中央银行宣布国内9家财务公司和1家住房贷款公司存在资产质量不高以及流动资金不足问题,要求其增加资本3.17亿美元,将坏账准备金比率由100%提高至115%~120%,金融系统的备付金增加19.4亿美元。此举使公众对金融机构信心下降,储户在泰国所有财务及证券公司大量提款,5、6日两天,投资者就从10家存在问题的财务公司提走5.77亿美元。4月份美国穆迪资信评级公司两次降低泰国银行信用评级。

以此为契机,索罗斯联合其他宏观对冲基金,正式攻击泰国金融体系。这些对冲基金在股票市场抛售泰国银行和财务公司的股票,接着用卖空所得泰铢继续在外汇市场上抛售泰铢换取美元,加大泰铢的贬值压力;从美国借入泰铢,在外汇市场抛售泰铢换取美元;买入泰铢看跌期权,沽空远期,通过交易对手抛出泰铢现货造成贬值压力;以抵押的方式,从本地银行拆借泰铢,在外汇市场换成美元,以美元利率借出,以获得泰铢贬值带来的泰铢与美元的利差收益。参见图8-15。

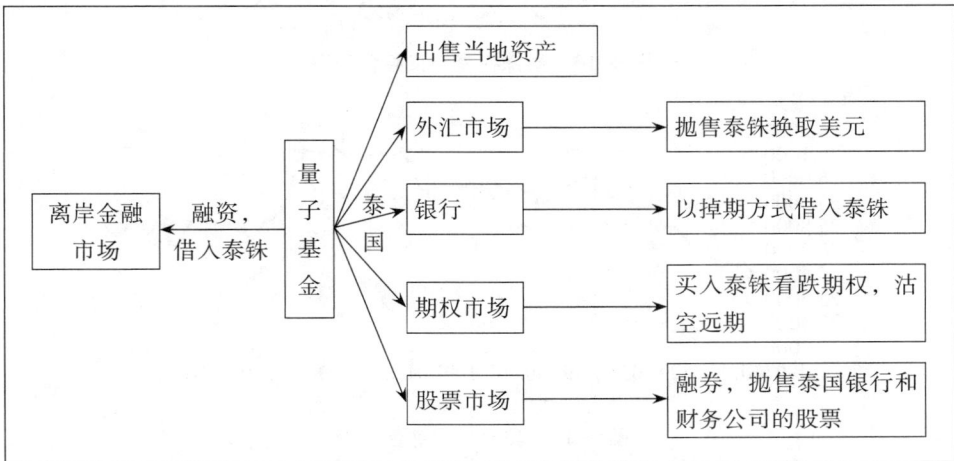

图8-15 量子基金正式狙击泰铢示意图

其他投资者受恐慌情绪的影响，跟着抛售泰国银行和财务公司的股票、用泰铢强兑美元，从而加剧了股市及汇市的下行压力。银行为了规避远期外汇交易风险，轧平头寸，在现货市场用泰铢换取美元。

5月份，泰铢跌至1美元兑26.10铢，泰国市场已不能给外资带来更多的收益，外资大量撤出，泰国再度耗费了大量的外汇储备。

为了应对国际做空势力的冲击，泰国中央银行与新加坡组成联军，动用约120亿美元的巨资吸纳泰铢；其次，用行政命令严禁本地银行拆借泰铢给索罗斯大军；同时大幅调高利率，隔夜拆息由原来的10厘左右，升至1 000至1 500厘。由图8-16[①]可以看出，泰铢在岸当夜隐含利率在5月21日创下历史高点，对应的泰铢在5月21日升至25.71的新高位（图8-17[②]中黑点对应位置）。由于银根骤然抽紧，利息成本大增，致使索罗斯大军措手不及，损失了3亿美元。但是，利率的上升加剧了股市的下跌。

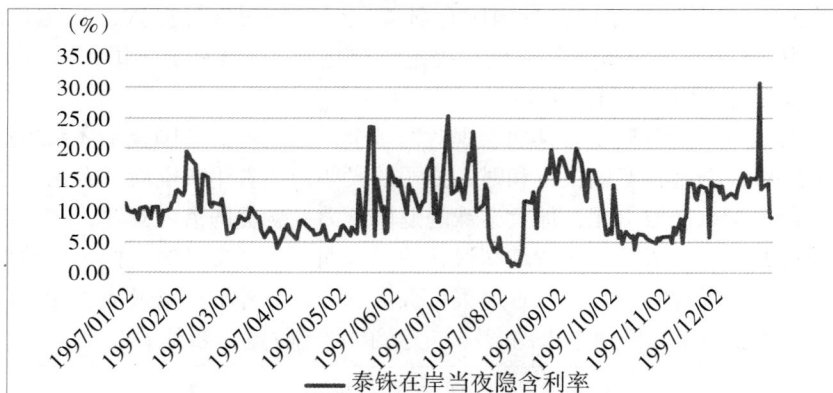

图8-16 泰铢在岸当夜隐含利率

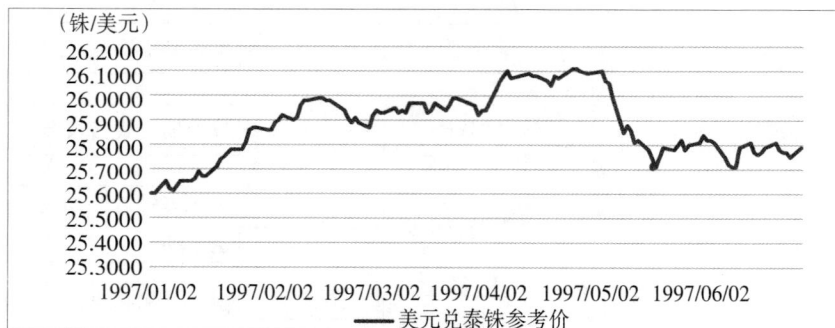

图8-17 美元兑泰铢参考价

① 资料来源：Wind资讯。
② 资料来源：Wind资讯。

　　而5月11日，泰国总理差瓦立声称支持泰铢，却又说他不能承诺这一点，进一步加剧危机。3天后，量子基金在泰铢上的头寸增加到35亿美元，罗伯逊的老虎基金头寸达到20亿美元，与摩根大通、花旗银行、高盛等投资银行共同发起"5月攻击"，当天泰国中央银行使用了至少60亿美元的外汇储备。

　　索罗斯开始散布谣言：泰国政府已经没有外汇储备了，泰铢将会贬值50%以上。由于索罗斯多次狙击成功，市场看空预期加重。市场上大量抛售泰铢，引起民众的恐慌，追风行动进一步加剧危机。

　　泰国中央银行在攻击最猛烈的5月消耗了210亿美元的外汇储备，6月底泰国央行300亿美元外汇储备消耗殆尽，而外汇储备不足也是导致泰铢失守的原因之一。从图8-18[①]也可以看出，1997年泰国外汇储备被大量消耗。

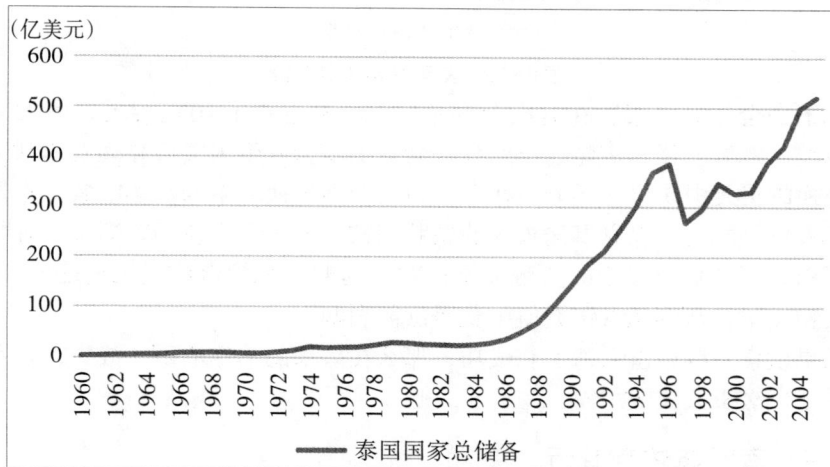

图8-18　泰国国家总储备

　　7月2日，泰国央行已耗尽所有的外汇储备，宣布放弃固定汇率制，实行浮动汇率制，当天泰铢重挫20%。随后泰国央行行长伦差·马拉甲宣布辞职。7月24日泰铢兑美元降至32.5∶1，再创历史最低点。8月5日，泰国央行宣布关闭42家金融机构，导致了泰铢彻底崩溃。截至10月1日泰铢已比7月1日浮动前跌去38.39%，而股市的跌幅同样惊人。直到1998年3月，汇率才开始平稳地波动。参见图8-19[②]。

---

① 资料来源：新浪财经。
② 资料来源：Wind资讯。

图8-19　美元兑泰铢参考价

据不完全估计，泰国在这次金融危机中，被卷走了40亿美元，各大交易所一片混乱，物价上涨，实体经济崩盘。而量子基金在泰国实行浮动汇率制后，从曾经兑换的美元中拿出一部分，在泰铢历史低点处换取泰铢，还给银行借款，赚取汇率差价；同时，执行事先买入的看跌期权；对于股票市场，则以低价购进权重蓝筹股，偿还做空股市时所融证券；对于远期、期货合约，无论是现金交割，还是实物交割，都能从泰铢贬值中获得巨额利润。

如果说索罗斯狙击泰铢大获成功，那么在后来的沽空港币一战中，索罗斯无疑遭受了一次重大失败。

（三）索罗斯沽空港币

1.背景

1983年10月17日后，中国香港采用了货币发行局制度，汇率固定为1美元兑7.8港元，此后，这种稳定的汇率制度增强了人们对港币的信心。

在当时，中国香港资本账户完全开放，国际资本可以实现自由流动。此外，中国香港具有较为完善的金融市场，股票市场和期货市场发展迅速，但同时这也为外汇投机的双重操作提供了便利条件。20世纪90年代中后期到亚洲金融危机发生之前，亚洲新兴市场国家迅速发展，这些国家的经济呈现出一片繁荣景象，但繁荣背后也暗藏危机。与这些新兴市场国家相比，中国香港的经济基本面较为良好。

中国香港当时有较为充足的外汇储备（中国香港外汇储备情况见表8-6），

外汇储备的年增长率也处于一个较高水平。充足的外汇储备也为日后中国香港特区政府应对索罗斯的狙击提供了一定的基础。此外，联系汇率制度使得港元有较高的国际信誉。

表8-6 中国香港外汇储备情况

年份	1990年	1991年	1992年	1993年	1994年	1995年	1996年	1997年
外汇储备（10亿美元）	24.6	28.8	35.2	43.0	49.3	55.4	63.8	92.8
外汇储备年增长率		17.3%	22.1%	22.2%	14.6%	12.5%	15.2%	45.4%

资料来源：沈联涛. 十年轮回：从亚洲到全球的金融危机［M］. 杨宇光，刘敬国，译. 上海：上海远东出版社，2009.

从中国香港GDP数据来看（中国香港GDP增长情况如图8-20①所示），1990年到1994年增长较为平稳，尽管2005年GDP增速有所下滑，但GDP增长基本上保持在5%左右，从GDP总量来看，1990年到1997年GDP总量一直呈现上涨状态。

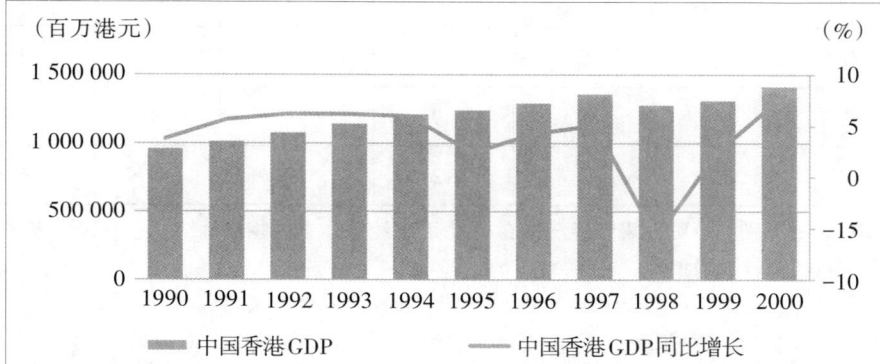

图8-20 中国香港GDP增长情况

从政府财政角度看，1990年到1997年，中国香港特区政府财政状况较好，除了1995年出现了较少财政赤字之外，其他年份均处于财政盈余状态，政府没有大规模外债和支出。参见图8-21②。

① 资料来源：Wind资讯。
② 资料来源：Wind资讯。

（百万港元）

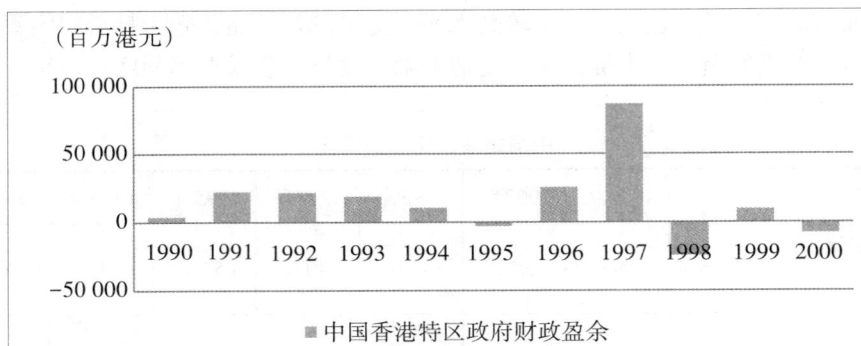

图8-21　中国香港特区政府财政盈余

中国香港强大的银行系统帮助其顶住了危机时期的冲击，1997年危机来袭时中国香港银行的资本充足率约为17.5%，而已过期的贷款仅占全部贷款的1.81%。中国香港银行的实力在亚洲地区屈指可数。

表8-7　　　　　　　　部分亚洲经济体1997年银行实力衡量

	总分	资本总额	贷款级别	外国所有权	流动性	经营环境
新加坡	16	1	6	2	5	1
中国香港	21	3	9	1	2	2
马来西亚	41	5	9	8	8	3
泰国	52	7	12	12	8	6

注：每一类别的分数代表该经济体在12个亚洲经济体中的相对等级，总分较低表明该经济体的银行实力较为强大。

资料来源：国际货币基金组织（2001）根据Caprio（1998）资料编制。

从总体上看，中国香港经济基本面较好，但是同时中国香港经济发展也存在一些问题，主要表现为房地产部门和股票市场的资产价格泡沫越来越大。房地产价格和股票价格的大幅上涨，推高了物价水平。

从图8-22[1]可以看出，1995年CPI同比增长9.1%，1990年到1995年，CPI都处于接近10%的较高水平。但同时从1996年开始，CPI进入一个下行周期，这也预示着之前的经济高速增长时期结束，中国香港经济受到亚洲金融危机的影响呈现明显的下行趋势。

[1]　资料来源：Wind资讯。

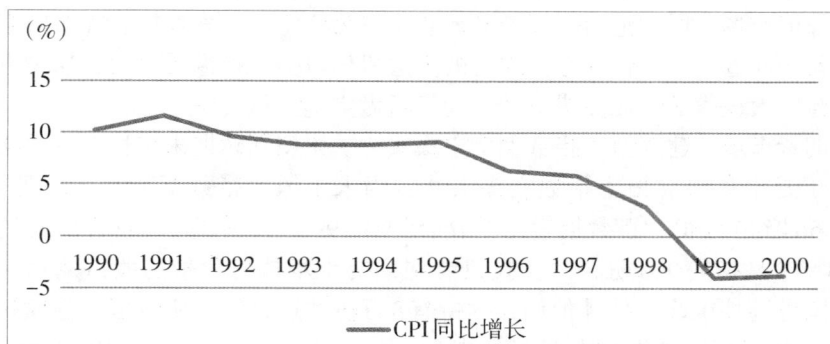

图8-22 中国香港CPI同比增长

在亚洲金融危机爆发之前，中国香港房地产市场由于需求旺盛而供应不足，导致价格扶摇直上，1997年房地产部门成为中国香港经济中最大的部门，对GDP的贡献率达到26.8%。由于房地产价格的迅速上涨，中国香港的通货膨胀率飙升，中产阶级和房地产开发商纷纷选择将房产作为抵抗通货膨胀的工具。在股票市场上，房地产股和银行股表现强劲，股票市场的投机行为愈演愈烈。此外，由于中国香港资本账户完全开放，国际资本可以自由流动，大量外资涌入股票市场和房地产市场，而这中间也不乏索罗斯等外汇炒家运作的大规模资本。

1998年4月，中国香港特区政府的《金融市场评估报告》中指出：1997年10月之前的两年中，中国香港的住房平均价格上升了80%，恒生指数在两年半多的时间里增长1.4倍，在1997年8月创历史新高。蓝筹股的市盈率猛涨到平均17倍的水平，红筹股、H股的市盈率分别达到52倍和30倍。这种资产价格的暴涨是不可持续的，股票市场和房地产市场的繁荣背后，暗藏危机，暴露出中国香港金融部门面临国际投机者攻击的巨大脆弱性。

2. 索罗斯沽空港币的主要策略

按照索罗斯的盛衰理论来看，中国香港经济的高度繁荣是与房地产市场和股票市场的高度繁荣密切相关的，这种经济增长是不可持续的，他预期盛衰的周期会很快到来，港币将会难以维持固定汇率制度，港币贬值成为一种不可避免的趋势。而中国香港自由的金融环境、发达的股票期货市场又为索罗斯的投机活动提供了很好的环境。索罗斯狙击港币的策略主要是利用外汇市场、股票市场、期货市场的相互关联关系，声东击西，最终目的是实现股指期货市场的大规模盈利。

（1）事先准备

在外汇市场，囤积港币。每当港元利率较为稳定时，索罗斯就在市场上预先借入港元，向通过发行债券筹措港元的多边机构以美元换港元。通过这种方式事先建立起巨大规模的港元多头头寸，为日后做空港元做准备。

在期货市场，建立恒生指数期货空头头寸。索罗斯预期未来恒生指数会大幅下挫，于是事先建立恒生指数空头头寸，当未来恒生指数下跌时，便可获利。1998年6月到7月恒生指数期货未平仓合约从1998年6月的7万份合约大约增加到1998年8月初的9万份合约。投机者在期货市场持有大量的股指期货空头头寸，中国香港特区政府估计他们大约持有8万份沽空合约，所以恒生指数每下跌1000点，他们可以获得40亿港元的利润。

（2）开始行动

等待时机抛空港元，推高利率，引起股市大幅下跌，实现期货市场的大幅盈利，在冲抵货币市场借贷成本的同时，仍然可以获得高额收益。1998年6月中旬，索罗斯对港币发起又一轮狙击。强大攻势使得恒生指数8月中旬一度跌破6 600点，港元兑美元汇率大跌。主要过程如图8-23所示：

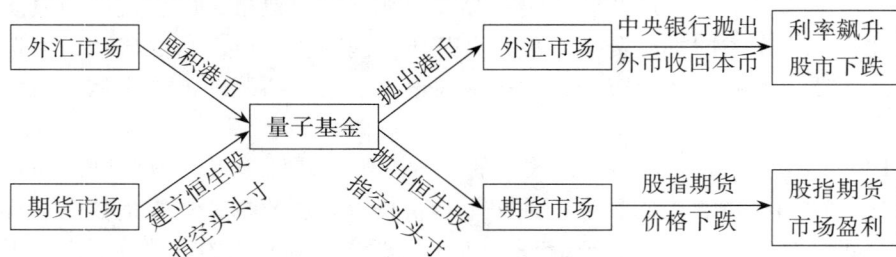

图8-23　索罗斯狙击港币策略

索罗斯狙击港币的最突出做法便是双重操作，在外汇市场和期货市场同时沽空，每一次在外汇市场沽空港币，中国香港货币当局按照联系汇率制度的安排就要收回港币，抛出美元，造成港币的流动性困难，由此造成利率飙升。港元利率的上升会增加索罗斯等投机者借入港元的利息成本，1998年8月中旬，投机者借入港元的单天成本约为40亿港元。但同时，利率上升更大的影响在于对股市的冲击，利率上升会造成股市暴跌，恒生指数大幅下挫，股票市场的下跌带动股指期货价格暴跌。此时，索罗斯卖出之前积累的恒生股指期货空头头寸便能在期货市场获得巨大利润。根据中国香港特区政府估计，如果投机者能够在100天之内达到目标，他们就可以净赚30亿港元。

3.索罗斯做空港币失败

最终中国香港特区政府为了维持固定汇率开始入市干预，在股市买入恒生指数的成分股，稳住股市，期货市场买入大量期货合约，提高期货价格，最终击退索罗斯等对冲基金的攻击。在此次港币保卫战中，中国香港特区政府动用100多亿美元，消耗外汇约13%，取得惨胜。

三、案例分析

随着各种金融衍生工具及其市场的诞生和发展，外汇即期市场、远期市场、货币市场、资本市场、衍生市场之间环环相扣，牵一发而动全身。泰铢的崩溃使得东南亚各国货币在外汇市场中遭到大量的抛售，汇率大幅下挫，慢慢延伸到整个亚洲，导致了亚洲金融风暴的发生。

（一）量子基金引燃亚洲金融危机

东南亚各国受泰国金融危机的影响，各国的外国投资者和国内投资者都产生了本币贬值的预期，同时资本恐慌式出逃。图8-24[①]列举了泰国、菲律宾、新加坡、马来西亚的汇率，可以看出，汇率都在1997年7月发生大幅度贬值。

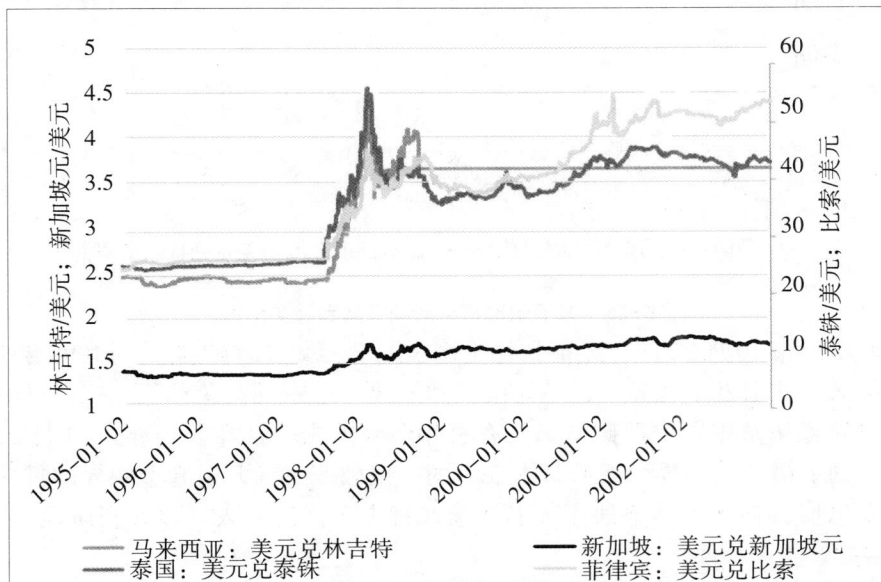

图8-24 东南亚金融危机时期相关国家汇率

图8-24
彩图

---

① 资料来源：Wind资讯。

　　1997 年 7 月 11 日，菲律宾央行宣布实行浮动汇率制，比索当天跌幅达 11.5%。当日，马来西亚货币林吉特兑美元汇率为 2.498∶1，而 1998 年 1 月 27 日汇率下跌至 4.545∶1。1998 年马来西亚经济 13 年以来首次出现负增长，同年 9 月马来西亚政府采取扩张性财政政策和货币政策，将林吉特兑美元汇率固定在 3.8∶1。

　　韩国和日本在这次金融危机中亦未能幸免。从 10 月 28 日以后，韩国首尔（当时称"汉城"）股票综合指数接连创下新低，上市公司的市值损失在 30% 以上，汇市则由 11 月 6 日的 974.8 韩元兑 1 美元，下降到 11 月 20 日的 1 139 韩元兑 1 美元。11 月 21 日，韩国政府不得不向国际货币基金组织紧急申请 500 亿美元的资金援助。参见图 8-25[①]。

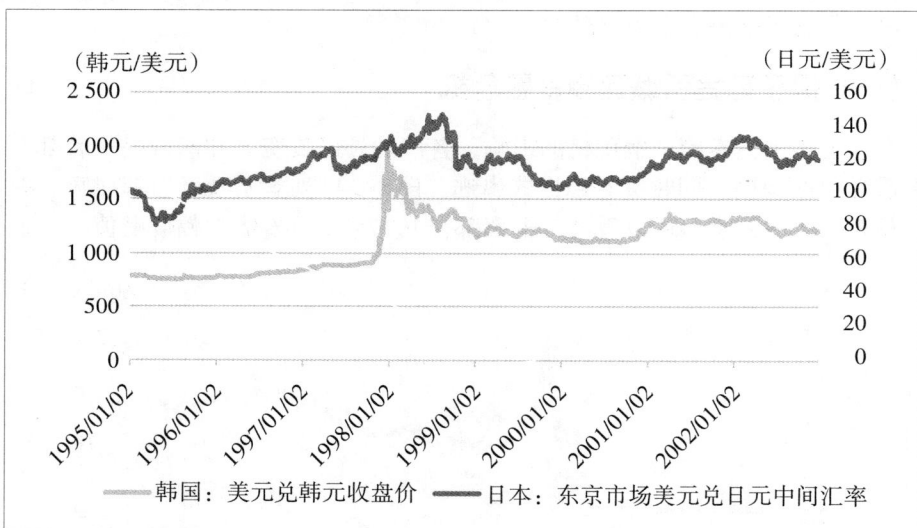

图 8-25　东亚金融危机时期日本和韩国汇率

　　日本股市 10 月 27 日日经指数比上个交易日猛跌 725.67 点，创 1995 年 7 月以来新低，并引发金融界一连串的破产和丑闻，东京都共荣银行、三洋证券公司和北海道拓殖银行先后破产，具有百年历史的山一证券公司亦在 11 月 22 日破产，创下第二次世界大战后日本最大的一宗破产案，并引起金融界的进一步悲观和恐慌，日本经济企划厅不得不承认日本经济已步入"零增长阶段"。参见图 8-26[②]。

---

　　① 资料来源：Wind资讯。
　　② 资料来源：东方财富网。

图 8-26 日经 225 指数（影印）

（二）宏观对冲的精髓——精心选取狙击对象

索罗斯的反身性理论认为，人的思想对于事态发展所带来的不确定性同量子力学中的不确定性相似。而在参与者思想成为事态的一个组成部分的情况下，事态的结果仍具有客观化成分，在一定程度上可以预测。事实表明，索罗斯的预测多数是成功的，而对于目标国家经济基本面的判断是宏观对冲策略的第一步，也是最重要的一步。

据估计，索罗斯在泰铢狙击战中获利近 20 亿美元，但此举却引发了东南亚金融危机。东南亚金融危机虽然由量子基金这一类宏观对冲基金引燃，但其内因在于东南亚国家经济结构的内在矛盾和宏观经济政策的失误。但索罗斯也并非百发百中，表 8-8 对其成功狙击泰铢、失败狙击港币的原因进行了对比分析。

表 8-8 宏观对冲基金狙击目标基本面对比

	泰国	中国香港
债务情况	短期债务比率较高，国际储备仅占短期外债的 70.4%	基本处于财政盈余状态
外汇储备	只有 300 亿美元	928 亿美元，同时可以使用中国内地的外汇储备
汇率制度	一篮子货币制度，与美元软挂钩	货币局制度
资本账户	开放	开放
实体经济	过度依赖外贸	经济结构良好
股票市场	从 1995 年开始不断下跌	泡沫，投机行为愈演愈烈
房地产市场	泡沫严重	泡沫
银行体系	不良贷款率高	稳健
操作方向	做空	做空
战绩	成功	失败

通过表8-8的对比可以看出，泰国几乎具备了攻击目标的所有缺陷：实体经济恶化，债务高筑，抵抗能力弱，金融体系脆弱。而中国香港虽然股市和房地产市场存在泡沫，但基本面整体向好，金融系统比较健康，可以说不存在很大的制度漏洞，有足够的实力抵抗狙击。在东南亚各国风光无限的索罗斯，错误判断经济形势，因此在狙击中国香港一战中面临巨额亏损。

宏观策略要求基金管理人对市场的非理性波动、宏观经济和重大经济政治事件有敏锐深透的洞察力，通过投资汇率、互换等产品，在该经济体相对外界的变化中获利。如果某经济体发生重大事件，引起该经济体宏观经济指标的变化，往往会导致相关的汇率、股票、债券价格的重估，在市场的剧烈波动下，押注正确的宏观策略对冲基金往往会获取惊人的回报。

（三）预期的自我实现——全球宏观对冲策略成功的助推器

很多货币危机的加剧都源自预期的自我实现，而索罗斯也正是利用了投资者预期将会影响投资者行为，进而影响市场走势的这一逻辑，成功狙击泰铢，投资者预期是宏观对冲基金得以成功的重要条件。

如果投资者预期货币贬值，那么他们就会在外汇市场不断抛出本币，收回外币。此时，如果本国政府仍然履行换回的义务，将会损耗央行的大量外汇储备，这会导致央行在国际市场上的干预能力进一步下降，本币贬值的风险进一步加大。金融市场本身就具有脆弱性，而且投资者行为本身存在非理性，羊群效应的存在使得危机扩散，加剧人们的恐慌，大量投资者不断在市场上抛售本币，进而导致恶性循环。如果中央银行想要维持本国汇率，不得不抛出外汇，收回本币，提高利率水平，但是当外汇储备不足，或者高利率水平造成国内总需求严重不足时，央行就不得不放弃固定汇率。

对冲基金的大规模抛售本币足以造成市场上其他投资者的恐慌情绪加重，再加之市场舆论的散播，市场上的投资者很有可能形成一致性预期，进而导致抛售狂潮，在这种情况下，固定汇率很难维持，本币最终贬值。这种市场现象与索罗斯的反身性思想具有一致性，即投资者的预期导致投资者行为，而投资者的行为会在很大程度上影响市场的走势。

狙击泰铢之前，索罗斯在德国的报纸上发表对东南亚经济形势的看法，暗示泰铢将贬值，成为市场流传的泰铢贬值的源头。当1997年3月中旬银行挤兑出现缓和时，美国的银行评级机构连续两次宣布降低泰国银行的信用级别，动摇了人们对银行的信心。这些因素都对投资者预期产生了影响，加剧了资本外逃和泰铢的贬值，而这正是对冲基金希望看到的结果。

同样在中国香港，当中国香港股市初跌之时，美国的穆迪评级机构同样降低了中国香港银行的信贷级别，在亚洲金融危机的阴影下，中国香港投资者的信心严重动摇。此外，危机期间中国香港最大的本土投资银行百富勤由于投资出现失误而蒙受巨大损失，最终倒闭，这给中国香港金融系统带来了巨大的冲击①。这些因素都对投资者预期产生了影响，造成投资者大规模抛售港币，加剧了港币贬值的危机。

因此，从以上分析来看，由于金融市场的脆弱性，危机期间的恐慌情绪很容易蔓延，人们会对经济产生更加悲观的预期。在这种预期的影响下，货币危机会进一步加剧，再加上对冲基金的大规模卖空，货币贬值更加严重，而预期的力量也是对冲基金得以成功的重要因素。

但是，预期导致危机加剧的前提是资本账户的完全开放，只有在资本账户完全开放的条件下，投资者才有可能进行资产替换。在资本账户不完全开放的状态下，宏观对冲基金的各种市场操作很难进行，投资者预期也不能发挥作用。从避免货币受到冲击的角度来看，中国政府的资本账户管制相当于在本国市场与投机者之间建立了一个屏障，将很多不利冲击抵挡在国门之外，这也是一种理性的选择。

（四）各国政府对投机者的抵抗

全球宏观对冲基金面临的最大挑战便是来自被狙击国的中央银行的干预，一个强有力的中央银行能够坚定投资者信心，通过及时有效的外汇市场干预达到稳定币值、控制危机的目的。

索罗斯狙击港币失败的原因之一在于中国香港经济基本面较为良好，中国人民银行自身实力雄厚，同时港币能够维持币值稳定的另一个重要前提是中国香港特区政府的积极干预和救市。

中国香港特区政府在1998年8月14日星期五到8月28日星期五，积极组织资金入市，展开8月期指合约争夺战，将期指由入市前6 610点推高到24日的7 820点，高于索罗斯7 500点的平均建仓位。在股票市场，中国香港特区政府甚至向中国香港中银等券商发出指示，不惜成本购买恒生指数中的33种成分股，强力支撑恒生指数（恒生指数日涨跌幅如图8-27②所示），进而拉高股指期货价格。

---

① 沈联涛. 十年轮回：从亚洲到全球的金融危机 [M]. 杨宇光，刘敬国，译. 上海：上海远东出版社，2009.
② 资料来源：Wind资讯.

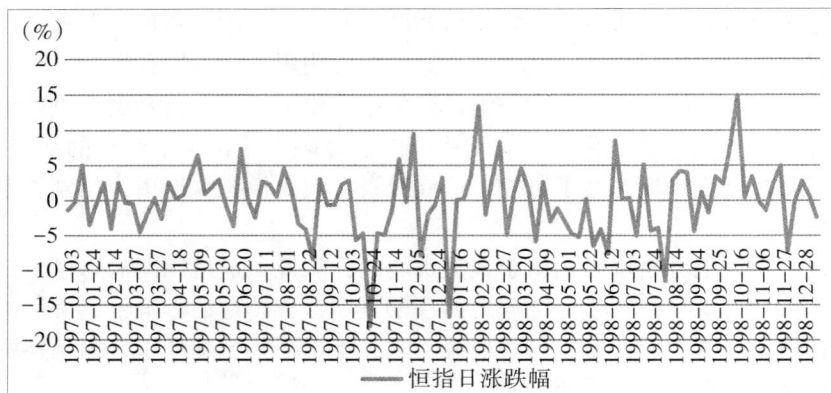

图8-27　恒生指数日涨跌幅

　　在中国香港特区政府的努力下，到1998年9月期指合约价格上升到8 220点，索罗斯认为大势已去，应当及时止损，最终撤出中国香港市场。在此次港币保卫战中，中国香港特区政府动用100多亿美元，消耗外汇约13%，取得惨胜。而根据民间估计，索罗斯量子基金亏损约为10亿美元。从图8-28[①]来看，中国香港特区政府最终赢得了港币保卫战，危机期间，美元兑港元的汇率一直保持在7.72到7.75之间。

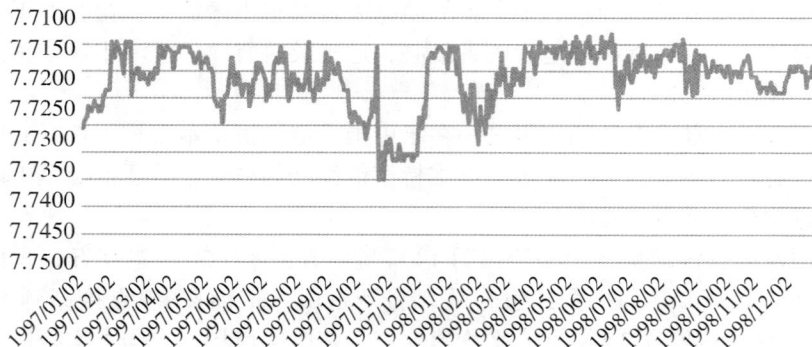

图8-28　美元兑港币汇率走势

　　在稳定投资者预期方面，中国香港特区政府也做出了很大的努力。[②]中国香港正达证券公司破产之后，投资者信心大幅下挫，为了稳住中国香港的银行体系和投

---

　　① 资料来源：Wind资讯。
　　② 沈联涛. 十年轮回：从亚洲到全球的金融危机［M］. 杨宇光，刘敬国，译. 上海：上海远东出版社，2005.

资者的信心，中国香港特区政府和监管机构一致同意将每位散户的赔偿上限提高到15万港元。为了保证赔偿资金能够及时到位，中国香港联交所和中国香港证监会立即各向赔偿基金注资1.5亿港元，必要时双方可以再注资1.5亿港元。这种措施的出台，稳定了投资者的预期，同时也增强了中国香港特区政府的声誉和信誉。

除了中国香港之外，受到冲击的东南亚国家及日本、中国台湾地区也纷纷制定了一系列政策措施来应对对冲基金。例如，1998年8月份，中国台湾下令禁止索罗斯麾下的对冲基金进入中国台湾金融市场；9月份，马来西亚开始实行外汇管制；日本则通过修改证券交易法来控制风险。

这些政策的出台都表明了各国和地区政府抵抗索罗斯这种宏观对冲基金袭击本国货币的决心，也使得宏观对冲的操作难度加大。

四、案例拓展——银行业改革、国际游资管制与加强国际合作

回顾索罗斯量子基金的"战绩"，英国在1992年9月16日宣布退出"欧洲汇率机制"让索罗斯一战成名，古老的英格兰银行、南美的墨西哥金融业到亚洲新兴国家的金融业，都未能幸免于难。

索罗斯每次狙击大都收获颇丰，但对于被入侵国民来说，无疑是一场灾难。可是，在索罗斯看来，只有通过金融狙击与货币战争，各国政府才会完善财政体系与金融制度，他坚信"市场中留有投机的空间是各国政府的错误"。当然，国际投机基金的恶意投机炒作与东南亚各国经济结构和经济政策的内在问题的相互作用促成了本次金融危机的爆发，二者相辅相成，缺一不可。

但是，近年来，宏观对冲基金的发展受到了阻碍，成功狙击一国货币，大发"国难财"变得更加困难。主要有以下几个方面的原因：首先，亚洲金融危机后各国开始反思国内金融的体系，对金融行业实行了更加严格的监管；其次，各国开始加强对国际短期游资的监控；再次，各国政府对市场的干预程度不断加强，政府的强有力干预增强了投资者的信心；最后，广泛的国际合作使得各国能够更好地抵御危机，维护国际金融市场的稳定。

（一）银行业改革的推进

宏观对冲基金对一国货币的狙击，必然会依赖该国的银行体系，而一国银行体系的稳固程度在很大程度上决定了该国应对危机的能力。

近年来，我国不断推动金融行业去杠杆，严格控制金融部门的杠杆率，而宏观对冲基金的大规模资金基本上都依赖高杠杆进行运作，也就是从各国金融部门借出资金，但是由于金融监管部门对杠杆率的控制，对冲基金在被狙击国获得资

金的能力大幅下降。

此外，2008 年金融危机后，各国都开始重视银行体系的压力测试，及时监控和预防金融风险。2018 年我国对 20 家大中型商业银行进行了压力测试，包括偿付能力、宏观情景压力测试和偿付能力敏感性压力测试。从偿付能力和宏观情景压力测试的结果来看，银行整体抗冲击能力较强，在轻度和重度冲击下，仅有 1 家和 2 家参试银行未通过偿付能力和宏观情景压力测试。

从偿付能力敏感性压力测试的结果来看，在整体不良贷款率上升至300%的中度冲击下，所有参试银行的总体资本充足率下降到10.79%，但仍高于巴塞尔协议 Ⅲ 的10.5%的要求。总体来看，在巴塞尔协议 Ⅲ 的监督以及银保监会的监督下，银行系统的安全性较高，实力较强，能够应对国际游资以及宏观经济环境的不利变动。

目前，统一监管已成为国内监管国际游资流动的重要发展趋势。国际游资规模较大，而且会同时渗透到银行、保险和证券等多个金融部门，在分业监管的模式下，监管成本较大，而且力度较为分散，可能还会出现监管机构之间相互推卸责任的问题。2018年，我国将银监会、保监会合并，由分业监管模式转化为混业监管。在这种统一监管的模式下，可以降低监管成本，同时实现"资源共享"。

（二）针对国际短期游资的资本管制

一国政府往往通过实施资本管制限制短期游资对资本市场的冲击。资本管制主要包括两个方面，分别是直接管制和间接管制。直接管制涉及资本账户开放管制和外币兑换管制，而间接管制是以市场为导向的管制。我国目前的主要管制方式是直接管制，即通过限制外汇交易和资本账户开放进行管制。

2015 年 8 月汇改之后，人民币一路贬值，为了防止资金外流和国际短期游资的冲击，中国人民银行采取了一系列措施，其中包括要求在岸人民币衍生交易缴存20%的准备金、口头向外界表达打击投机势力的信心、暂停向离岸银行的人民币账户提供跨境融资和暂停机构申请新的 RQDII[①] 相关业务等。这些措施的实施抬高了投机者的做空成本，稳定了人民币汇率，阻止了国际资本的大规模外流。

2018 年中国国家外汇管理局进一步加紧了外汇管制限制，在沿用 2017 年每人每年只有 5 万元的换汇额度的基础上，个人换汇的程序也变得更为繁琐，申请更为困难。此外，规定从 2018 年 1 月 1 日起，中国公民个人境外年度取现总额不得超过 10 万元人民币，单日提取限额为 1 万元。通过这种严厉的换汇政策，控制抛售人民币的行为，进而稳定人民币币值。

---

① RQDII 是指以人民币开展境外证券投资的境内金融机构，其所涉及的金融机构仍延续合格境内机构投资者（QDII）制度下的四类机构：银行、证券、保险和信托。

（三）国际合作的加强

随着经济全球化和金融全球化的发展，各国之间的金融合作更加密切。各国也越来越意识到加强国际金融监管合作对于应对危机具有重要意义。

截止到2015年年末，中国证监会已与美、英、法、德、日、新及中国香港、中国台湾、中国澳门等62个国家及地区的境外证券（期货）监管机构签署了双边《证券期货监管合作备忘录》，就证券监管信息共享、跨境执法协助、经验交流等方面开展了有效的协调与合作。

2018年中国证监会与开曼群岛金融管理局、日本金融厅、新加坡金融管理局都签署了《证券期货监管合作谅解备忘录》，旨在加强在证券期货领域的信息交流与执法。目前，中国证监会已相继同63个国家和地区的证券期货监管机构建立了跨境监管执法协作机制，协同打击违法违规行为，维护投资者合法权益。

纵观历次货币危机可以发现，外汇储备在维持本币币值稳定方面发挥着重要作用。但是各国的外汇储备毕竟有限，当出现大量的资本外逃时，依靠有限的外汇储备不足以击退资金规模巨大的宏观对冲基金。此时，巧妙运用双边货币互换协议能为一国在危机时提供流动性补充。

2018年8月20日，中国央行与马来西亚国家银行续签了规模为1 800亿元人民币的双边本币互换协议；10月26日，与日本央行签署了规模为2 000亿元人民币的中日双边本币互换协议；10月30日，中国与菲律宾签署协议，实现两国货币直接兑换；11月8日，中国央行与阿根廷央行的货币互换协议规模扩大近一倍，达到1 300亿元人民币。

总之，各国政府对宏观对冲基金采取的态度基本上都是坚决抵制，此外各国也在尽力完善本国的金融监管体系，填补金融体系的漏洞，使得宏观对冲基金的操作空间不断缩小，但研究和学习宏观对冲的操作策略和手法还是具有很大的理论和操作意义。

─────────────────── 案例思考 ───────────────────

1. 对冲基金的操作策略有哪些？
2. 对冲基金相较其他基金，有什么特征？
3. 宏观对冲策略都包括哪些策略？各有什么特征？
4. 从量子基金狙击泰铢和港币的案例中，分析哪些因素是对冲基金对一国（地区）金融市场发起攻击的主要因素。
5. 试讨论对冲基金发"国难财"与一国加强对金融市场监管之间的关系。

第九章

中国艺术品投资的发展
由天津文交所的兴衰看开去

一、背景知识

　　艺术品一般指的是造型艺术的作品，也可以说是容纳货币流动性的一种大类资产。艺术品不但具有资本品的特点——抵御通胀、规避风险和获取收益，同时，整个投资过程充满着艺术欣赏带来的效用——感知和鉴赏美的欣喜和满足。因此，艺术品的价值不仅仅可以通过它的使用功能体现出来，还能通过收藏和展示来体现其价值以及价值增值。

（一）艺术品投资市场

　　当代艺术品市场在21世纪迅速发展，交易量快速扩张。以2000年作为基年，将2000年的标普500以及当代艺术品和战后（第二次世界大战后，以下简称战后）艺术品价格指数设定为100，对比股票市场、当代艺术品市场和战后艺术品市场的收益情况。从图9-1[①]可以看出，当代艺术品与股票市场的相关性比较小，是一种典型的另类投资工具，但在2008年的金融危机中，投资艺术品的人也不能幸免于难。艺术品市场从2000年到2008年迅速发展，从2009年至2013年处于一种盘整的状态，2014年开始下行，终于在2017年开始复苏。报告显示，2018年第一季度当代艺术品价格指数回弹27%。当代艺术品价格指数整体上与战后艺术品价格指数同方向变动，在2000年至2016年期间收益率要高于标普500指数，但是标普500自2009年开始，价格强势上升，使其最近几年的收益率要强于当代艺术品和战后艺术品。同时，艺术品指数与标准普尔500指数的振幅差不多，而股票市场价值已经超过金融危机前的顶峰，当代艺术品市场下降后刚开始回暖，有比较好的前景。

---

　　① 资料来源：2018年度当代艺术市场报告https://zh.artprice.com。

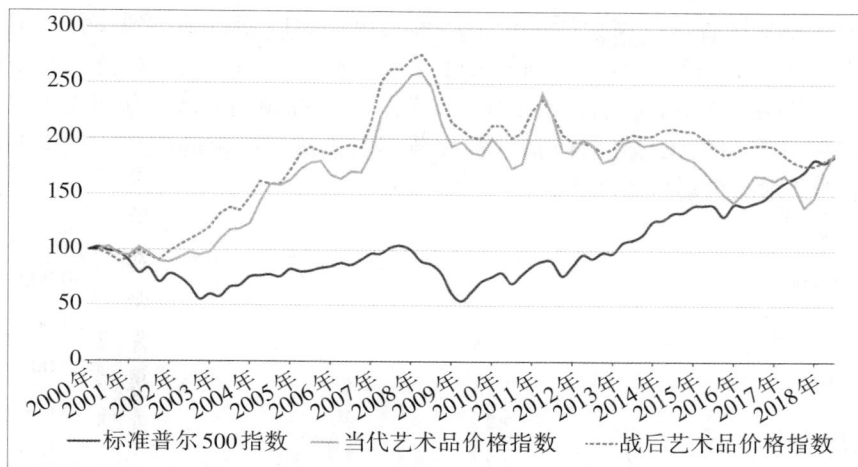

图9-1　标准普尔500、当代艺术品和战后艺术品价格指数

　　根据Artprice①发布的全球艺术品投资数据可知，从1998年到2017年，全球艺术品市场经历了快速发展（见表9-1），这其中包括中国市场的兴起，交易网络的全球化，拍品的多元化和艺术品交易的流动性的提高。在这20年间，艺术品上拍数量提升221%，拍出数量提升128%。

　　自2000年开始Artprice基于全球拍卖收入状况，统计出全球拍卖价格指数上涨36%，相比之下，标准普尔500指数同期增长86%，富时100指数增长2%，由此可见，在全球范围内艺术品已经成为一个有较大竞争力的投资产品。

表9-1　　　　　　　　　　1998—2017年艺术品市场的演变

相关项目	1998年	2017年	变化比例
全球拍卖总成交额（亿美元）	27	149	456%
艺术家数量（位）	54 005	132 920	146%
作品成交数量（件）	220 159	502 891	128%
举办拍卖的国家数量（个）	34	59	45%
价格指数	100	152	52%

资料来源：2017年度艺术品市场报告，雅昌艺术市场监测中心。

　　我国艺术品市场发展较为缓慢，近几年艺术品投资热潮也此起彼伏，从图9-2②的成交额（左侧坐标轴）可以看出，我国艺术品市场在2008年金融危

---

① 全球最大艺术品投资市场数据银行。
② 资料来源：雅昌艺术市场监测中心https://amma.artron.net/artronindex_indexall.php? cbid=2。

机、2011年全国各地的文交所乱象中严重受挫。2013年市场出现反弹，但是在2014年，由于前两年艺术品市场的火爆，很多艺术藏品被收藏，流通交易的精品减少，受经济活动的影响，市场比较缺钱，艺术品市场的成交额再次下降。但从2017年春季到现在，随着经济结构改革不断推进，股市的好转，投资者的余钱增多，艺术品市场也不断走强。

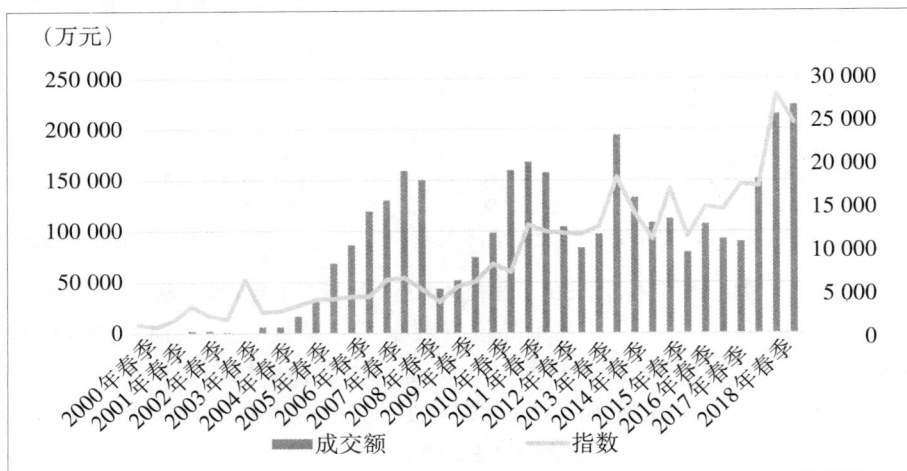

图9-2　雅昌油画100成分指数

　　雅昌油画100成分指数①（如图9-2右侧坐标轴所示）从2000年春季至2018年春季基本保持上扬的态势，艺术品价格屡创新高，但投资者盲目跟风投资艺术品常有发生。因此，在发展完善艺术品市场的同时，需要防控风险，合理控制投资者门槛，配套艺术品监管体系，减少炒作、泡沫的出现。

（二）艺术品投资渠道

　　艺术品投资的渠道有拍卖公司、文物商店和文物市场等，最主要的是拍卖公司，下面简要介绍艺术品投资的渠道。

1. 展会、画廊

画廊作为经销商，宣传艺术家及其作品，投资者从展出的艺术品中，挑选出最合意的进行收藏，类似于股票市场的一级市场。

2. 拍卖行

随着艺术家名气的增长，收藏品价值迅速增长，收藏家在拍卖行出售艺术

---

①　雅昌油画100成分指数运用平均价格法，反映艺术家在国画、油画或者水粉、水彩作品在拍卖市场的价格趋势及变化幅度。

品，投资者在作品底价的基础上竞价，如拍卖成交，买卖双方则向拍卖行交付一定的酬金，这种艺术品在投资者之间的流通类似于股票市场的二级市场。但是我国常常出现一级、二级市场倒挂的现象，作品在拍卖行出售一个好价钱后，艺术家名声大噪，画廊、展会才跟着发展起来。

3. 艺术品投资基金

艺术品投资基金是指根据风险共担和收益共享的基本原则，将投资者分散的资金集中起来，以艺术品投资组合的方式进行投资和独立核算，共享投资收益的艺术品金融服务。

4. 艺术品份额

单个艺术品价格往往较高，主要面向高净值群体，艺术品份额化是指把昂贵的艺术品拆分，整个过程类似于艺术品的"证券化"，大大降低了投资门槛。投资者通过认购艺术品份额，成为艺术品的共有人之一，拥有艺术品的部分所有权。艺术品份额通过交易平台进行交易，实现投资者之间的转让。

艺术品份额化曾是艺术品投资领域的一大创新，但以往艺术品投资的目标客户是高净值、有很高艺术鉴赏能力的投资者或收藏者，因此艺术品份额化也存在着很大的争议。

二、案例资料

开展份额交易的代表是天津文化艺术品交易所，其兴衰发展也折射出艺术品份额交易这种投资方式发展的历程，本案例通过介绍天津文交所"拆画"事件来探讨艺术品份额化这一创新型艺术品投资方式。

（一）天津文化艺术品交易所

1. 交易所介绍

天津文化艺术品交易所成立于2009年9月17日，注册资本金为1.35亿元，由天津济川投资发展有限公司、天津市泰运天成投资有限公司、天津新金融投资有限责任公司及部分自然人共同出资。

天津文化艺术品交易所成立之初采用艺术品份额化的交易模式，将文化艺术品市场与资本市场相结合，艺术品份额化使广大普通投资者也能够进入高端艺术品投资市场。所谓艺术品份额交易模式是指将份额标的物等额拆分，拆分后按份额享有的所有权可以公开上市交易的模式，份额标的物就是在交易所上市交易的艺术品或者艺术品组合。流通的主要艺术品种类有：书法、绘画、雕塑、工艺美术品、玉器、珠宝和金属器等。

2. 交易规则和交易特点

天津文化艺术品交易所全部采用网上交易模式，日常采用"T+0"交易制度，也就是说当天买入，当天就可以卖出。根据"银行管理资金，交易所管理交易"的原则，银行作为中介负责资金的管理和划拨。

3. 艺术品的管理

在艺术品上市之前，天津文化艺术品交易所会进行鉴定和审核，并保持恒温恒湿的保管条件，保证艺术品的完整性。此外，天津文化艺术品交易所曾与中国金融博物馆进行合作，对拟发售上市和已上市的艺术品进行定期展示，帮助投资人进一步了解艺术品，做出科学的投资决策。

4. 交易主体

艺术品持有人：可以将其持有的艺术品在交易所发售上市，成功发售后，艺术品持有人相应份额的所有权转移至该份额的投资人，发售所获收益归艺术品持有人所有。

投资人：根据购买的份额享有对份额标的物的相应的所有权，承担相应的风险。

发售代理商：负责代理持有人的艺术品，并对艺术品进行发售、上市，承担相应连带保证责任，在天津文交所规定范围内对未售出份额进行包销。发售代理商和艺术品持有人是委托代理关系，发售代理商有权要求艺术品持有人依照发售代理协议的约定向其支付合理的发售代理费用。

5. 发展历程

天津文交所的成立和运行在全国范围内掀起了艺术品份额投资的狂潮，郑州、厦门、成都、西安等地都在积极筹备文化艺术品份额交易市场。天津文交所挂牌上市的"燕塞秋"经过份额化发售后，涨幅超过1 600%，包括"黄河咆哮"在内的很多艺术品价格飞速上涨，远高于艺术品本身的评估价格。但是一段时间后，投资者开始质疑这种投资方式的合理性，疯狂投机带来的涨停随之结束。

2011年7月，第三批作品在天津文交所上市，上市的第二天，投资标的份额就跌破了发行价，后续又出现了流动性困难和持续跌停的情况。

2011年11月11日，国务院出台了《清理整顿全国各类交易场所　切实防范金融风险的决定》。文件中明确提出"5个不得"，其中包括不得将任何权益拆分为均等份额发行、不得采取集中交易方式进行交易以及不得将权益按照标准化交易单位持续挂牌交易等规定。文化产品份额化交易受到了严格限制。

此后，天津文交所和其他同样采取份额交易方式的文交所进入清理整顿时期。根据月度统计数据，2011年12月以后，天津文化艺术品交易所的每月成交额锐减，月度成交额不足千万，流动性不足。但是目前，天津文交所依然进行着艺术品份额化交易，极少的成交量使得天津文交所成为投资者口中的"僵尸盘"。

以2018年8月份为例，天津文交所的月度成交额见表9-2：

表9-2　　　　　　　　天津文交所成交量与成交额情况

交易艺术品	月度总成交量（手）	月度总成交额（万元）
"浩浩不息"	181	1.58
"苏绣百鸽"	44	0.18
"翡翠龙璧"	25	0.31
"太行秋牧"	11	0.12
"黄河咆哮"	6	0.71
"苏绣富居"	1	0.01
总计	268	2.91

资料来源：天津文化艺术品交易所月报。

通过表9-2可知，2018年8月天津文交所的成交额仅有2.91万元，而同期上交所的成交额达到28 823.93亿元，深交所的成交额达到36 971.13亿元。由此可见，天津文交所已经"名存实亡"。

（二）交易艺术品——"燕塞秋"

"燕塞秋"估价定为500万元，于2011年1月12日通过文交所交易系统开始进行发行申购，其基本情况见表9-3。如果投资者的有效申购数量大于本次网上发行量，则由文交所交易系统主机按照每1 000份确定一个申报号，完成申购的配号，并通过摇号抽签确定中签申报号。

表9-3　　　　　　　　"燕塞秋"基本情况

份额标的物名称	"燕塞秋"
艺术品份额简称	"燕塞秋"
代码	20002
发行方式	网上定价发行
发行总数量	500万份
艺术品持有人保留	50万份（占发行后该艺术品份额发行总数量的10%）
向投资人发行数量	450万份（占发行后该艺术品份额发行总数量的90%）
发行价格	1.00元/份
最小申购数量	1 000份
申购数量上限	25 000份（500万份的5‰）

资料来源：作者根据《"燕塞秋"艺术品份额发行说明书》整理。

首先，鉴定机构负责鉴定艺术品、出具评估价格。中国金融博物馆对"燕塞秋"等拟上市艺术品进行路演展示；艺术品上市后，进行定期展示。展示后，发行份额由发行代理商在文交所规定的范围内余额包销，通过"配号"+"抽签"的方法完成发行申购（2011年6月19日艺术品份额申购方式由定价申购调整为竞价申购）。在此过程中，银行提供购买渠道，公证机构见证过程，天津文交所提供平台，份额化交易的机构设置模式如图9-3所示。

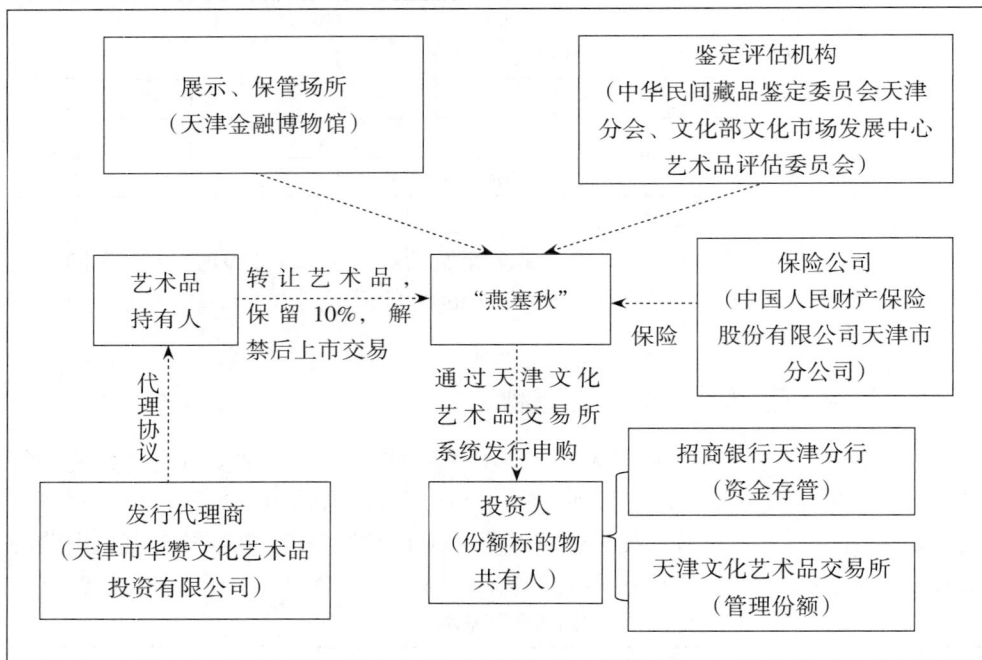

图9-3 "燕塞秋"份额化交易示意图

2011年1月26日，"燕塞秋"在文交所上市交易。艺术品份额上市后作为不定期份额在文交所交易，由招商银行完成资金汇划和管理。

若投资者希望私有化艺术品，可持续购买触发要约条件使艺术品完成退市。按照文交所规定单一共有人持有单只份额的比例达到或超过50%时，若该共有人继续增持，可以发起要约交易。当单个共有人持有的同一标的物的份额达到该份额发售总量的67%时，该共有人提出要约收购并交纳足额收购资金的，该只份额的全体共有人均按要约收购单价或反要约收购单价（如有）售出所持有的全部该只份额。

2011年6月19日，天津文交所将全部艺术品调整为定期份额，艺术品份额交易期限届满后，艺术品份额停牌，以竞价方式交割退市，若竞价交割成功，所得款项扣除竞价交割费用按交割前共有人所持份额比例进行分配；竞价交割失败，份额标的物继续在天津文交所交易，直至天津文交所规定的下一个规定期限时再对份额标的物进行竞价交割。其中，交割底价为该份额历史交易最高市值与历史交易最低市值的平均值。

（三）分画炒作事件

对于"燕塞秋"等首批艺术品的发行，天津文交所最初采取了"T+0"模式、5万元投资门槛、每日15%的涨跌幅限制，即采取标准类证券化模式交易艺术品份额。"燕塞秋"在上市短短两个月之内，涨势无法遏制。直到2011年3月16日被停牌前，"燕塞秋"每份17.07元，涨幅超过1 600%，市价已达到8 535万元。

外界对于天津文交所艺术品连续暴涨、泡沫严重的恐慌情绪日益严重，对于文交所份额化的交易模式质疑不断。天津文交所在短期内多次更改规则，数次改变开户制度，四次推迟开户公告，甚至暂停开户业务。最终市场对天津文交所失去信心，天津文交所的交易品陷入流动性困境，出现天天无量跌停的局面。

而后各部委多次发布文交所清理整顿的批文，目前天津文交所仍然处于半停牌的状态，既没有停止交易，也没有出台整顿和善后方案（事件具体过程见表9-4）。

表9-4　　　　　　　　　　天津文交所大事记

时间	事件
2008年3月	天津市发布《天津滨海新区综合配套改革试验总体方案三年实施计划（2008—2010年）》，要求加快建设金融交易平台，积极创新金融产品，不断优化金融服务环境
2009年9月17日	天津文交所营业执照正式下发，注册资本1.35亿元
2010年3月	文化部等九部门联合签发《关于金融支持文化产业振兴和发展繁荣的指导意见》，其中提及的一个目标就是"完善各类无形资产二级交易市场"
2010年10月26日	天津文交所发布艺术品份额代理商招募、发行上市艺术品征集公告
2010年11月25日	天津文交所启动模拟交易大赛
2011年1月9日—1月11日	天津文交所在中国金融博物馆进行首批上市艺术品展示
2011年1月26日	画家白庚延作品"燕塞秋"挂牌上市，上市首日涨幅就超过了100%
2011年2月24日	天津文交所对"异常波动"进行规范
2011年3月7日	天津文交所将艺术品"股票"日涨跌幅由15%下调为10%
2011年3月10日	天津文交所将投资者开户条件门槛从5万元猛然上调为50万元，市场做多情绪依然无法遏制

续表

时间	事件
2011年3月11日	第二批的8个艺术品（7幅画、一枚钻石）挂牌上市，上市即涨停
2011年3月12日	天津文交所将月价格涨跌幅限制为20%；临时增加艺术品特殊处理规定，本月连续累计3个交易日达到日价格涨跌幅限制的艺术品将被实施特殊处理（日涨跌幅比例调整为1%且停牌一天）
2011年3月16日	对投资人异常交易予以警告，如投资人仍有异常交易行为，将暂停或限制其交易
2011年3月17日	天津文交所接到天津市政府监管部门通知，对燕塞秋（20002）进行特别停牌
2011年3月21日	天津文交所连发20个公告，将8只新股特别处理，日价格涨幅陡降为1%，但是第二批的8个艺术品多头情绪仍然无法遏制
2011年3月24日	燕塞秋（20002）复盘
2011年3月28日	天津文交所宣布无限期推迟开户业务
2011年6月19日	天津文交所调整规则：艺术品份额申购方式由定价申购调整为竞价申购；艺术品份额交易涨跌幅比例再度下调；艺术品份额全部调整为定期份额；艺术品份额交易期限届满后，艺术品份额停牌，以竞价方式交割退市
2011年7月7日	燕塞秋（20002）跌幅累计达到22.60%
2011年7月11日	天津文交所对燕塞秋（20002）实施特殊处理
2011年7月25日	燕塞秋（20002）发售前持有人保留份额上市流通
2011年7月29日	在天津文交所业务调整3个月后，第三批艺术品挂牌上市，交易的第二天就迅速跌破了发行价
2011年8月15日	燕塞秋（20002）收盘价较7月18日跌幅累计达到28.21%
2011年11月11日	国务院下发了《关于清理整顿各类交易场所切实防范金融风险的决定》（俗称"38号文"），明确了各地文交所开展的艺术品份额交易确系违规
2011年12月30日	中宣部、商务部、文化部、广电总局、新闻出版总署联合下发《加强文化产权交易和艺术品交易管理的意见》（俗称"49号文"），进一步督促各地方政府清理整顿当地文交所
2012年7月	国务院办公厅发布《国务院办公厅关于清理整顿各类交易场所的实施意见》（俗称"37号文"），明确规定清理整顿政策①
2012年12月31	燕塞秋（20002）跌至1.43元/份

资料来源：作者根据公开资料整理。

---

① 不得将任何权益拆分为均等份额公开发行；不得采取集中交易方式进行交易，包括集合竞价、连续竞价、电子撮合、匿名交易、做市商等交易方式，但协议转让、依法进行的拍卖不在此列；不得将权益按照标准化交易单位持续挂牌交易，"持续挂牌交易"是指在买入后5个交易日内挂牌卖出同一交易品种或在卖出后5个交易日内挂牌买入同一交易品种；权益持有人累计不得超过200人；不得以集中交易方式进行标准化合约交易；未经国务院相关金融管理部门批准，不得设立从事保险、信贷、黄金等金融产品交易的交易场所。

三、案例分析

"燕塞秋"等艺术品在天津文交所事件中经历了暴涨、暴跌，价格之高令人惊叹，但很快泡沫破裂，全国文交所也纷纷走进清理整顿之列。下面将分析天津文交所艺术品份额化的问题，探讨文交所的建设、运营模式。

（一）艺术品份额化的问题

所谓的"艺术品份额化投资模式"乃是天津文交所首创，海外成熟市场并无先例。份额化交易减少投资者对于艺术品的评估、鉴赏、购买、变现的成本，使小额投资者能够分享艺术品增值带来的收益，但是份额化交易具有降低门槛、提高流动性优点的同时又是该制度的隐患。艺术品价值来源于作品的稀缺性和本身的欣赏价值，与股票的企业价值增长属性存在本源差别，导致艺术品份额化存在很大的问题，下面将探讨艺术品份额化的争议。

1.流动性问题及艺术品投资门槛

最初文交所规定的开户条件为，持有招商银行一卡通金卡或金卡以上级别银行卡以及网上银行专业版的投资人就可以完成开户（即5万元门槛），使得艺术品投资面向群体更加普遍。艺术品份额化引入新的投资者，快速提升市场的活跃度。

但是，作为一种创新型投资品，"燕塞秋"等艺术品引来了过多的投资需求，而首批艺术品供给一共只有1 100万份，除去持有人保留的110万份，市场上只有990万份，导致艺术品份额供不应求，连续封死在涨停板。而持续的赚钱效应，又催生出更多的投机需求，投资者忽略艺术品的真正价值，甚至在外界质疑声不断的情况下，投资者仍如飞蛾扑火般涌入，而证券的估值却是证券化最核心的内容。艺术品投资份额已然变成一个击鼓传花游戏，只要有接盘侠，就能够获取利润。所有人都知道泡沫迟早会破裂，但投资者过度自信，认为自己不是接盘侠。而一旦泡沫破裂，最后的高价接盘者就必然面临血本无归的悲惨境地。

目睹天津文交所的乱象后，郑州文交所采取做市商作为买卖对手方，减少流动性问题带来的暴涨暴跌；提高投资者门槛，采取"T+1"的交易制度，以减少投资需求。但最终郑州文交所也位于清理整顿之列，与天津文交所殊途同归。

对比另外两个文化艺术品投资创新案例：2010年7月，深圳文交所1号资产包正式推出，该资产包将画家杨培江的12件作品打包，拆分后挂牌上市；2010年12月，上海文交所以艺术家黄钢创作的"红星和箱子"系列作品作为资产包，拆分后挂牌上市。由于发售的资产包拆分数量较少，面向特定的客户群体发售，并且参与投资的门槛较高，因此沪深两地文交所的艺术品金融创新并没有在投资市场引起太大的影响。

从文化艺术品本身来看，这类投资产品需求弹性较高，同时又很难准确估价，相应的投资者也就需要具有比较充实的资本金、艺术鉴别的眼力和较高的风险承受能力。

因此，艺术品市场高风险、高专业和高门槛的特征，决定了这种投资不适合大众。否则，就容易出现过度炒作的失控乱象。

2.估值问题

证券定价无疑是资产证券化的核心，但是艺术创作是一种独特且复杂的高智能劳动，因此艺术品价值具有不同于一般商品价值的难以度量性、稀缺性和无限增值性。

对艺术品而言，艺术品拍卖交易中的实拍价格最为接近公允价值。从图9-4①可以看出，白庚延作品的成交额在2011年春达到了历史最高点，是2018年春拍成交额的67倍。在各地文交所走上清理整顿之路后，其作品成交额迅速下跌，且曲线变化非常陡峭，可以看出当时估价存在泡沫的严重性。

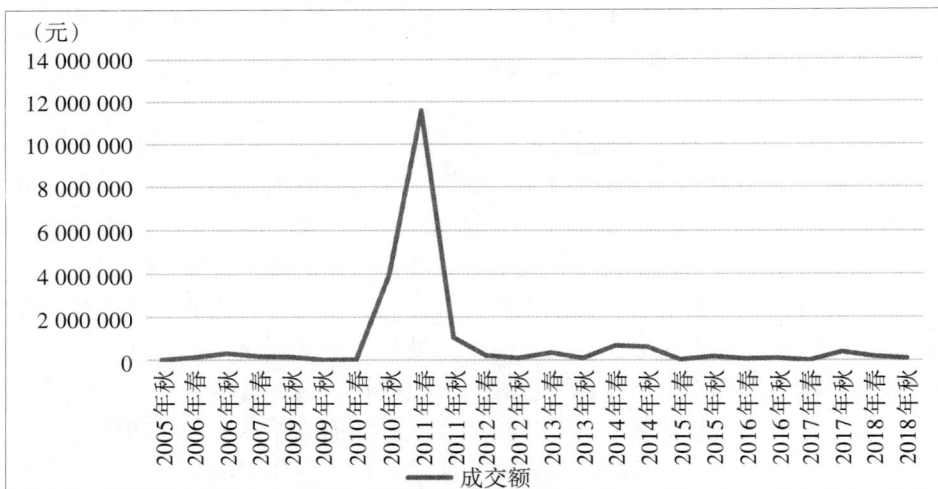

图9-4 白庚延在样本拍卖公司拍卖作品的成交额

从艺术品份额上市本身考虑，艺术品和股票存在着本质性区别，导致艺术品的价值及其增值很难度量。

首先，企业股票以利润作为价值评估基础，可以通过可比公司或同行业市盈

---

① 资料来源：雅昌艺术http://artso.artron.net/demo/search_demo.php?keyword=白庚延。

率进行估值；而艺术品由稀缺而带来的增值很难度量，在上市前的鉴定评估存在很大的操作空间。

其次，从成长性来看，随着公司实体业务的发展、扩张，公司价值不断上升，也就是说，股票投资是正和博弈。而一件艺术品一旦创作完成，流入市场，艺术品实体就不会发生改变。同时，艺术品的收入来源比较少，出租收费、有偿展览、复制品出售等收入的不确定性又很大。艺术品份额投资的收益更多来源于其他投资者接盘，意味着艺术品份额投资实际上是一种负和博弈。

再者，投资股票，意味着投资者成为股东，享有利润分配权。按照天津文交所的规则，投资者持有份额，则成为艺术品的共有人，即获得虚拟产权。而艺术品的收益特性，使投资者较难通过分红获利，短期投资者只得设法获取资产增值的收益，而艺术品的无限增值性又需要长时间的等待。

最终，艺术品份额投资只能以炒作、泡沫破裂匆忙退场。天津文交所的问题根源在于，艺术品本身不具有持续产生现金流的能力，自身又不具备稳定的升值功能。

3.鉴定问题

天津文交所官网上显示其艺术品均由两家鉴定部门独立鉴定估值，即文化部文化市场发展中心艺术品评估委员会和中华民间藏品鉴定委员会天津分会，但官网并没有公示鉴定估值的依据或标准。

我们将天津文交所的"燕塞秋"与拍卖行拍卖的"燕塞秋"比较，就能发现在"燕塞秋"上市之前价值就已经被高估。在天津文交所发行的前一天，在上海中天拍卖机构于苏州某拍卖行的新年拍卖中，同样一幅白庚延的"燕塞秋"仅以6.38万元成交。除天津文交所挂牌的"燕塞秋"尺寸略大之外，其余几乎一模一样，而天津文交所挂牌的"燕塞秋"鉴定估值为500万元。

价格差距之大，也不禁让人质疑两家鉴定机构的真实可靠性。

（二）天津文交所的内在问题

如果说份额化交易是天津交易所此次"失败"的本质原因，那么交易所本身的交易规则设置、相关机构设置等内在问题就是其失败的导火索。

1.交易规则不完善

天津文交所发布的《天津文化艺术品交易所暂行规则》中并没有列明"暴涨暴跌"时的处理方法，导致"燕塞秋""黄河咆哮"发行出现连续涨停后，交易所只能通过不断地临时修改交易规则来压制不断上涨的份额价格，这种随意修改交易规则的行为说明文交所的运营相当不规范，文交所既是规则的制定者，又有自主修改规则的权利，在这种情况下投资者的合法权益很难得到应有的保护。

2.政府隐性担保与民营之间的矛盾

我国熟悉的交易所，如上交所、中金所和深交所，均是国有控股交易所。但天津文交所的股权结构中（如图9-5所示）前两大股东济川投资和泰运天成投资，这两家投资公司分别成立于2007年和2009年，至2010年年底皆无实际业务开展。截至2011年4月，艺术品火爆交易3个月，天津文化艺术品交易所实收资本仅4 720.6万元，有空手套白狼的嫌疑。

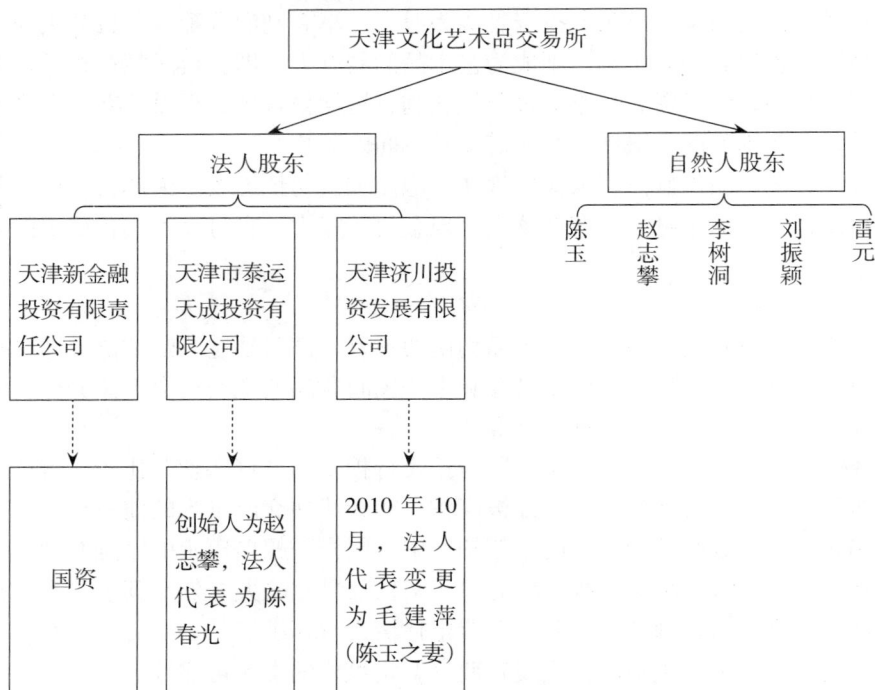

图9-5　天津文化艺术品交易所股权结构示意图

而天津文交所的国资部分，即天津新金融投资有限责任公司的持股比例仅为15.04%，并不实际控制，但投资者却以为天津文交所进行的艺术品投资具有隐性担保。

3."交易所+券商"的机构设置

艺术品份额交易过程中，天津文交所集监督、发行、交易中介、股权登记和信息公布于一身，而在A股市场中这些职能分别由证监会、券商、沪深交易所、中证登（中国证券登记结算公司）和上市公司完成。

在这种机构设置下，天津文交所的交易实现可能带来利益输送、关联交易等违规行为。同时，天津文交所一方面可以在艺术品审核发行前收取上市费用，另一方面，天津文交所又可以向投资者收取交易佣金。这种"交易所+券商"的设置，会导致市场缺乏必要的竞争，使市场缺乏透明性，而且所交易的艺术品价格远小于公司市值，天津文交所用比较少的资金就可以自己做庄。

（三）天津文交所的外在问题

文化艺术品份额化交易属于一种金融创新，但是与之相匹配的监管制度仍然还有很多需要完善的地方。以天津文交所为例，监管缺位、交易制度不完善以及第三方资金存管职能的缺失都是文化艺术产品交易制度不健全的重要体现。

1. 监管缺失

天津文交所出台的《天津文化艺术品交易所暂行规则》中并没有明确天津文交所的监管机构，天津文交所对艺术品份额的发售与承销过程实施管理、监督，但不承担法律责任。根据天津文交所内部人员透露，天津金融办将会出台相关的监管规则，但是目前并没有形成成熟的监管体系。缺乏第三方的适当监管，投资者的合法权益得不到有效保护。

2. 第三方资金存管职能缺失

证券业普遍实行第三方资金存管，旨在防止机构投资者挪用客户资金进行自营业务。根据《天津文化艺术品交易所暂行规则》规定可知，份额交易资金结算方式是实时清算、日终划拨。招商银行作为资金的存管银行，负责本所资金划拨业务。一旦投资者购买艺术品份额，资金就会通过招商银行的支付中介平台转入天津文交所的企业账户，但是至于这笔资金之后的流向，招商银行就不再具有管理权限，也就是说天津文交所存在着挪用投资者资金的可能，投资者的合法权益也无法得到有效保护。

（四）其他文交所交易运营模式的对比与借鉴

1. 文交所发展历程

2009 年 6 月 15 日，我国第一家文化产权交易所——上海文化产权交易所成立，标志着我国的文化产权交易发展到了一个新的阶段。同年，深圳文化产权交易所成立。随后，全国掀起了艺术品份额化的热潮。2010 年是文交所发展最为迅速的一年。在文交所发展初期，主要是开展实物文化产品的份额化交易。

然而，文交所的"春天"并没有持续很长时间，过度炒作、监管缺位等问题不断暴露，2011年国务院发文要求文交所进行整顿、清理，文交所的发展进入了低潮。受到国家政策的影响，文化产品份额化交易被大大弱化。

2012年下半年，多家文交所复牌，文交所的主要业务开始转向股权、版权等文化产权交易和一些投融资业务。例如深圳文化产权交易所目前正在广泛开展文化企业孵化、文化企业融资上市业务等。

2.深圳文交所与天津文交所的对比（见表9-5）

表9-5 深圳文交所与天津文交所的比较

交易所名称	深圳文交所	天津文交所
级别	国家级	国家级
定位	服务于文化领域的场外交易市场，也叫作"文化四板"	主要进行艺术品份额化投资的市场
主要职能	为文化企业提供项目融资、发展咨询等专业服务，帮助其顺利上市，推动文化产业发展，同时为投资者开辟艺术品投资市场	为投资者提供艺术品投资平台，推动艺术品发行上市，进行份额化交易，负责艺术品的相关保管工作，收取服务费用
运行状况	良好，市场交易活跃	较差，市场交易低迷
发展方向	金融服务与文化产业发展相结合	固守艺术品份额化单一的投资业务
投机现象	较少	较为严重

资料来源：作者根据公开资料整理。

目前我国大小文交所已经有百余家。文交所按照级别可以分为国家级、省级与市级三个级别，其中深圳文交所、上海文交所（定位产权交易）和南京文交所（定位邮币交易）为国家级文交所的代表。

与天津文交所的情况不同，深圳文交所目前发展状况良好，深圳文交所为诸多文化企业提供了上市融资、企业发展咨询、文化艺术品投资等多项服务，成为目前中国文交所发展的典范。

天津文交所和深圳文交所都是国家级文交所，但是两者从定位、主要职能、运行状况和发展方向等多方面都存在很多不同。

深圳文交所的发展思路和理念也为天津文交所的后续发展提供了一个可供选择的方案。总体来看，文交所的出现和发展是中国金融创新的一种重要体现，但是金融创新始终不能脱离服务实体经济的本质。如果文交所的平台只是一个投机炒作艺术品的平台，就丧失了金融最本质的功能，因此文交所应该朝着服务文化企业、为文化项目融资的方向发展，将金融服务与文化产业发展相结合，将文化产业融资与文化艺术品投资相结合。

四、案例拓展——艺术品投资的整治之路

虽然天津文交所对于涨跌幅限制、艺术品退市、投资者开户等制度做出了多次调整，但是其份额化交易的本质没有发生变化，导致其"分画"交易很容易带来"爆炒"的结局。

（一）"文交所乱象"后续情况

对于当时全国各地的文交所乱象，国务院在2011年11月11日下发了《关于清理整顿各类交易场所切实防范金融风险的决定》（俗称"38号文"），明确了各地文交所开展的艺术品份额交易确系违规。而后，全国大部分文交所都通过回购等方式，相继退出艺术品份额化交易并转型邮票、钱币的投资以及其他业务。37号、38号、39号文件出台后各地交易场所清理整顿工作情况见表9-6。

表9-6　　37号、38号、39号文件出台后各地文交所清理整顿工作情况

日期	事件
2012年3月14日	天津市人民政府办公厅印发《天津市清理整顿各类交易场所工作方案》①，计划在3月31日前完成摸底自查，4月1日至6月15日完成整改检查，6月16日至30日完成总结收尾
2013年10月25日	北京市通过联席会议检查验收
2013年12月27日	证监会公告除天津、云南外，清理整顿工作基本结束
2014年9月5日	证监会对外发布全国范围内对各类交易场所的清理整顿工作已经取得积极成效
2016年8月15日	天津文化产权交易所邮币卡交易中心发布临时停牌公告。天津市清理整顿工作再次启动，计划在8月18日至9月18日完成摸底自查，9月18日后进行整改检查
2017年	天津、云南等地交易所也一直尚未通过国务院清理整顿各类交易场所部际联席会议检查验收，属于清理整顿"回头看"特例之列

---

① 明确对于天津市各类交易场所分类进行清理整顿，规范交易规则和行为，加强交易场所准入管理，限制或取消交易场所的交易活动。

天津市清理整顿各类交易场所工作方案未按照计划完成，对于天津文交所没有出台整顿善后方案，只是继续修改交易制度并坚持份额化交易，使交易市场流动性严重不足，投资者无法正常退出，天津文交所也一直处于一种"半停摆"的"僵尸盘"状态。

天津文交所成为全国唯一没有完成善后工作的孤案，一个很大的原因就是2011年年初对于艺术品的爆炒。2019年2月1日，"燕塞秋"份额收盘价为6.15元，但现在仍持有该份额的投资者大部分是曾经的接盘侠。而其他文交所上市的艺术品没有遭到如此爆炒，二级市场价格波动不大，因此以发行价1元回购的话，投资者大多并没有受到太大的损失，因此交易所和投资人较容易达成一致。但如果天津文交所以现在的收盘价回购，那么一方面，文交所资金实力不一定充足，另一方面，中间的差价由当时的投资者承担；而对于投资者而言，50%以上的损失比较难达成一致。

由于没有出台落实清理整顿方案，所以法院无法按照规定受理案件，金融局无法落实清理整顿工作，当时的"接盘侠"只能在"信访部门—天津金融局—当地法院—信访部门"之间循环，难以找到对手方，无法卖出所持有的份额。

一种比较可能的解决方案就是政府和文交所共同出资，兑付投资者能够接受的补偿，抹平艺术品份额头寸。否则，只能利用前文所述文交所的定期份额规则，等待艺术品份额交易期限届满后，以竞价方式交割，实现艺术品退市。

（二）文交所清理整顿工作"回头看"

文交所设立之初，一方面，是为了将艺术品投资收益在更大的投资群体中分享；另一方面，希望中国能借此机会提高艺术品市场的话语权，抢占文化定价权。2017年3月23日，中国香港大公文交所成为全球首家在美国上市的文化艺术品交易所。

与中国香港大公文交易所不同的是，我国很多文交所在全国范围的文交所整顿期结束以后（从2014年开始），陆续恢复运行，但是这其中一部分文交所违反国务院文件规定，诱导不具备风险承担能力的投资者交易。部分邮币卡类文交所涉嫌价格操纵，甚至有的文交所存在着非法集资行为，这些违规、违法操作行为侵害投资人利益，带来大量的信访投诉。

对此，清理整顿各类文交所部际联席会议办公室（证监会牵头）开始了"清理整顿各类文交所'回头看'"工作。对于违规交易所的整治按照《清理整顿各类交易场所部际联席会议第三次会议纪要》执行：

一是停止扩张、压缩规模，通过要求交易场所停止业务宣传、停止新增会员、停止上市新品种、停止开新户、停止开新仓、逐步提高保证金比例等方式，压缩现有交易规模，原有客户只能平仓。

二是锁定风险，暂停会员单位资金转出，要求资金托管银行监控重大资金流向并定期报告，必要时对交易场所股东和高管人员采取限制出境等措施。

三是逐步清退，要求交易场所对现有客户进行清退及清理，使客户逐步平仓退出。

四是关闭或转型发展，待客户基本清退后关闭违规交易系统，交易场所注销工商登记；确有必要存续的，探索发展符合相关法律法规的现货交易模式，但新业务模式须经过省级人民政府审核后，方可投入运营。

整顿期间"清整联办"发放文件、召开会议的情况以及文交所的发展状况见表9-7。

表9-7 　　　　　"清理整顿各类文交所'回头看'"工作概览

日期	文件	精要
2016 年 12 月 14 日	《关于地方交易场所涉嫌非法证券期货活动风险提示函》	指出一些交易所通过验收后"死灰复燃"
2017 年 1 月 9 日	《清理整顿各类交易场所部际联席会议第三次会议纪要》	合法合规的同类别交易场所，应采取有效措施，于2018年3月前整合为一家交易场所；除确有必要保留并取得交易场所所在地及注册地省级人民政府批准的外，其他会员、代理商、授权服务机构一律限期停止交易业务，按属地原则由注册地省级人民政府于2017年6月30日前完成清理整顿；按期公布违法违规交易场所"黑名单"
2017 年 2 月 3 日	《关于商请督促商业银行限期停止为违规交易场所提供金融服务的函》	商请银监会督导各商业银行限期停止为违规交易场所提供金融服务，并随函附违规交易场所（含未通过验收地区的交易场所）名单223家；将天津、云南两个重灾区特别列出，若其未通过验收的交易所在2017年6月30日前整改规范，经联席会议验收通过，商业银行则可对其继续提供相关服务，对不通过的则一律停止提供相关金融服务
2017 年 5 月 5 日	联席会议组织召开清理整顿各类交易场所"回头看"工作交流会	工作初见成效，但是各地进度不一，有的地区尚未公布"黑名单"（原计划3月15日之前公布），有的地区未按要求梳理通报交易场所会员、代理商、授权服务机构等情况，有的地区对重点交易场所的清理整顿迟迟未按照要求付诸行动

日期	文件	精要
2018 年 4 月 17 日	部际联席会议组织召开清理整顿各类交易场所"回头看"后续工作会议	再提五项要求：一是持续保持高压态势，严防交易场所乱象卷土重来；二是稳妥处置遗留问题，要保持全国政策统一，对已关停交易场所，要妥善转移或清退客户，依法打击犯罪，落实维稳责任，逐步压缩化解风险；三是严格控制交易场所数量，要积极推动交易场所按类别有序整合；四是要切实加强交易场所监管，抓紧制定完善监管规则，明确监管职责，加强监管力量，严守交易场所监管底线；五是推动各类交易场所规范发展，引导支持交易模式合规、产业支撑足够的交易场所发展壮大，逐步形成"品牌"效应，不断提升服务能力，同时坚决打击违法违规交易，彻底扭转"劣币驱逐良币"的被动局面
2018 年 9 月 25 日	联席会议组织召开交易场所清理整顿工作专题会议	部分交易场所违法违规交易虽已关停，但风险处置工作任务依然繁重；部分交易场所存在的风险隐患亟待化解；违法违规交易活动滋生的条件仍然存在；交易场所过多过滥的现象尚未根本得到扭转；涉及交易场所的信访投诉数量依然不少。要始终保持高度警惕，严防交易场所违规问题死灰复燃

可以推测，对于文交所未来发展之路大多会定位在文化艺术品现货交易、文化企业股权交易、文化产业未来收益权交易（如对项目公司进行投资）和知识产权交易，将投资者继续锁定在高净值人群，使艺术品投资满足其低流动性、高鉴赏能力的本质要求，或者向网上商城转型（如成都文化产权交易所）。文交所的文化产品，也可以就其交割需求进行业务模式创新，如提供仓单交易、保税交割、可转让提单交易和预售交易等。

除了本案例的艺术品份额化投资以及传统的画廊、拍卖会投资之外，投资者还可以通过艺术品投资基金、购买理财产品来进行艺术品投资。近年来，银行开始介入艺术品投资市场，相继推出了多种投资于艺术品的银行理财产品。

（三）艺术品投资新渠道——银行理财产品

近年来，多家商业银行推出了以艺术品为投资标的的银行理财产品，由此打开了艺术品投资的新渠道。由于艺术品投资往往需要大额资金，所以这种类型的理财产品主要面向高净值客户群体，对于这些投资群体来说，传统投资标的已经不能满足他们的投资需要，客户越来越关注类似于艺术品这种新型的又充满升值空间的投资产品，以艺术品为投资标的的银行理财产品开始发展起来。

1. 主要模式

通过购买银行理财产品进行艺术品投资是一种新型的艺术品投资方式。目前，银行推出的以艺术品为投资标的的理财产品主要有以下三种模式，见表9-8。

表9-8　　　　　　　　以艺术品为投资标的的银行理财产品主要模式

以艺术品为投资标的理财产品	发行主体	特点
非凡理财"艺术品投资计划"	民生银行	最低投资额为100万元，投资标的为现当代艺术品 平均年化收益率为12.75%
私人银行艺术品鉴赏计划	招商银行	事先缴纳保证金，投资者拥有一年的独立鉴赏期，到期后可按较低的初始价格购买，具有期权性质
国投信托盛世宝藏1号保利艺术品投资集合资金信托计划	建设银行	银行融资，向投资者募集资金购买艺术品

资料来源：作者根据公开资料整理。

2. 主要问题

目前来看，以艺术品为投资标的的银行理财产品规模仍然较小，其原因与艺术品投资特点密切相关。

（1）客户群体较小

目前来看，无论是艺术品直接投资还是银行发行的理财产品，主要都是面向高净值客户，一般的中小投资者还是很难涉足艺术品投资领域。

（2）投资期限错配

银行理财产品与艺术品增值周期不匹配也是银行理财产品与艺术品投资不能很好融合的重要方面。银行理财产品的投资期一般在5年以内，但是艺术品增值是一个漫长的过程，属于长期投资。这种增值很有可能出现在银行理财产品存续期结束后，因此艺术品增值并不显著。

（3）市场风险大

艺术品投资不同于股票和基金投资。在利用传统的投资方式进行投资时，只需要通过对投资标的的公司的财务状况和经营状况等基本面进行分析，或者根据基金的历史表现、宏观经济形势分析就可以得出相对准确客观的投资决策，而艺术品投资更需要投资者在文化艺术品鉴赏方面的专业素养和眼光。虽然说购买银行的理财产品，会降低对投资者艺术品品鉴能力的要求，但是投资者依然承担了很大的投资风险。而且作为银行本身，如何准确鉴别艺术品也是至关重要的。

总而言之，艺术品投资作为一种新兴的投资方式和理财方式，在未来有很大的发展空间。投资者要充分认识到艺术品投资存在的固有风险，并根据自身情况做出正确的投资理财决策。与此同时，交易规则和监管体系也应当与时俱进，为艺术品投资提供良好的投资环境，为保护投资者的合法权益提供有力的法律武器。

（四）中国艺术品投资现状与未来发展趋势

文交所的发展和艺术品银行理财产品的创新都从一个更加微观的角度反映了中国艺术品投资的现状。艺术品拍卖市场作为一个公开的艺术品估价、交易市场，其交易额、拍卖成交额的地区分布、艺术品类型以及艺术品的收益率情况都能够更加直观地反映中国艺术品投资现状与未来的发展情况。

1.成交量与成交额情况

根据雅昌艺术市场监测中心发布的数据显示，近年来随着中国艺术品市场的不断发展，中国逐渐成为该领域的第一大国。2017年，中国在全球纯艺术类市场上以51亿美元的交易额和894 000件拍品稳坐世界艺术品拍卖市场的第一把交椅。

从成交量来看，国内艺术品市场除了经历了2010—2011年的强势上涨和2013年的反弹，基本上呈现下行趋势。2018年春拍形势转好，但是秋拍仍然表现出下行趋势（如图9-6①所示）。

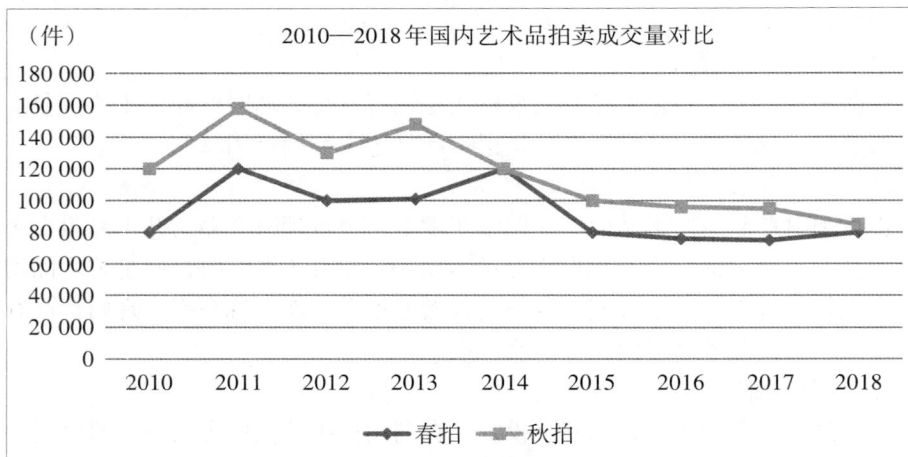

图9-6　2010—2018年国内艺术品拍卖成交量对比

① 资料来源：2018年秋拍中国艺术品拍卖市场调查报告，雅昌艺术市场监测中心。

从成交额角度来看，2016年、2017年和2018年春拍国内艺术品拍卖成交额有所上升，但2018年秋拍显示成交额大幅下降（如图9-7[1]所示）。根据以上分析可以看出，目前国内艺术品拍卖市场处于低谷期，未来还有很大的上升空间。

（百万元）

2010—2018年国内艺术品拍卖成交量对比

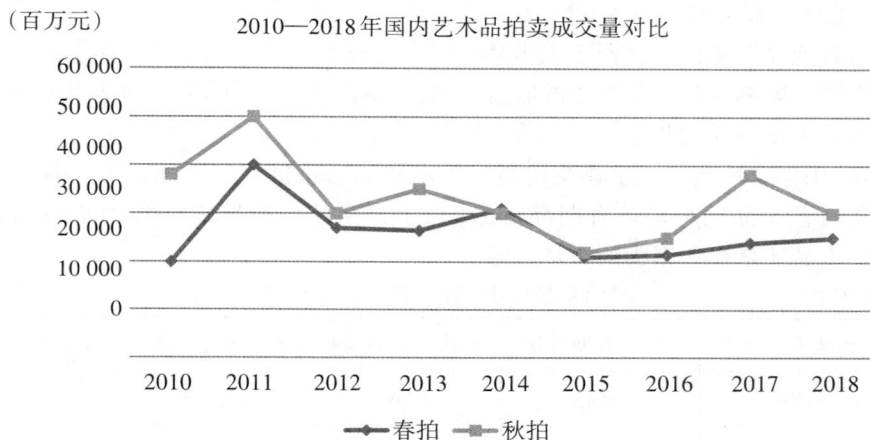

图9-7 2010—2018年国内艺术品拍卖成交额对比

2.拍卖成交额地区分布占比情况

表9-9反映了2017年、2018年拍卖成交额的地区分布占比情况。可以看出拍卖主要集中在京津冀和港澳台地区，这与当地的经济发展水平、人均收入水平以及地区的艺术氛围有着密切的联系，而且2018年港澳台地区所占比重首次超过京津冀地区，发展势头强劲。

表9-9　　　　　　　　拍卖成交额地区分布占比情况

地区	2017年	2018年
京津冀	46%	38%
港澳台	34%	43%
长三角	13%	11%
珠三角	4%	5%
国内其他地区	3%	3%

资料来源：2018年秋拍中国艺术品拍卖市场调查报告，雅昌艺术市场监测中心。

3.纯艺术作品交易额类型分布

中国艺术品交易类型主要分为中国书画、瓷器杂项和现当代艺术。中国书画所占比例从2010年的24.00%，一路波动上升至2018年秋拍的44.03%；瓷器杂项

① 资料来源：2018年秋拍中国艺术品拍卖市场调查报告，雅昌艺术市场监测中心。

则显现出明显的下降趋势，从 2010 年的 59.01% 到 2018 年秋拍的 36.98%；现当代艺术类所占比例则保持较为稳定的状态，从 2010 年的 7.89% 到 2018 秋拍的 13%。

4.艺术品投资的收益率情况

与其他投资相比，投资于艺术品往往会有较长的持有期，投资期限的长短在很大程度上影响了艺术品投资的收益率，而选择投资于不同价位的艺术品也会给投资者带来不一样的收益。

在 2018 年下半年，油画及现当代艺术品的平均持有期更短，平均收益率最高。所有艺术品的平均持有期都在 5 年以上，当然，通过表 9-10 可以看出，投资于艺术品还是存在很大的市场风险。

表9-10 　　　　　　　　2018年秋拍艺术品投资的收益率情况

2018年秋拍品种类	平均持有期（年）	平均年复收益率	最高收益率	最低收益率
瓷器杂项	9.45	1.76%	38.12%	−51.46%
油画及现当代艺术品	7.88	7.46%	65.36%	39.75%
中国书画	10.89	5.11%	17.82%	−12.74%

资料来源：2018秋拍中国艺术品拍卖市场调查报告，雅昌艺术市场监测中心。

初始投资额的不同，决定了艺术品投资标的不同，进而影响了投资收益率。根据 2018 年秋拍的数据显示（见表 9-11），初始投资额、平均持有期与平均年复收益率呈正相关。这也进一步说明，艺术品投资属于长期投资，同时更适合拥有较大资金量的机构和个人进行投资。

表9-11 　　　　　　　艺术品价格与平均持有期、年复收益率的关系

价格区间	样本数量（件）	平均持有期（年）	平均年复收益率（%）
10万~50万元	39	7.79	−1.22
50万~100万元	50	9.17	4.12
100万~500万元	69	9.58	5.01
500万元以上	42	9.86	8.85

资料来源：2018秋拍中国艺术品拍卖市场调查报告，雅昌艺术市场监测中心。

表 9-12 反映了不同艺术品投资类型持有期与收益率的关系，从市场总体的状况来看，持有期越长，市场总体的收益率就越高，但是具体到不同艺术品类型，情况也有所不同。油画及现当代艺术品更适合于相对短期的投资，而中国书

画、瓷器杂项在9—13年的持有期收益率更高。因此对于投资者来说，应该根据不同的艺术品类型控制好投资期限。

表9-12　　　　不同类型的艺术品收益率与持有期的关系

持有期区间	市场总体收益率	瓷器杂项收益率	油画及现当代艺术品收益率	中国书画收益率
1~5年	4.47%	2.18%	9.52%	−5.83%
5~9年	2.65%	−2.85%	8.05%	5.06%
9~13年	5.38%	4.63%	5.32%	7.12%

资料来源：2018秋拍中国艺术品拍卖市场调查报告，雅昌艺术市场监测中心。

艺术品投资在中国发展的时间较短，作为一种保值增值的投资标的，艺术品在中国未来的资本市场发展空间很大。但同时，在发展过程中也一定会面临制度安排、交易规则设置和监管措施等一系列问题。此外，除了传统的艺术品收藏拍卖之外，和艺术品相关的银行理财产品、信托产品和私募基金等一系列金融创新产品的出现和发展也会丰富艺术品投资的方式。

补充阅读资料三："互联网黄金"投资。请扫码阅读。

─────── 案例思考 ───────

1.艺术品投资作为一种另类投资方式，具有什么特征？
2.艺术品投资可通过哪些渠道实现？
3.本案例中天津文交所的艺术品交易设计中，有些什么缺陷导致最终被整顿？
4.以艺术品投资为标的的银行理财产品具有怎样的特征？
5.你认为好的艺术品投资创新方式可以有哪些？

第十章 | 另类投资工具的新形式

天气衍生品

一、背景知识

（一）天气衍生品

天气衍生品（Weather Derivatives）是一整类特殊的金融衍生品的统称，指所有用于对冲因天气出现未曾预料情况而造成损失的风险的金融衍生品。在现代经济的生产生活中，有许多行业的经营依然受天气影响较大，如农业、能源生产行业、与天气相关的部分产品制造业、旅游业等。同时一些不可控的巨大气候灾难，如台风、地区性气候异常、洪水等，则对经济造成的影响更大，影响行业更为全面，因此天气衍生品被认为是一种控制上述风险损失的重要手段。

天气衍生品一般以降雨量、降雪量、温度、湿度等与天气相关的因素作为标的，天气衍生品发行方的收益因此与这些天气相关因素直接相关。由于气候变动难以控制，所以天气衍生品投资具有较大的不确定性，造成投资的风险较大，但一旦天气出现有利于投资者的情况，投资者将可以从有利的变动中获得较大的收益。因此天气衍生品的投资具有高收益、高风险的性质，天气衍生品也是一种新形式的另类投资工具。

从整体上看，天气衍生品目前可以分为两个大类：天气衍生类远期产品（期货、期权）和天气保险。前者的基本原理与其他期货、期权没有太大区别。天气保险则是由保险公司或其他保险机构发行，投保人根据自身的需要购买保险，当天气出现非预期变动因而造成企业和个人遭受经济损失时，投保人可以以其购买的保险作为凭证向保险公司索求赔偿。

天气衍生品的发展始于1996年，最初以场外交易（OTC）方式进行交易，很快由于对标准化天气合约和流动性的需求增大，1999年9月，芝加哥商品交易所（CME）率先将天气衍生品引入场内交易。迄今为止，CME交易所仍然是全球最大的天气衍生品交易商。天气衍生品的主要投资市场也从北美逐渐走向全世界，各个主要国家和地区，如欧洲、印度、中国等纷纷发行或正在试验本国的天气衍生投资品。

（二）天气衍生品的投资主体和天气衍生品的品种发展趋势

天气衍生品的投资主体目前以相关产业参与者为主，相关产业有能源生产行业、农业以及一部分产品制造业等。金融机构在目前主要作为天气衍生品的提供者，通过收取保险费用和期权费用作为主要的获益手段。目前在金融机构中，对天气衍生品需求量较大的投资者是各类农村商业银行，其通过购买天气衍生品一定程度上对冲其面临的天气因素造成的风险。此外，政府部门在天气衍生品投资中也发挥重要角色，政府一般通过促进消费者特别是农业经营者购买天气衍生品，以起到保障特定人群收入或实施政府特殊政策的作用。一些国际组织，如世界银行，近年来也开始通过在较为贫困的国家和地区推广天气衍生品以帮助当地发展农业生产。天气衍生品投资主体总体上呈现多元化、社会化的特点，并由于其潜在的正外部性受到政府和国际组织的日益重视。

近年来，随着社会发展、经济水平的提高和文化艺术消费日益受投资者的重视，天气衍生品的品种也极大丰富。天气衍生品的投资品种从最初的面向农业、制造业为主，开始逐步将重心转向文化、旅游行业以及日常生活。各个国家的金融机构也设计并推出了一部分专门面向这些类别的天气衍生品，比较有代表性的是日本的樱花险、英国的高尔夫险、西班牙的阳光海滩险。中国也曾经推出过赏月险、高温险等面向文化、旅游以及日常生活类的保险。但是由于我国这方面的天气衍生品在实际操作中出现了种种问题，以及存在监管严厉等其他因素，所以其普及率在中国市场并不高。

二、案例资料

这里，我们将以印度ICICI Lambard保险公司的农业保险为例加以说明。

（一）印度农业生产的背景与气候关系

印度地理上位于印度次大陆，是世界上重要的农产品和热带作物的生产国和出口国。由于历史问题，印度农业人口依然在全国占绝大多数，72%的人口从事农业。不仅如此，印度的农业在全国经济中的地位也相当重要，农业（包括林业、牧业、渔业）的净产值占国内净产值的34.9%。因此农业问题在印度不仅仅是一个基础经济问题，更是决定国计民生，甚至是国家存亡的重要问题。自印度1947年独立以来，农业制度的发展就一向是印度政府关注并大力支持的关键领域。

但是印度本身的农业生产存在极大的缺陷，其生产体系非常脆弱。从先天自然因素上看，印度次大陆绝大多数属于热带季风气候，降水因每年季风到达时间、季风强度的差异而差别巨大。而印度的主要作物类型，如粮食作物水稻、经济作物黄麻等收成都与降水关系显著。特别是当西南季风过于衰弱的反常年份，上述作物会极大减产甚至绝收。从后天因素上看，印度虽然可耕土地面积巨大，但是水利设施建设普遍不完善，农民生产普遍仍停留在"靠天吃饭"的前现代农业状态，进一步削弱了农业生产抵抗天气异常变动的能力，农民的风险承担能力较世界其他国家相对较为薄弱。所以一旦季风出现异常，印度农业生产体系就会断裂，广大贫困的农民将遭受严重损失或丧失收入来源，全国也极有可能出现大规模饥荒，甚至诱发严重的政治动乱或暴动。

因此如何应对气候异常，特别是在季风异常的情况下尽可能保护农民群体的利益，减小其损失，成为印度政府和一些国际机构脱贫援助的一大难题。而气候衍生品的出现和推广为解决印度农业问题提供了新的选择可能，也给了一些金融机构，特别是实力强大的ICICI Lambard保险公司新的发展机会。

（二）ICICI Lambard保险公司的农业保险的发展历程

ICICI Lambard保险公司是ICICI（印度工业信贷投资银行）的下辖子公司，ICICI是印度第二大银行，也是该国最大的私营银行。ICICI Lambard保险公司得益于母公司在国内强大的实力，2003年在印度政府的支持以及世界银行的技术指导下，和另一家专营小额金融的金融机构BASIX共同开始了印度农业天气指数保险的首次试点。此后数年，印度的农业天气指数保险在ICICI Lambard保险公司的实验中逐步从试点到推广，这一另类投资品市场参与者也逐步由一家走向多家，整个市场竞争机制趋于完善。

ICICI Lambard保险公司的农业天气指数保险在2003年的实验还比较谨慎，其保险面向花生、蓖麻和黄豆三种农作物，其承包的客户范围也非常小，仅包括四个村庄的230名农户和Aligarh地区的1 500名农户。但在这次实验中ICICI Lambard保险公司基本确立了一些其日后所遵循的业务流程，如按照作物种植面积制定差异化的保费标准；针对雨季，引入特定气候指标作为保费偿付的参考。

基本吸收掌握了国外引入的技术。虽然本次实验规模较小，ICICI Lambard 保险公司还是发现了一些问题，并在下一年予以更正，使天气保险更加符合印度实际的国情和气候特点。

2004 年的实验变动主要体现在以下两个特点：第一，保障农作物种类的多样化。2004 年 ICICI Lambard 保险公司的保险农作物品种由原先的三种（花生、蓖麻和黄豆）拓展到六种，增加了棉花、香菜和橘子三种农作物，这几种农作物的收成与降水量同样有高度相关性。第二，保障风险的多样化、完整化。在 2003 年的实验中，ICICI Lambard 保险公司对花生、蓖麻的风险保护仅针对干旱风险，但在 2004 年，增加了对上述两种作物在收获季节雨水过多的保护，同时也修改了对天气指数的计算，以更加符合当地生产实际的绝对值偏差取代了百分比偏差。更重要的是，在 2004 年的实验中，ICICI Lambard 保险公司将雨季割裂为三个部分，即播种期、生长期和收获期，以此更好地契合农业生产在不同阶段的真实需求（在不同阶段对降水量的需求有天壤之别），从而为消费者提供更好、更灵活的保险服务，在外国技术的基础上做到有所扬弃。

除了技术和保险细节的优化，2004 年 ICICI Lambard 保险公司也得到了印度政府在业务上的大力支持。Rajasthan 地方政府牵头出面与 ICICI Lambard 保险公司达成合作协议，在协议期内 ICICI Lambard 保险公司为该地区 783 个橘子种植户和 1 056 个香菜种植户提供天气保险。地方政府的大力支持为 ICICI Lambard 保险公司在拓展市场、吸引新客户和扩大实验范围等方面都给予了极大的帮助，有力地支援了印度天气指数保险的发展。

随后在 2005 年，ICICI Lambard 保险公司进行了最后一期实验，在技术层面上调整幅度相对不大，只是进一步优化了对天气指标的确定和计算方法。2005 年实验最主要的变化是 ICICI Lambard 保险公司为正式将天气指数保险推向全国，进行市场上的布局与调整。相比于 2003 年、2004 年仅几个有限地区的数千名农户，2005 年 ICICI Lambard 保险公司通过利用 BASIX 在印度农村密集的分支机构网络，向 7 个邦的上万名农户推销，并取得了超过 7 600 份保单的销售佳绩。在三年实验的基础上，ICICI Lambard 保险公司已经总结出一套适合印度国情，并能得以有效推广的天气指数保险产品体系，并通过前期的实验拥有了一批客户。自 2006 年后，ICICI Lambard 保险公司将业务范围推向全国，并将承保的农作物品种数量也大大拓展。2006 年 ICICI Lambard 保险公司通过各类渠道向客户出售了 1.1 万份综合保险保单，自此以 ICICI Lambard 保险公司为试点的印度天气指数保险正式成功。

三、案例分析

（一）ICICI Lambard 保险公司推动天气指数保险的成功原因

ICICI Lambard 保险公司最终成功完成印度天气指数实验的原因是多方面有利因素互相叠加、共同作用的结果，这些因素既包括公司本身的投入和创新，也包括国家不遗余力的支持，同时还有国际组织的大力援助。

首先，这一成功应当归功于 ICICI 强大的实力和 ICICI Lambard 保险公司在实践过程中的不断投入和在已有基础技术和保险细节上的创新。ICICI Lambard 保险公司由于其母公司在印度本国国内金融行业的重要影响力，得到了政府和国际组织的信任，成为印度第一个受权试点农业天气保险的企业，相对于其他保险公司而言确立了先发优势。也正因为 ICICI 背后的强有力支持，才使得 ICICI Lambard 保险公司在实验中少了许多资本上的顾虑，得以开展长期的实验，使产品设计趋于完备化。同时 ICICI 在实验中并没有简单地复制西方的技术经验，而是不断根据印度本土的农业生产和气候特点，对保险细节不断做出修订，总结出脱胎于西方天气保险，但充分迎合印度本土农民需要的保险模式。此外，ICICI 也为天气指数保险的成功付出了巨大的投入。由于印度农村的民众普遍受教育程度低，加上天气指数保险又属于新产品，众多农户对这一产品不了解，所以不信任甚至持怀疑态度的大有人在。ICICI Lambard 保险公司一方面借助合作伙伴 BASIX 和农户建立的长期信任关系，减少产品推行阻力；另一方面 ICICI Lambard 保险公司也积极通过诸如组织村庄宣讲会、分发学习材料等加强农户对天气保险产品的认识，并通过事后与客户交流的方式收集问题，做出调整方案，并以此获得了客户的信赖与支持。

其次，印度中央政府和各地区政府为 ICICI Lambard 保险公司提供了有力的支持与援助。中央政府与 ICICI 的合作确立的先发优势已在之前提过，故不予赘述；印度的地方政府为具体的实践和业务开展做出了极大的贡献。如 Rajasthan 的地方政府就是其中的典型范例。地方政府通过政府公信力，使农户对产品的信任大幅提升，并以政府牵头直接签约的方式，节约了 ICICI Lambard 保险公司开发潜在用户所花费的时间，以直接行动支持了 ICICI Lambard 保险公司在当地的业务开展，也为企业在当地留下良好的声誉，极大推动了天气农业保险的实验和在当地的普及。Rajasthan 地方政府也通过代表农户和保险公司签订保险合同的方式保障境内农户的利益，承担地方政府提供公共服务的职责，地方政府和保险公司的合作既帮助了保险公司开展业务，也帮助了地方政府履行政府义务，可以说是各取所需的双赢合作。

再次，国际组织的技术和资金援助也是促成 ICICI Lambard 保险公司成功开发天气指数保险的重要因素。虽然印度金融业的发展程度普遍落后于英美等发达国家，但是在世界银行的技术指导下，ICICI Lambard 保险公司成功复制了天气指数保险产品。虽然这一产品在实际运用中也暴露了一些问题，但没有世界银行的技术指导，印度推出天气指数保险可能还会面临更大的阻力；此外，国际组织也为 ICICI Lambard 保险公司提供了有力的资金方面的保护。ICICI Lambard 保险公司向其他国际保险公司获得了再保险安排，这一再保险安排使 ICICI Lambard 保险公司所面临的风险得以有效转移，从而使 ICICI Lambard 保险公司能在实践中采取更加进取的策略，从而使实验进程大大加快，缩短了原本可能更长的试验推广时间。

最后，ICICI Lambard 保险公司的合作伙伴的合作与支持也是天气指数保险成功推出的重要保证。BASIX 在实验初期为 ICICI Lambard 保险公司承担了寻找潜在客户的任务，并发挥自身在农户中享有的充分信任，为产品的设计和推广减轻了阻力。同时，BASIX 也承担了在农村的销售平台的作用，虽然在业务实际投入市场后，来自政府的集体订单和直接与 ICICI Lambard 保险公司签订的订单一定程度上分散了 BASIX 作为销售平台的作用，但是 BASIX 还一直承担给付赔偿额的责任，为 ICICI Lambard 保险公司节约了大量的时间和人力成本。除 BASIX 以外，其他一些合作伙伴也为 ICICI Lambard 保险公司的农业天气保险提供了专业技术方面的支持，比较有代表性的是印度气象部门（Indian Meteorological Department，IMD），其为 ICICI Lambard 保险公司提供了大量气象数据的支持，也为 ICICI Lambard 保险公司处理理赔问题时给予了必要的当期气象数据。其他一些私营服务商也在一定程度上补充并完善了 IMD 所提供的数据。可以说没有这些忠诚的合作伙伴的技术支持和职责共担，ICICI Lambard 保险公司的农业天气保险恐怕不会如此一帆风顺。

（二）印度其他天气保险提供者

从 2003 年 ICICI Lambard 保险公司受托于印度政府和世界银行进行农业天气保险实验并成功推广以来，一些其他的印度金融机构同样垂涎于印度农业天气保险这块潜力巨大的市场，纷纷在借鉴甚至是抄袭 ICICI Lambard 保险公司产品设计的基础上，开发自有的面向印度市场的农业天气保险。这些后来者由于借鉴了 ICICI Lambard 保险公司在产品设计方面的经验，在市场竞争中也取得了非常优异的表现。

IFCCO-Tokio 保险公司和 NAIC 保险公司是 ICICI Lambard 保险公司最大也是最有竞争力的两个对手。2004 年 IFCCO-Tokio 保险公司也推出了自己的天气指数保险试点产品，但该产品非常缺乏新意，与 ICICI Lambard 保险公司在 2003 年推出的产品区别不大。但由于建立在 ICICI Lambard 保险公司之前实验的基础之上，IFCCO-Tokio 保险公司在抢占市场方面非常主动，首年签下了超过 3 000 份保单，2005 年则签下了超过了 16 000 份保单，远超同期 ICICI Lambard 保险公司 7 600 份保单的销售量。另一家公司 NAIC 扩张规模更加惊人，2004 年首次实验时，NAIC 就在印度 20 个地区进行实验，并直接承保了 13 000 名农户的作物。2005 年该公司又推出了 "Varsha Bima—2005" 项目，该项目比起 IFCCO-Tokio 保险公司简单抄袭而言略有进步，投保者在投保时间上享有比 ICICI Lambard 保险公司原产品更大的自主权和更丰富的选择，但仍然没有脱离 ICICI Lambard 保险公司的大框架体系。但 NAIC 保险公司显然在市场竞争中最为成功，共计 125 543 名农户购买了这一产品，承保土地面积达到 9.8 万公顷，风险总保额达到了 5.6 亿卢比，为公司带来了 3 200 万卢比的收入。NAIC 保险公司成为事实上印度各大金融机构中投资天气指数保险的最大赢家。

从 IFCCO-Tokio 保险公司和 NAIC 保险公司的发展和与 ICICI Lambard 保险公司的竞争中，可以发现印度天气指数保险产品需求量和市场潜力都非常大，整体行业未来的发展前景比较可观；但是无论是 IFCCO-Tokio 保险公司还是 NAIC 保险公司都没能对自身的产品在 ICICI Lambard 保险公司的基础上加以革命性的创新，反而主要依靠抄袭或是根据 ICICI Lambard 保险公司的实验成果进行修改，在本质上不利于金融创新，也严重打击了其他金融机构，特别是原先的利益享有方 ICICI Lambard 保险公司的创新积极性，反映出印度金融市场金融知识产权保护的极度缺失。更严重的是，IFCCO-Tokio 保险公司和 NAIC 保险公司在实验基础并不充分的情况下就贸然将产品过大规模地推向市场，而全然不顾及产品实验不完善而存在的潜在风险，从而导致农户的利益受到一定程度的损害，也违背了印度政府引入天气保险的初衷，更为企业未来的经营发展留下极大隐患；同时这种没有技术创新，只顾着抢占市场占有率、缺乏风险管理的做法形成了非常不好的示范效应，印度天气指数保险提供方市场未来走向恶性竞争的可能性也随之提高。

（三）未来印度天气指数保险市场发展的可能趋势

在上文中，我们介绍了印度的基本地理情况和农业发展现状，目前看水利建设投入大、建设时间和成本回收周期极长，加上印度农业占经济比重较大、农业人口占总人口比例大这两大印度基本农业格局基本在极长的一段时间内不会发生变化，而目前无论是 NAIC 保险公司，还是 IFCCO–Tokio 保险公司和 ICICI Lambard 保险公司，目前承保的土地对印度全国市场而言仍然属于极小部分，因此给市场的新竞争者，特别是另类投资者的市场空间以及市场发展潜力依旧极大。同时印度中央政府有力的政策支持和各地方政府的积极参与援助，也使得另类投资者在这一方面会有更大的作为。

然而印度天气指数保险市场也存在着极大的发展阻力。由于这一市场主要面向农民和农业相关公司，广大农民的认识不足，缺乏信任，大规模农业生产不足，农业形式多为家庭式的精耕细作，这些使得推行这一另类投资品在受众方面阻力重重；更糟糕的是，虽然目前市场空间依然广阔，但目前的几个参与者之间已经出现恶性竞争、产品设计抄袭这样的行为，如果政府不能有效制止，这种歪风邪气恐将愈演愈烈，从而严重损害市场所有参与者的利益，阻碍金融产品创新。对农户而言，其切身利益也很难得以有效保障。

因此对于印度政府而言，当务之急应当是大力制止恶性竞争的不良趋势，加大对金融产品设计的知识产权保护，同时引导各大保险提供方走向专业化，确立责任连带机制；此外，还应鼓励保险公司与本国的天气信息提供机构、其他专业技术过硬或在市场信息和市场资源方面有一定优势的其他企业和机构积极展开合作；国家应当加强对信息提供、保险理赔方面的监督工作，保护农户合法合理的利益不受金融机构与合作机构的侵害；各个地方政府可以借鉴 Rajasthan 地方政府值得称道的实践经验，发挥政府公信力以推动天气农业保险的普及，推动这一市场的进步和规模化发展，同时为农户提供更好的风险保护，充分发挥地方政府保障民生、推动经济发展的重要职责。

（四）中国的天气指数保险市场实践

中国的天气指数保险实验和推广的时间要略晚于印度，国元农业保险股份有限公司是这方面的重要先驱。不同于印度的受保农作物以经济作物为主，中国天气指数保险的试点首先从两大粮食作物——水稻和小麦开始。水稻试点实验面向安徽长丰县、怀远县，将其作为试点基地，参保农户为480户；小麦则以长丰县一农场和宿州市三里村为样本。这一过程也得到了中国农科院和国际组织国际农业发展基金、联合国世界粮食计划署的大力支持。与印度不同，中国的农业保险承保的气候灾害类型更加丰富、更为具体，在基本的日照、雨水、温度之外，还包括了倒春寒、干热风等特定灾害。此外中国的实验还通过向农户发放补贴的方法吸引客户。然而相比于印度的实验，中国的实验规模较小、地域代表性也相对较差，一定程度上削弱了实验的效果。

除此之外，一些经济作物的天气指数保险实验也在相继出现，如西瓜、花椰菜、蜜橘、苹果、蜂蜜等也在陆续投入实验。虽然目前中国天气指数保险市场尚处于摸索起步的状态，并没有非常成熟的产品，但若考虑到中国庞大的市场潜力，假以时日，必能有所作为，产品走向成熟化、多样化相信只是一个时间问题。对于广大的农民而言，天气指数保险为其利益提供了更有效的保证。而对另类投资者而言，天气指数保险产品的发展则意味着新的市场、新的获利机会，这一领域的巨大前景将进一步丰富现有的投资品种，为投资者提供更多的选择权，促进投资策略和投资组合的多样化，提高投资效率。

四、案例拓展——以 2016 年阿尔卑斯山地区滑雪场为例谈天气衍生品投资的必要性及其在中国的发展机遇

虽然目前农业及其相关领域依然还是天气衍生品的重要投资者，但是随着经济社会发展，其他行业对天气衍生品的需求也开始不断增长。尽管现代科学技术使天气变化对经济社会的影响已经减弱很多，但仍然有相当一部分行业，如制冷行业、雪地用品生产行业、能源行业、旅游业等，其生产、需求仍然与天气变化保持较强的相关关系。因此，妥善利用天气衍生品，通过期权、期货、互换协议等手段，将会显著降低上述行业的经营风险并提高收益。而 2016 年由于降雪量不足，阿尔卑斯山地区滑雪场大规模关门并造成严重的经济损失，这一案例无疑对我国相关行业的经营者极具启示意义。

阿尔卑斯山地区是全世界著名的滑雪旅游胜地。德国、法国、意大利、瑞士和奥地利等国均围绕阿尔卑斯山开设了一系列大型滑雪场，这些大型滑雪场由于其景色壮丽，加之每年降雪量较大，适宜开展滑雪运动，每年吸引大量的游客和滑雪爱好者，并带动了相关服务业的发展，为当地促进经济增长，解决就业贡献极大。以瑞士著名滑雪胜地沙尔梅（Charmey）为例，由旅游业及其带动的其他第三产业就为当地提供了 55.73% 的就业岗位。因此可以看出，滑雪场的经营对于整个阿尔卑斯山旅游业地区的经济都有着重大的意义。然而阿尔卑斯山区 2016 年创纪录似的降雪稀少，给当地经济造成了极为沉重的打击。

自然因素是导致降雪急剧减少的首要原因，根据美国海洋和大气管理局在 2017 年 1 月 18 日发布的报告显示，2016 年是 1880 年有气温记录以来最热的一年，过热的天气导致阿尔卑斯山地区降雪远远小于预期。部分造雪能力较差的中小滑雪场只能关门停业。但对于大型滑雪场而言，事情同样棘手：虽然大型滑雪场往往有多达数百台的造雪机，但是造雪机的高能耗导致滑雪场的运营成本直线

上升，而且过高的气温导致造雪机的效率也大大降低；此外造雪机的高能耗对当地水源、空气的破坏也招致环保人士和部分当地居民的强烈批判，而且造雪机的高排放进一步导致地区温度升高，造成恶性循环；而且旅客和滑雪爱好者显然对人造雪没有什么太多兴趣。在上述种种因素的共同作用下，大型滑雪场也只能采取停止营业以应对降雪过少的问题。但是，降雪过少造成的损失远不止于此。以法国为例，阿尔卑斯山的降雪过少造成的停业进一步导致45 000名相关从业人员的失业。意大利、奥地利、瑞士和德国等国的情况同样不容乐观。①

事实上这样的问题不仅仅局限在阿尔卑斯山地区，随着气候变暖，越来越多的滑雪场和冬季产品生产者正感到越来越沉重的经营压力。如北美地区的滑雪场也是如此，由于气候变暖，几十年间美国的滑雪场都严重依赖造雪机制雪。然而越来越高的气温和越来越少的降雪量正在迫使滑雪场经营者购置更贵的造雪机以维持运营，以2011年为例，美国的滑雪场经营者们就如同军备竞赛般采购造雪机：加州的斯阔谷（Squaw Valley）滑雪场和高寒草甸（Alpine Meadows）滑雪场斥资400万美元购买造雪设备；塔霍湖（Lake Tahoe）滑雪场为改善滑雪品质以5万美元的单价购买了近百个雪枪；②科罗拉多州的布雷肯里奇（Breckenridge）滑雪场则增购了150只雪枪……然而这种军备竞赛式的采购给滑雪场经营者带来了巨大的负担，同时，面对越来越热的天气，这些造雪机很快又会失去效果，大量的造雪机造成的恶性循环使得滑雪场生意更加饱受非议。

虽然CME也表示过和滑雪场经营者合作的倾向，并积极向他们推销天气衍生品合同，然而美国的滑雪场的经营者非常不可思议地采取了嗤之以鼻的态度。如美国的滑雪业巨头Vail Resorts就表示并不需要天气衍生品对冲风险，只需要发售季票就可以无视冬季降雪过少的风险。然而这样的做法无异于牺牲游客利益，欺骗游客，会对行业造成极为恶劣的影响——以2011年为例，全美赴滑雪场度假的游客减少了15%，虽然Vail Resorts公司的业绩依然表现不错，但这种行为注定不能长久。

对于中国的冬季旅游业和滑雪业而言，我国也面临着相似的问题。近两年华北地区都出现不同程度的降雪减少或降雪延迟。在京津地区，这一现象更为明显。而降雪不足对华北地区的滑雪场也造成了严重的经济损失，以2018年为例，若半个月内出现降雪不足的问题，每家滑雪场仅周末门票收入一项平均就会有240万元的损失。虽然部分滑雪场也采取Vail Resorts式销售季票的做法，但这样

① 环球滑雪. 全球变暖会杀死滑雪运动吗？［EB/OL］.（2017-08-04）. https：//baijiahao.baidu.com/s? id=1574768121605554&wfr=spider&for=pc.
② C周刊. 美国滑雪场生意是夕阳行业？［EB/OL］.（2012-12-25）. https：//www.cifnews.com/article/01575.

的行为如上文所述对行业整体危害巨大。大量购买造雪设备也只是治标不治本。因此，天气衍生品或许是一个不错的抵抗天气异常的风险对冲方案。

然而很可惜的是，我国目前的天气衍生品还基本处于摸索阶段，而近年来因全球气候变暖导致的极端天气事件增多，加之冬季旅游行业近年来快速发展，天气衍生品对社会的正外部性增强。为了举办好2022年北京冬奥会，并推广冬季运动，抓紧开发专门面向滑雪业或整个冬季旅游行业的天气衍生品势在必行。而提供天气衍生品无非两个渠道：一是通过金融机构发行天气衍生品，但客观上说，天气衍生品的产品设计有一定风险，欧美等发达国家的天气衍生品流产的案例也不在少数；同时我国对天气衍生品设计和发行的监管相比之下也较为严格，导致金融机构中问津者寥寥，因此政府应当对此类产品在具体操作中给予必要的支持，如相对降低监管要求，扩大准入范围，鼓励再保险公司再保险或政府直接给予部分资金支持补贴，同时加快相应法律体系的健全完善，为金融机构提供可以作为参考和支持的法律依据，并为其业务活动的顺利开展提供法律上的保护。二是通过政府直接与相关企业签订风险互换合同。事实上政府的收支，特别是公共服务支出领域也受到天气较大的影响，如北方的地方政府每年都要为地面扫雪除冰支出相当一大笔费用，而地面扫雪费用的支出与降雪与否存在正相关性。因此，政府可以通过互换合同和企业实现风险对冲，从而在为社会提供公共产品的同时，减少政府开支受天气因素的影响，同样也不失为一种行之有效的良策。

案例思考

1.天气衍生品适用的范围及其特征是什么？

2.天气衍生品投资可以采取哪些方式？

3.本案例中印度的做法有哪些值得借鉴的经验？

4.政府在天气衍生品推出和发展的过程中可以起到什么样的作用？

5.为适应气候变暖、极端天气越来越频繁的状况，天气衍生品的推出有何积极意义？

参考文献①

［1］郑其武. 徐工并购风云——来自一线的调查［J］. 中国外汇，2006（9）.

［2］佚名. 徐工并购案全记录［J］. 经济导刊，2006（9）.

［3］潘琰. 外资并购热潮中的冷思考——徐工并购案之剖析［J］. 财务与会计，2007（4）.

［4］马勇. 跨国公司"参股—并购"行为的战略动因与行业垄断效应［D］. 天津：南开大学，2009.

［5］周国洪. 凯雷-徐工并购案独家调查［J］. 瞭望，2006（5）.

［6］陆琪睿. 资金为王：徐工的融资之道［J］. 会计之友，2012（17）.

［7］屠珍妮. 对赌协议和毒丸计划在国企融资中的运用探析——以凯雷投资徐工案为例［J］. 法制与社会，2018（10）.

［8］李波. 2018年上半年资产证券化发展报告［J］. 债券，2018（7）.

［9］张岩. 京东集团应收账款的融资创新研究［D］. 杭州：浙江工商大学，2017.

［10］杜忠鹤. 从京东白条看互联网消费金融资产证券化的应用［J］. 商业经济，2018（1）.

［11］周正兵. 我国文化产权交易所发展状况、问题与趋势［J］. 深圳大学学报，2017（34）.

［12］廖继胜，刘志虹. 关于我国文化产权交易市场制度的探讨［J］. 理论探索，2016（6）.

---

① 参考文献按照每个案例的参考文献的顺序排列。

［13］陈煦．试论我国文化产品金融化过程中所出现的问题——以文化产权交易所的运营为例［J］．数位时尚（新视觉艺术），2014（1）．

［14］朱小钧，郝爽，等．产权交易、艺术市场的新拐点——北京、上海、深圳、天津文化产权交易所调查［J］．艺术市场，2011（4）．

［15］麦小聪，陶田．金融危机下的艺术品投资［J］．商业经济，2010（19）．

［16］逸然．天津文交所何去何从［J］．中国拍卖，2014（8）．

［17］李晗．文交所行业大清理到来［J］．经济，2017（8）．

［18］心容乾坤．智通财经：索罗斯如何在97亚洲危机中获利？［EB/OL］．(2014-08-22)．http://forex.hexun.com/2014-08-22/167778043.html.

［19］郭飞舟．乔治·索罗斯金融投资思想研究［D］．上海：复旦大学，2005.

［20］王一鸣，王建卫．对冲基金理论与实务［M］．北京：中国发展出版社，2013.

［21］乔治·索罗斯．金融炼金术［M］．孙忠，侯纯，译．海口：海南出版社，2011.

［22］佚名．割肉割不掉的痛苦——索罗斯量子基金在俄罗斯的惨败［J］．现代阅读，2012（12）．

［23］陈满堂．东南亚金融危机及其对我国的启示［J］．武汉交通科技大学学报，1998（1）．

［24］沈联涛．十年轮回：从亚洲到全球的金融危机［M］．杨宇光，刘敬国，译．上海：上海远东出版社，2009.

［25］邱坤荣．索罗斯的投机智慧［M］．杭州：浙江大学出版社，2012.

［26］刘婧．对冲基金的投资策略与风险防范［J］．中国外资，2012（20）．

［27］吴崇伯．金融危机后东南亚国家金融改革评价［J］．经济学动态，2002（10）．

［28］韩晶．东南亚国家金融危机后的金融改革与前瞻［J］．亚太经济，2003（04）．

［29］樊志刚．东南亚金融危机的成因、影响及启示［J］．城市金融论坛，1997（12）．

［30］王守贞，卢孔标，等．东南亚国家应对国际金融危机的举措、经验与启示［J］．亚太经济，2009（06）．

［31］蒋渊巍．宏观对冲基金的新动向及中国的对策［D］．南京：南京理工

大学，2006.

[32] 张明. 不良资产处置与不良资产证券化：国际经验及中国前景 [J]. 国际经济评论，2018（1）.

[33] 郭婷婷. 不良资产市场现状分析及前景研判 [J]. 上海立信会计金融学院学报，2017（1）.

[34] 曹东坡，赖小鹏. 当前形势下不良资产基金化运作模式、障碍与对策 [J]. 金融发展研究，2019（2）.

[35] 刘明康. 2019年市场展望：机遇与挑战 [EB/OL]. https：//www.mbachina.com/html/lingnan_sysu/201911/206927.html.

[36] 阿益. 开发商的"物流地产"套路 [EB/OL].（2019-01-07）. https：//zhuanlan.zhihu.com/p/54282740.

[37] 国家发展改革委，中国物流与采购联合会科技信息部. 2017年全国物流运行情况通报 [EB/OL].（2018-02-06）. http：//www.chinawuliu.com.cn/lhhkx/201802/06/328520.shtml.

[38] 观点指数研究院. 物流地产发展模式全解析："一超多强"格局已定？[EB/OL].（2018-02-06）. http：//www.chinawuliu.com.cn/zixun/201809/17/335048.shtml.

[39] 胡焓. 前三季度物流运行情况分析 [EB/OL].（2018-10-26）. http：//www.chinawuliu.com.cn/lhhkx/201810/26/335825.shtml.

[40] 刘骁. 万科收购普洛斯案例研究 [EB/OL].（2017-12-01）. https：//wenku.baidu.com/view/8b8c373276232f60ddccda38376baf1ffd4fe318.html.

[41] 佚名. 2018年物流地产发展攻略（布局+运营+盈利模式）[EB/OL].（2018-05-23）. https：//f.qianzhan.com/chanyeguihua/detail/180523-7db2eaf3.html.

[42] 天风证券. 中国住宅租赁市场规模及前景预测分析 [EB/OL].（2018-01-19）http：//www.ocn.com.cn/touzi/chanye/201801/vggaq19084516.shtml.

[43] 新华社. "租赁"成2018住房政策关键词对楼市影响几何？[EB/OL].（2018-02-04）. https：//news.fang.com/open/27735149.html.

[44] 李向. 房地产市场半年报：融资收紧住房租赁升温 [EB/OL].（2018-7-27）. http：//finance.eastmoney.com/news/1359,20180727914713730.html.

[45] 谭英平，叶娇. 中印农业天气指数保险比较研究 [J]. 安徽农业科学，2015（27）.

[46] 孟一坤. 天气衍生品研究综述 [J]. 金融评论，2015（4）.

[47] 李鑫. 我国农业保险的现状及天气衍生品在农业保险中的作用 [J].

金融经济，2008（4）.

　　［48］乐波. 印度的农业保险［J］. 世界农业，2007（1）.

　　［49］环球滑雪. 全球变暖会杀死滑雪运动吗？［EB/OL］.（2017-08-04）. https://baijiahao.baidu.com/s?id=1574768121605554&wfr=spider&for=pc.

　　［50］C周刊. 美国滑雪场生意是夕阳行业？［EB/OL］.（2012-12-25）. https://www.cifnews.com/article/01575.

　　［51］徐远航. 外资并购对我国产业的影响及对策研究［D］. 苏州：苏州大学，2007.

　　［52］周涛.“南孚”命运的启示［J］. 发展，2005（5）.

　　［53］王琦. 南孚启示［J］. 中国企业家，2005（20）.

　　［54］徐丽萍. 南孚电池苦撑百亿估值［J］. 商讯公司金融，2017（1）.

　　［55］张书乐. 南孚一梦［J］. 商界评论，2015（1）.

　　［56］陈龙. 我国私募股权基金公司的管理问题研究［D］. 南昌：江西财经大学，2018.

补充阅读资料参考文献。请扫码查看。